CDs & DVDs brennen genau erklärt

CDs & DVDs brennen genau erklärt

Ulrich Schulz

SYBEX

Projektmanagement: Simone Schneider
DTP: Renate Felmet-Starke, Willich
Endkontrolle: Gerald Bosch, Düsseldorf
Umschlaggestaltung:Guido Krüsselsberg, Hilden
Farbreproduktionen: More Colour, Meerbusch
Belichtung, Druck und buchbinderische Verarbeitung: Legoprint S.p.A., Lavis (Italien)

ISBN 3-8155-0492-9
1. Auflage 2002

Printed in Italy

Inhaltsverzeichnis

Kapitel 1
Der CD-Brenner

Als vor Jahren die ersten CD-ROM-Geräte auf den Markt kamen, ahnte niemand, was da auf uns zukommen würde: ein Speichermedium mit unvorstellbar großen Ausmaßen. In immer kürzeren Abständen wuchs die Lesegeschwindigkeit, und auch die Preise für die Geräte fielen ständig. Heute wiederholt sich dieser Vorgang bei den CD-Brennern. Am Firmament zeichnen sich bereits schon die Nachfolger ab: die DVD-Brenner. Aber so weit sind wir noch nicht, im Moment sind es noch die CD-Brenner, die mittlerweile für jeden erschwinglich sind und in Kürze wohl in jedem neuen PC gleich eingebaut sein werden.

Vor Monaten war das Brennen von eigenen CDs noch eine Sache für Profis. Heute ist es aber auch für Unerfahrene eine leichte Sache. Wer trotzdem noch Hilfe braucht, der wird in diesem Buch Informationen und Hilfe finden, wie es am besten funktioniert und was dabei zu beachten ist, da das Angebot an Brennersoftware mittlerweile sehr groß und unübersichtlich ist. Einige gute Programme werden in diesem Buch benutzt und vorgestellt. Neben der eigentlichen Brennersoftware finden Sie meist bei der Lieferung der Brenner-Hardware nützliche Hilfsprogramme, die die Arbeit erleichtern sollen. Auch hierzu finden Sie in diesem Buch wertvolle Hilfe.

Die meisten Anwender von Brennern erstellen damit CD-ROMs, auf denen Musikstücke gespeichert sind. Dabei wird nicht immer auf die Einhaltung des Copyright geachtet. Solche Musik- oder Audio-CDs lassen sich entweder auf herkömmlichen CD-Playern, aber auch auf CD-ROM- oder CD-Brenner-Laufwerken abspielen.

Da es heute bereits eine große Anzahl von unterschiedlichen CD-Brennern auf dem Markt gibt, soll Ihnen dieses Kapitel Informationen an die Hand geben, die den Kauf eines eigenen Brenners erleichtern und unterstützen:

- Unterschiedliche Brennertypen
- Brenngeschwindigkeit
- Schreibtechniken
- Zugehörige Software
- Hinweise zum Kauf

> Lesen Sie vor dem Kauf eines CD-Brenners auf jeden Fall zuerst das erste Kapitel und notieren Sie sich wichtige Punkte.

Unterschiedliche CD-Brenner-Typen

Beim Kauf eines CD-Brenners hat der Käufer die Qual der Wahl. Für jeden Rechnertyp und für unterschiedliche Anforderungen gibt es auf dem Markt Angebote:

- Unterschiedliche Bauweise (intern, extern)
- Unterschiedliche Anschlussvarianten (IDE, SCSI, Parallel, USB)
- Software für unterschiedliche Betriebssysteme (Windows, Macintosh, Linux)

Zu all diesen Themen finden Sie in diesem Kapitel Tipps und Informationen.

Unterschiedliche Bezeichnungen

Die Suche nach einem geeigneten CD-Brenner wird häufig durch eine Fülle von unterschiedlichen Begriffen erschwert. Da wird ein CD-Brenner manchmal auch als CD-Writer bezeichnet, wobei aber immer ein und dasselbe Gerät gemeint ist. Ein CD-ROM-Laufwerk oder ein CD-Brenner unterscheiden sich äußerlich auf den ersten Blick nicht voneinander.

Aber im Inneren des Gehäuses können folgende Geräte verborgen sein:

- CD-ROM-Laufwerk (nur Lesen)
- CD-Brenner (einmal Schreiben)
- CD-Brenner (mehrmals Schreiben)
- DVD-Laufwerk

> Kaufen Sie keine CD-Brenner, die nur einmaliges Schreiben unterstützen (veraltet).

Trotz vieler Hersteller von CD-Brennern und sehr unterschiedlichen Herstellernamen wird meist eine einheitliche Bezeichnung für die Leistungsfähigkeit von Brennern verwendet:

- CD-R — nur Lesen/Read
- CD-RW — Lesen/Read und Schreiben/Write

Ein CD-R-Laufwerk wird auch *recordable* und ein CD-RW-Gerät *rewritable* genannt.

Neben der Funktionalität wird die Geschwindigkeit für die einzelnen Funktionen in der Werbung oder beim Verkauf angegeben. Dabei werden Geschwindigkeiten für folgende Funktionen angegeben:

- Lesen (CD-ROM)
- Einmal Schreiben (CD-R)
- Mehrfach Schreiben (CD-RW)

Die Geschwindigkeit wird durch die Bezeichnung x-fach ausgedrückt, wobei für das x eine Zahl steht:

- 24L oder 24 CD-ROM: 24-fache Lesegeschwindigkeit
- 6R oder 6 CD-R: 6-fache Schreibgeschwindigkeit (einmal)
- 4W oder 4 CD-RW: 4-fache Schreibgeschwindigkeit (mehrfach)

Die Brenn- und Lesegeschwindigkeiten werden durch ständig verbesserte Technik in immer kürzeren Abständen steigen. Je höher der Wert, desto schneller arbeiten die Geräte, desto teurer sind sie aber auch.

Wird der Brenner gleichzeitig als CD-ROM-Laufwerk benutzt, sollte die Lesegeschwindigkeit sehr hoch sein (größer 20 oder mehr).

Beim Kauf eines Rechners werden heute noch standardmäßig normale CD-ROM-Laufwerke eingebaut. Wer einen CD-Brenner haben möchte, kann diesen optional erwerben oder auch später kaufen. Dabei kann der CD-Brenner das CD-ROM-Laufwerk ersetzen oder parallel dazu eingebaut und betrieben werden.

Interne Bauweise

Sehr häufig werden CD-Brenner als interne Geräte verkauft, da die sich einfacher in den Rechner einbauen lassen. Dazu verfügen die meisten Rechner im Rechnergehäuse über freie 5¼-Zoll-Einbauschächte. Einige dieser Schächte erlauben den Einbau von Geräten wie CD-ROM/CD-Brenner-Laufwerk oder Diskettenlaufwerk, wobei die Bedienung von außen möglich ist. Der CD-Brenner entspricht den Maßen eines CD-ROM-Laufwerks und kann dieses Gerät bei Platzproblemen im Rechnergehäuse auch ersetzen. Beim internen Einbau wird der Brenner an der Stromversorgung des Rechners angeschlossen.

Folgende Anschlussvarianten sind vorhanden:

- EIDE/ATAPI
- SCSI

Bei der internen Bauweise werden zwei Varianten unterschieden: SCSI- oder EIDE/ATAPI-Geräte.

Damit die Daten vom Computer zum CD-Brenner gelangen können, muss dieser mit dem Computer verbunden sein. Die derzeit verbreiteste Art ist der EIDE/ATAPI-Anschluss. Dieser Anschluss wird auch zur Verbindung zwischen Motherboard und Festplatten und Diskettenlaufwerken verwendet.

Heutige Rechnermodelle erlauben den Anschluss von bis zu vier Einheiten, wobei meist einer noch frei ist. Einzige Bedingung: Es lassen sich so nur interne Geräte anschließen, wobei aber der Anschluss unkompliziert ist.

Abbildung 1.1 ▶ Ein internes Laufwerk, ein EIDE-CD-Brenner

Wenig verbreitet ist der SCSI-Anschluss (gesprochen »skassi«). Hiermit können mehr als vier Geräte (max. 15) mit dem PC verbunden werden, wobei diese auch als externe Geräte betrieben werden können. Die anzuschließenden Geräte müssen auf jeden Fall die Anschlussart SCSI unterstützen und sind daher auch teurer als herkömmliche Geräte. Der große Vorteil des SCSI-Anschlusses liegt in der hohen und sicheren Übertragungsgeschwindigkeit zwischen den bis zu fünfzehn SCSI-Geräten. Außerdem entlastet ein SCSI-Adapter den Prozessor des Rechners, indem er durch eine eigene Intelligenz Rechenaufgaben übernehmen kann.

Ist kein SCSI-Controller im PC eingebaut, aber auch kein Einschubschacht für den internen Einbau eines CD-Brenners frei, so kann der CD-Brenner an den Parallelport angeschlossen werden. Hier ist normalerweise der Drucker angeschlossen. Da der CD-Brenner nun die Druckerschnittstelle belegt, kann der Drucker direkt an dem Druckeranschluss des CD-Brenners weiter betrieben werden. Diese Art des Anschlusses ist zwar sehr leicht zu handhaben, aber die Datenübertragung verläuft sehr langsam, ist jedoch ausreichend.

> Für einen internen CD-Brenner muss ein freier Einschubschacht im Rechnergehäuse vorhanden sein.

Was besser ist: IDE/ATAPI oder SCSI

Für einen IDE/ATAPI-Brenner spricht, dass die heutigen Hauptplatinen über zwei ATAPI für je zwei Geräte verfügen. Außerdem sind CD-Brenner für diese Anschlussart preisgünstiger als vergleichbare SCSI-Geräte. Trotz der vorhandenen Anschlüsse hat der ATAPI-Anschluss auch seine Nachteile, denn es lassen sich nur bis zu vier Geräte (Festplatten, CD-ROM-Laufwerk, CD-Brenner) anschließen. Und noch eine weitere Einschränkung: Die Festplatte sollte sich nicht an dem gleichen Anschluss befinden, an dem auch der CD-Brenner angeschlossen ist, weil es sonst beim Kopieren zu Datenverlusten kommen kann.

Je nach verwendetem SCSI-Adapter lassen sich bis zu fünfzehn SCSI-Geräte anschließen, wobei alle gleich behandelt werden. Daher spielt die Reihenfolge beim Anschluss keine Rolle. Lediglich ein SCSI-Adapter muss im Rechner vorhanden sein, der meist optional erworben werden muss.

> Ein CD-Brenner kann auch zusammen mit einem CD-ROM-Laufwerk in einem Rechner betrieben werden.

Vorteile/Nachteile eines internen Laufwerks

- Billiger in der Anschaffung
- Kein Platzbedarf außerhalb des Rechners
- Schwieriger Einbau

Vorteile/Nachteile von SCSI

- Sichere und schnelle Datenübertragung
- Einfache Anschlussmöglichkeit
- Höhere Anschaffungskosten
- Geringere Prozessorlast

Vorteile/Nachteile von EIDE

- Niedrigere Anschaffungskosten
- Einfache Konfiguration
- Höhere Belastung des Prozessors

Externe Bauweise

Befindet sich im Rechnergehäuse kein freier Einschubplatz mehr oder möchten Sie den CD-Brenner an anderen Computern oder Notebooks betreiben, ist die Wahl eines externen Brenners sinnvoll. Dabei unterscheidet sich die spätere Arbeit mit diesem Gerät nicht von der Arbeit mit einem internen Brenner. Ein besonderer Unterschied zum internen Gerät ist der meist höhere Anschaffungspreis. Dies liegt daran, dass sich im externen Gehäuse ein eigenes Netzteil befinden und der Anschluss über mitgelieferte Spezialkabel erfolgen muss.

Bei der Anschlussart wird bei externen Geräten nur nach SCSI- und parallel angeschlossenen Geräten unterschieden. Die SCSI-CD-Brenner entsprechen im Aufbau und der Arbeitsweise den internen Brennern. Anders sieht es da bei parallel angeschlossenen CD-Brennern aus, denn diese werden einfach an der Druckerschnittstelle des Rechners angeschlossen. Dabei geht der Anschluss für den Drucker nicht verloren, denn dieser lässt sich meist direkt an einem entsprechenden Stecker am CD-Brenner-Gerät anschließen.

Da sich das Gerät nicht im Rechnergehäuse befindet, bedarf es einer eigenen Stromversorgung. Hierzu verfügen externe CD-Brenner in dem eigenen Gehäuse über ein eigenes Netzteil.

Abbildung 1.2 ▶ Ein externes Laufwerk

Folgende Anschlussvarianten sind vorhanden:

- Parallel
- SCSI
- USB

Bei der externen Bauweise ist der SCSI-Anschluss vorzuziehen, denn der parallele Anschluss weist doch einige Nachteile auf. So ist die Übertragungsgeschwindigkeit sehr niedrig und die Brennvorgänge sind leicht durch Einflüsse von außen zu stören.

> Externe CD-Brenner lassen sich leicht an unterschiedliche Rechner anschließen.

Vorteile/Nachteile von Parallel-Brennern

- Transportabel einsetzbar
- Entlastung des Rechnernetzteils
- Geringe Leistungsfähigkeit

Neuerdings bietet der Markt externe CD-Brenner, die über die zukunftsträchtige Anschlussart USB angeschlossen werden. Solche externen Geräte lassen sich ebenfalls leicht anschließen, verfügen über eine hohe Übertragungsrate und sind im Preis günstiger als SCSI-Geräte.

> Wenn es ein externes Gerät sein soll, dann ist ein CD-Brenner mit USB-Anschluss zu empfehlen, weil es sich leicht anschließen lässt und eine hohe Übertragungsrate aufweist. Außerdem lässt es sich leicht installieren.

Unterschiedliche Anschlussarten

CD-Brenner lassen sich mit dem Rechner wie CD-ROM-Laufwerke auf unterschiedlichste Art verbinden. Dabei weisen alle vier Varianten unterschiedlichste Vor- und Nachteile auf.

Folgende Varianten werden unterschieden:

- EIDE
- SCSI
- Parallel
- USB

Anschlussart EIDE

Der Großteil der Rechner, die an Privatanwender verkauft werden, verfügen über die Anschlussmöglichkeit von IDE/EIDE-Geräten, meist bis zu vier Geräten. Solche Anschlussmöglichkeiten, auch Schnittstellen genannt, sind i.d.R. ausreichend vorhanden. Somit lässt sich neben einer Festplatte und einem CD-ROM-Laufwerk problemlos der CD-Brenner anschließen. Dabei bleibt dann immer noch Platz für den Anschluss einer weiteren Festplatte. Für diese Anschlussart gibt es nur interne CD-Brenner-Hardware.

Vorteile/Nachteile von EIDE

- Meist ausreichend freie Schnittstellen vorhanden
- Begrenzte Anschlussmöglichkeiten

Anschlussart SCSI

Professionell eingesetzte Computer verfügen häufig über die SCSI-Anschlussmöglichkeit, wenn sie als Server eingesetzt werden. Hier ist es häufig notwendig, dass mehr als nur vier Geräte (wie bei EIDE) angeschlossen werden müssen. Außerdem wird hier eine höhere Datendurchsatzrate verlangt, die über einen SCSI-Controller erreicht wird. Für diese Anschlussart gibt es auf dem Markt sowohl interne als auch externe CD-Brenner-Hardware.

Vorteile/Nachteile von SCSI

- Erweiterte Anschlussmöglichkeiten
- Höhere Datenübertragungsraten
- Höherer Anschaffungspreis

Mehr Informationen über SCSI finden Sie im Abschnitt *Interne Bauweise* in diesem Kapitel.

> Die Anschlussvariante SCSI wird in PCs für den privaten Bereich nur auf Anforderung eingebaut und ist mit Mehrkosten verbunden.

Anschlussart Parallel

Beim parallelen Anschluss sollten Sie sich nicht von der einfachen und schnellen Anschlussmöglichkeit täuschen lassen. Die geringe Übertragungsgeschwindigkeit weist später beim Betrieb des Brenners enorme Nachteile auf, weil dadurch der Brennvorgang extrem lange dauert. Außerdem besteht Gefahr von Abbrüchen beim Brennen durch erhöhte Störanfälligkeit und Beeinflussung von außen.

Vorteile/Nachteile der parallelen Anschlussart

- Einfach anzuschließen
- Niedriger Anschaffungspreis
- Niedrige Übertragungsrate
- Hohe Störanfälligkeit

Anschlussart USB

Heute verfügt jeder Rechner bereits über einen oder mehrere USB-Anschlüsse, an denen sich USB-Geräte einfach und schnell anschließen lassen. Und auch das Betriebssystem Windows kann an dieser Schnittstelle angeschlossene Geräte zumindest in der jeweils neuesten Version (ME, 2000) ohne Probleme erkennen und installieren. CD-Brenner, die über USB angeschlossen werden, sind noch recht selten, werden aber in der Zukunft immer mehr an Bedeutung zunehmen. Neben dem einfachen Anschluss und der schnellen Installation verfügt diese Anschlussart auch noch über eine hohe Übertragungsrate.

Abbildung 1.3 ▶ Ein externer USB-CD-Brenner

> Dem USB-Anschluss gehört die Zukunft und sollte bei externen Brennern bevorzugt werden.

Vorteile/Nachteile von USB

- Einfach anzuschließen
- Niedriger Anschaffungspreis
- Hohe Übertragungsrate
- Externe Stromquelle notwendig
- Platzbedarf außerhalb des Rechnergehäuses notwendig

Caddy

In der Vergangenheit haben Hersteller von CD-ROM-Laufwerken und CD-Brennern zum Schutze der CD noch ein Caddy verwendet. Dazu wurde die CD oder der Rohling in eine Hülle, Caddy genannt, eingelegt, bevor diese dann in das Gerät geschoben wurde. Dies sollte die CD schützen und eine erhöhte Laufruhe bewirken. Heute sind diese Art von Geräten fast vollständig vom Markt verschwunden und durch das einfache Einlegen der CD bzw. des Rohlings auf eine Schublade verdrängt worden. Geräte, die keinen Caddy verwenden, werden auch Tray-Recorder genannt.

CD-R oder CD-RW

Mit einem CD-R-Brenner lassen sich CDs erstellen, wobei die einmal geschriebenen Informationen nicht wieder gelöscht werden können. Lediglich ein Anhängen von Daten ist möglich (Multisession), wenn noch genügend Platz auf dem Rohling vorhanden ist und die CD noch nicht abgeschlossen wurde. Der große Vorteil dieser Brenner-Art liegt im Preis des Geräts und in den günstigen Preisen (ca. 0,5 bis 1 €) der Rohlinge.

Ein weiterer Vorteil eines Brenners zum einmaligen Beschreiben einer CD ist die höhere Geschwindigkeit gegenüber eines CD-RW-Brenners.

Vorteile eines CD-R-Brenners:

- Sparsamste Methode, um Daten auf einen Datenträger für einen schnellen Zugriff abzulegen
- Günstige und schnelle Methode zur Datensicherung
- Ein kompaktes und einfaches Speichermedium

- Ideales Speichermedium zum Datenaustausch
- Hohe Speicherkapazität zum Datenaustausch
- Die CD ist das weltweit verbreiteste Verteilersystem
- Kompatibel auch zu anderen Rechnerplattformen
- Verwendung von preisgünstigen Rohlingen

> Die CD-R-Brenner-Geräte sind mittlerweile fast vollständig vom Markt verschwunden und auch nicht zu empfehlen.

Mittlerweile haben sich die CD-Brenner durchgesetzt, die CD-Rohlinge verarbeiten können, die ein mehrmaliges Wiederbeschreiben erlauben. Dabei können diese Laufwerke natürlich auch die CD-R-Rohlinge verarbeiten, das aber etwas langsamer als die CD-Brenner, die nur CD-R-Rohlinge verarbeiten können.

Die CD-RW-Rohlinge sind zwar teurer, lassen sich dafür aber auch ca. 1.000 Mal beschreiben. Außerdem können sie die CD-R-Rohlinge ebenso wie CD-R-Brenner verarbeiten.

Zu empfehlen ist ein Gerät mit der Möglichkeit zur Verarbeitung von CD-RWs, denn dieser Technik gehört die Zukunft.

Vorteile eines CD-RW-Brenners:

- Eine wirtschaftliche Methode zur Speicherung von löschbaren Daten (zumindest im Moment)
- Sehr niedriger Preis pro MByte
- DVD-Player können CD-RWs lesen
- Sichere Methode zur Datenspeicherung/-sicherung
- Lange Lebensdauer des Speichermediums (ca. 30 Jahre)

> Achten Sie beim Kauf darauf, dass es sich beim CD-Brenner um ein CD-RW-Gerät handelt.

Unterschiede zwischen CD-R und CD-RW

Mit dem Aufkommen von CD-Brennern tauchten CDs auf, die ein einmaliges Schreiben zuließen. Diese CDs hatten das Format CD-WO oder CD-Write-Once. Aber die Technik schritt voran, sodass aus dem einmaligen Schreiben ein Beschreiben in mehreren Sessions wurde. Damit können Daten einer weiteren Session an den bestehenden Inhalt der CD angefügt werden, soweit noch Platz vorhanden ist. Dieses Format trägt die Bezeichnung CD-R oder CD-Recordable, die CD nennt man auch Multisession-CD.

Die Daten einer CD-R können nicht physikalisch von der CD entfernt bzw. gelöscht werden, jedoch können Dateien scheinbar gelöscht werden. Dies ist möglich, da eine CD-R auch in mehreren Schritten erstellt werden kann und jedes Mal ein neues Inhaltsverzeichnis angefügt wird. Nur das zuletzt geschriebene Inhaltsverzeichnis ist gültig.

Alle auf dem Markt befindlichen CD-Brenner unterstützen dieses Format des einmaligen Schreibens.

Bereits auf dem Markt ist aber bereits das Folgeformat CD-RW (Rewritable), mit dem CDs immer wieder beschrieben werden können. Dazu müssen aber besonders beschichtete Rohlinge, auch CD-RWs genannt, verwendet werden. Der Vorgang des Brennens unterscheidet sich für den Anwender nicht grundsätzlich von dem der Erstellung einer CD-R, jedoch ist ein CD-RW-Brenner notwendig. Zusätzlich gibt es natürlich eine Funktion zum Löschen von Daten auf der CD-RW. Nach Herstellerangaben kann so eine CD-RW mindestens 1000 Mal beschrieben werden.

Beachten Sie, dass einige CD-ROM-Laufwerke teilweise Probleme beim Lesen von CD-Rs haben können. In diesem Fall hilft nur ein Neubrennen der CD mit einem Rohling eines anderen Herstellers. Da Rohlinge vom gleichen Hersteller oft unter verschiedenen Namen verkauft werden, sollten Sie einen Rohling mit einer anderen Beschichtung wählen. Bei der Produktion von Rohlingen verwenden die Hersteller unterschiedliches Material für die Schreibschicht. Hieraus ergibt sich jeweils eine andere Farbe. Diese Farbe der Oberseite wird durch die metallische Reflektionsschicht bestimmt und ist entweder gold oder silber. In Verbindung mit organischer Farbe entstehen folgende Kombinationen: gold/gold, gold/grün, silber/blau und silber/silber. Leider kann man nicht sagen, welche CD-Rohlinge mit welcher Farbe die besten sind, hier hilft nur ausprobieren. Die einzige Empfehlung kann nur lauten: Markenware zu kaufen, obwohl diese teurer ist.

Schreib- und Lesegeschwindigkeiten

Bei der Auswahl des geeigneten CD-Brenners spielt die Schreib- und Lesegeschwindigkeit eine wichtige Rolle. Außerdem sind diese beiden Merkmale für ein sinnvolles Arbeiten mit dem Gerät wichtig.

Lesegeschwindigkeit

Da CD-Brenner neben dem Brennen auch die Aufgabe eines herkömmlichen CD-ROM-Laufwerks übernehmen, ist die Lesegeschwindigkeit besonders interessant. Je höher die Lesegeschwindigkeit, desto schneller können Daten von dem CD-Brenner gelesen werden, dadurch verkürzen sich die Wartezeiten für den Anwender.

Sie erkennen die Lesegeschwindigkeit an der Beschreibung des Geräts, z.B.: 4x/2x/24x

Abbildung 1.4 ▶ Angabe der Lese-/Schreibgeschwindigkeiten

Hier verfügt das Gerät über 4-fache Brenngeschwindigkeit CD-R, 2-fache Brenngeschwindigkeit CD-RW und 24-fache Lesegeschwindigkeit. In der Praxis verfügen CD-Brenner meist über eine geringere Lesegeschwindigkeit als die aktuell auf dem Markt befindlichen CD-ROM-Laufwerke.

Schreib- oder Brenngeschwindigkeit

Die Schreib- oder Brenngeschwindigkeit sagt aus, wie schnell der CD-Brenner die Daten von der Festplatte oder von einem CD-ROM-Laufwerk auf den Rohling brennen kann.

Je höher die Brenngeschwindigkeit ist, desto teurer ist das Gerät. In der Praxis nimmt die Brenngeschwindigkeit stark zu, so wie es sich auch bei der Lesegeschwindigkeit der CD-ROM-Laufwerken vollzog.

Zugehörige Software

Neben der Hardware wird auch immer kostenlos Software zum Brennen mitgeliefert. Dabei liegt die notwendige Software i.d.R. dem CD-Brenner bei, kann aber auch zusätzlich erworben werden. Mit Software sind folgende Programme gemeint:

- Treiber
- Brennersoftware
- Utilities

Mehr Informationen über die Software finden Sie im Kapitel *Die Brennersoftware*.

Die Treiber

Mit Treiber sind Programme und Dateien gemeint, die die Verbindung zwischen der Hardware, also dem CD-Brenner und der Rechner samt Betriebssystem (z.B. Windows ME) herstellen. Jedem CD-Brenner liegt eine CD oder Diskette bei, die die notwendige Treibersoftware enthält. Diese CD oder Diskette wird bei der Installation des Brenners benötigt.

Heben Sie die Treiber-CD oder -Diskette unbedingt für eventeull spätere Neuinstallationen auf.

Die Brennersoftware

Mit Brennersoftware sind Programme gemeint, die das eigentliche CD-Brennen durchführen können. Solche Programme liegen meist den CD-Brennern bei, aber Sie können diese Programme auch kaufen.

Zum Funktionsumfang von Brennersoftware gehören folgende Aufgaben:

- Auswählen der zu brennenden Dateien und Musikstücke
- Einstellungen bezüglich des verwendeten Brenners
- Schreiben/Brennen der Daten auf den Rohling
- Einstellungen für den Brennvorgang vornehmen
- Erstellen von CD-Aufklebern
- Erstellen von CD-Abbildungen auf die Festplatte

Einige der bekannten Programme sind:

- WinOnCD
- CDRWin
- Easy CD Creator
- Nero Burning ROM
- usw.

Derzeit ist das Programm WinOnCD aufgrund der einfachen Bedienung zu bevorzugen.

Einige dieser Programme werden hier im Buch beispielhaft zur Darstellung der einzelnen Funktionen verwendet, jedoch dürften sich die grundsätzlichen Aufgaben in vielen Programmen ähneln. Lediglich die Bedienung und die Zusatzfunktionen sind von Programm zu Programm unterschiedlich. Dabei sind fast alle Brennprogramme universell mit allen auf dem Markt befindlichen CD-Brennern benutzbar.

Tipps und Anregungen über die Qualität von Brennprogrammen finden Sie z. B. in Computerzeitschriften.

Utilities zum Brennen von CDs

Mit Utilities sind Programme gemeint, die das Erstellen von Daten- und Audio-CDs erleichtern, unterstützen oder vervollständigen. Sie werden u. a. für folgende Aufgaben benötigt und eingesetzt:

- Erstellen von CD-Aufklebern und -Hüllen
- Abspielen von Musikdateien oder Musik-/Audio-CDs
- Umwandlung von Musiktracks oder Musikdateien
- Anpassung und Veränderung von Musikdateien

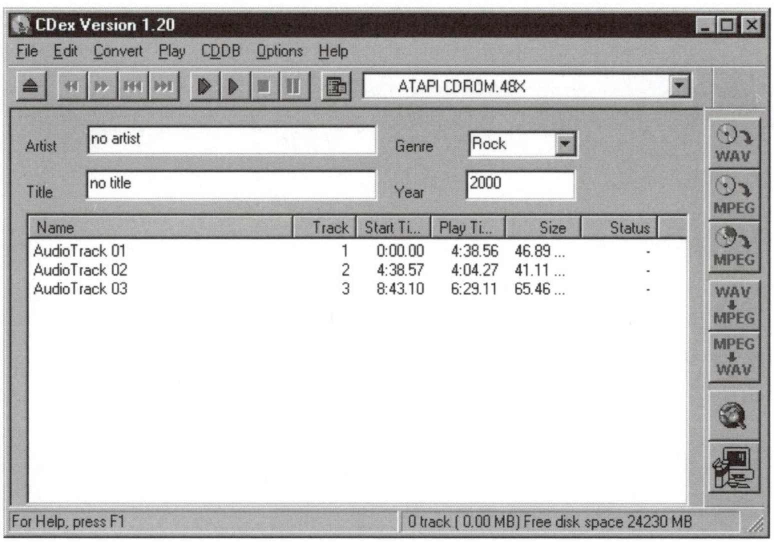

Abbildung 1.5 ▶ Programm zum Konvertieren von Musikdateien

Zusatzprogramme finden Sie selten als Zugabe von CD-Brennern, sie müssen gekauft oder meist kostenlos aus dem Internet heruntergeladen werden. Auch diversen Computerzeitschriften liegen häufig CD-ROMs bei, auf denen sich solche Programme meist als Share- oder Freeware befinden.

Mögliche Schreibtechniken

Die meisten auf dem Markt befindlichen CD-Brenner sind heute in der Lage, den Brennvorgang auf unterschiedlichste Weise durchzuführen. Dies ist auch notwendig, um die unterschiedlichen CD-Formate verarbeiten zu können (siehe auch Kapitel *Brennen mittels Drag & Drop*). Folgende unterschiedlichen Schreibtechnikbegriffe tauchen häufig beim Brennen auf:

- Singlesession
- Multisession
- Disc at Once
- Track at Once
- Session at Once
- Incremental Packet Writing
- Überbrennen

Singlesession

Wird eine CD in einem Rutsch erstellt und der Vorgang so abgeschlossen, dass später keine weiteren Daten mehr auf die CD gebrannt werden können, wird der Vorgang Singlesession genannt. Dabei ist es unerheblich, ob die CD vollständig gefüllt ist oder nicht. Auf diese Art und Weise werden meist komplette Kopien von CDs erstellt.

Bei Audio- oder Musik-CDs sollten Sie beachten, dass CD-Player immer nur eine Session einer CD verarbeiten können. Befindet sich hinter der ersten Session eine weitere mit Musikstücken oder Computerdaten, wird der CD-Player diese nicht erkennen und bearbeiten.

> Musik-CDs mit einer Session werden auch Red Book genannt, wobei Red Book den genauen Aufbau einer Musik-CD beschreibt.

Multisession

Anders als die CD-Player können CD-ROM-Laufwerke auch CDs lesen, die mehr als nur eine Session enthalten. Entgegen einer Singlesession können Sie eine Daten-CD auch in mehreren Sessions oder Sitzungen erstellen. Solange ausreichend Platz auf dem Rohling bzw. der CD ist, können Sie weitere Daten anfügen. Erst wenn Sie bei den Einstellungen zum Brennen festlegen, dass Sie die CD schließen möchten, lässt sich keine weitere Session mehr aufspielen.

Damit später beim Verarbeiten der CD der komplette Inhalt, also alle Sessions wiedergegeben werden können, müssen diese miteinander verbunden sein. Dies geschieht dadurch, dass bei jeder weiteren Session das bisherige Inhaltsverzeichnis vom Brennerprogramm eingelesen und fortgeschrieben wird. Wird eine Multisession-CD erstellt, bei der die einzelnen Sessions nicht miteinander verbunden sind, liest das CD-ROM-Laufwerk nur die letzte Session. Nur mit Mühe und speziellen Treibern können die anderen Sessions dann sichtbar gemacht werden.

> Jeder CD-Brenner ist heute in der Lage, Multisession-CDs zu erstellen.

Disc at Once

Wird ein CD-Rohling in einem Vorgang komplett gebrannt, wird das Verfahren Disc at Once (DAO) genannt. Wenn Audio-CDs nicht im DAO-Verfahren erstellt werden, entstehen zwischen den Aufnahmen Pausen, die beim Abspielen stören.

Da bei dem Disc at Once-Verfahren alle Daten auf einmal auf die CD kopiert werden, muss der Rechner diese Daten ohne Unterbrechung liefern und zur Verfügung stellen können. Dazu muss der Rechner über ausreichend Rechenleistung verfügen und sollte während des Brennvorgangs nicht für andere Aufgaben verwendet werden. Zu beachten ist, dass nicht alle CD-Brenner dieses DAO-Verfahren unterstützen.

> Für die Erstellung von Musik- oder Audio-CDs ist dieses Verfahren Disc at Once zwingend notwendig.

Track at Once

Bei der Schreibtechnik Track at Once (TAO) schaltet der Laser nach dem Schreiben eines Tracks kurz ab, um das Inhaltsverzeichnis zu aktualisieren. Anschließend wird der Brennvorgang fortgesetzt. Bei diesem Verfahren können einzelne Tracks, auch wenn Sie zu einer Session gehören, zeitlich getrennt auf die CD gebrannt werden. Dabei bleibt die Session so lange offen, bis alle Tracks auf die CD kopiert sind.

Dieser Schreibmodus TAO ist zum Erstellen von CDs im Multisessionmodus erforderlich. Hierbei werden zuerst die Nutzdaten geschrieben, bevor die Sitzung mit dem Inhaltsverzeichnis und den Verknüpfungsdaten für die einzelnen Blöcke beendet wird. Solche Verknüpfungen bedeuten eine Pause zwischen den Tracks von zwei Sekunden.

Session at Once

Beim Schreibmodus Session at Once (SAO) handelt es sich um eine Art des Brennens, die auch Disc at Once genannt wird. Dabei werden alle Titel einer Audio-CD in einem Vorgang auf den Rohling gebrannt.

Dieses Verfahren ist für der Erstellung von CD-Extras notwendig.

Incremental Packet Writing

Bei dem Verfahren Incremental Packet Writing (IPW) wird keine Session und kein Track, sondern ein Datenpaket in fester oder auch unterschiedlicher Größe auf den Rohling gebrannt. Dadurch wird die CD genauso wie die anderen Speichermedien wie z.B. eine Festplatte behandelt. Damit können Daten durch Kopieren oder per Drag & Drop auf die CD kopiert werden (mehr dazu im Kapitel *Brennen mittels Drag & Drop*).

Überbrennen und Überlängen

Mit dem Begriff Überbrennen ist die Fähigkeit von CD-Brennern gemeint, mehr als die angegebene Speicherkapazität des Rohlings zu nutzen. Hierzu wird die Restkapazität eines Rohlings (ca. 2 Minuten) ausgenutzt. Diese Funktion des Brenners ist beim Kopieren von CDs interessant, die mehr als 74 Minuten umfassen. Neben dem Brenner muss aber auch die Brennersoftware das Überbrennen unterstützen. Ganz besonders wichtig ist beim Überbrennen, dass die Restkapazität nicht überschritten wird, denn sonst kann es zu Defekten am Brenner führen. Da aber die Restkapazitäten je nach Rohling-Hersteller stark schwanken und nicht immer bekannt sind, ist Vorsicht beim Überbrennen geboten.

Anders sieht es mit dem Begriff Überlängen aus, denn hiermit ist das Brennen von überlangen CDs gemeint. Dies sind z.B. Musik-CDs mit einer Spieldauer von 80 Minuten. Grundsätzlich lassen sich normale CDs mit 74 Minuten Spieldauer mit jeder Brennsoftware kopieren. Wenn aber die CD über mehr als 74 Minuten verfügt, reagieren einige Programme mit sofortigem Abbruch des Brennvorgangs. Es gibt Software (z.B. Feurio), mit der überlange CDs kopiert werden können.

In WinOnCD 3.8 ist eine neuartige Technologie zur Vermeidung des Überbrennens eingebaut. Dies erspart dann die Zeit für die Simulation des Brennvorgangs.

Fehlerkorrektur

Wenn auf einer CD Schreibfehler auftreten, versucht der CD-Brenner, den Fehler durch eine Interpolation zu beseitigen. Je ausgefeilter und teurer die Technik ist, desto mehr Fehler lassen sich beheben. Dieses Verfahren wird Fehlerkorrektur genannt und läuft automatisch im Hintergrund ab. Dabei kann dieses Verfahren Herstellungs- und Handhabungsfehler beseitigen.

Bei der Erstellung von Audio-CDs ist die Fehlerkorrektur nicht so ausgereift wie bei der Erstellung von Daten-CDs. Bei einer Musik-CD sind Fehler kaum hörbar, meist wird der letzte Audio-Wert ein wenig länger gehalten, bis die CD wieder gelesen werden kann.

Hinweise zum Kauf eines CD-Brenners

Bei der Vielzahl der CD-Brenner kann es schon schwierig werden, aus der Masse den richtigen für die eigenen Bedürfnisse zu finden. Hier soll Ihnen das folgende Kapitel helfen. Sie finden hier nicht nur Informationen zum CD-Brenner, sondern auch Hilfe vor dem Kauf oder Tipps zur Auswahl des richtigen Anbieters.

Das folgende Kapitel hilft Ihnen, die richtigen Fragen beim Kauf eines CD-Brenners im Fachhandel stellen zu können. Sollten Sie im Internet oder beim Versandhandel bestellen wollen, sind die Informationen dieses Kapitels besonders wichtig und hilfreich.

Vor dem Kauf zu beachten

Bevor Sie sich zum Kauf eines CD-Brenners entscheiden, sollten Sie sich einige Gedanken über Ihren Rechner und über das mögliche Einsatzgebiet machen. Auch können Informationen über den Aufbau Ihres Rechners die Entscheidung beeinflussen.

Die Verarbeitungsgeschwindigkeit

Nicht immer ist schneller auch besser. Wenn Sie einen langsamen Rechner und einen schnellen CD-Brenner haben, kommt es häufig zu Fehlern beim Brennen, weil der Rechner den Brenner nicht mit einer ausreichenden Menge an Daten versorgen kann. Grundsätzlich gibt es folgende Überlegungen:

- Hohe Lesegeschwindigkeit – Sie arbeiten häufig mit Spiele-CD-ROMs und benötigen schnell viele Daten von der CD.
- Hohe Schreibgeschwindigkeit – Sie wollen den CD-Brenner hauptsächlich zum Erstellen von CD-Rs verwenden.
- Hohe Schreibgeschwindigkeit beim Wiederbeschreiben – Sie wollen den CD-Brenner hauptsächlich zum Erstellen von CD-RWs verwenden.

Meist will man aber immer die bestmögliche und schnellste Geschwindigkeit. Daher kann der Ratschlag eigentlich nur lauten: immer das aktuellste Gerät kaufen. Da die Technik ständig fortschreitet und die Geschwindigkeiten der Neugeräte sehr schnell steigen werden, wird das gekaufte Gerät schnell für die eigenen Bedürfnisse zu langsam sein.

Auch heute noch können die Brenner normale CD-ROMs mit nur einer geringeren Geschwindigkeit als die aktuellen CD-ROM-Laufwerke lesen. Aus diesem Grunde ist es ratsam, dass Sie ein eventuell vorhandenes CD-ROM-Laufwerk im Rechner belassen, denn damit lassen sich CD-ROMs mehr als doppelt so schnell lesen.

Die Geräteversion und Anschlussart

Bei den meisten verkauften CD-Brennern handelt es sich um interne Geräte, weil diese günstiger sind.

Ob so ein internes Gerät nun auch für Sie in Frage kommt, hängt von einigen Faktoren ab:

- Ist noch ein freier Einschubschacht in Ihrem PC frei?
- Ist noch ein Anschluss für den Brenner vorhanden?
- Ist noch ein Stromanschluss frei?
- Möchten Sie das Gerät an wechselnden Rechnern betreiben?

Je kleiner das Gehäuse Ihres Rechners ist, desto weniger Platz steht Ihnen für Erweiterungen zur Verfügung. Meist verfügt ein Towergehäuse über mehrere Einschubschächte für Disketten- oder CD-Laufwerke. Bei Benutzung eines Notebooks bleibt i.d.R. nur der Anschluss eines externen parallelen CD-Brenners.

Anders sieht es da schon bei einem Rechner mit einem Desktopgehäuse aus. Hier gibt es nur wenig Platz für Erweiterungsmöglichkeiten. In der Praxis bieten die Hersteller heute aber die meisten Rechner mit Towergehäuse an, wobei es hier unterschiedliche Höhen gibt. Aber auch hier finden Sie in den kleineren Gehäusen, auch Minitower genannt, weniger Platz als in einem Maxitower. Ein größeres Gehäuse verursacht nur sehr wenig Mehrkosten, verbraucht aber bei Ihnen am Schreibtisch mehr Platz.

Beachten Sie aber, dass einige der Einschubschächte trotzdem z.B. von einer Festplatte belegt sein können, auch wenn dies rein äußerlich nicht so aussieht. Um sicher zu gehen, sollten Sie einfach das Gehäuse öffnen und nachschauen.

Vor dem Öffnen des Gehäuses muss das Powerkabel vom Stromkreis oder vom Rechner getrennt werden, um Kurzschlüsse zu vermeiden.

Gibt es im Rechner noch einen freien Einschubschacht, müssen Sie prüfen, ob noch ein Anschlusskabel frei ist. Bei den Rechnern können i.d.R. bis zu vier Geräte angeschlossen werden. Dabei handelt es sich um Festplatten oder CD-ROM-Laufwerke, wobei also z.B. drei Festplatten und ein CD-ROM-Laufwerk oder zwei Festplatten, ein CD-ROM-Laufwerk und ein CD-Brenner angeschlossen sind. Sollten alle Anschlüsse belegt, aber ein CD-ROM-Laufwerk vorhanden sein, kann einfach der CD-Brenner anstelle des CD-ROM-Laufwerks verwendet werden.

Zum Anschluss an den Stromkreislauf gibt es fast immer genügend freie Stecker. Ist dies nicht der Fall, können so genannte Doppelstecker oder Y-Kabel verwendet werden.

Kann aus den genannten Gründen kein interner CD-Brenner verwendet werden, muss ein externes Gerät benutzt werden. Hierbei ist es wichtig, dass ein freier Anschluss für die betreffende Anschlussart vorhanden ist:

- Parallelport/Druckeranschluss – für einen Parallel-CD-Brenner
- USB-Schnittstelle – für einen USB-CD-Brenner
- SCSI-Controller – an einem SCSI-Controller (Einsteckkarte oder in das Motherboard integriert) können mehrere Geräte, auch externe, angeschlossen werden

Ob ein SCSI-Controller eingebaut ist, entnehmen Sie der Beschreibung Ihres Rechners. Oder Sie schauen in Windows unter *Start>Einstellungen>Systemsteuerung>System* nach.

Auf der Karteikarte *Gerätemanager* sehen Sie, ob sich ein SCSI-Controller in Ihrem Rechner befindet. In der Liste des Gerätemanagers müsste ein SCSI-Gerät vorhanden sein.

Aber Achtung: Einige Geräte (z.B. SCSI-Flachbettscanner) liefern eine eigene SCSI-Adapterkarte mit, an der nur das betreffende Gerät betrieben werden kann.

Bevor Sie sich für eine bestimmte Geräteversion und Anschlussart entscheiden, schauen Sie sich Ihren Rechner an, ob er hierzu in der Lage ist.

Was man kaufen sollte

Wenn Sie sich für einen bestimmten Gerätetyp und eine der Anschlussarten entschieden haben, haben Sie noch die Wahl zwischen einem CD-Brenner für das einmalige (CD-R) oder mehrfache (CD-RW) Brennen.

CD-R-Brenner

Mit einem CD-R-Brenner lassen sich CDs erstellen, wobei die einmal geschriebenen Informationen nicht wieder gelöscht werden können. Lediglich ein Anhängen von Daten ist möglich (Multisession), wenn noch genügend Platz auf dem Rohling vorhanden ist und die CD noch nicht abgeschlossen wurde. Der große Vorteil dieses Brenners liegt im Preis des Geräts und in den günstigen Preisen (ca. 0,5 bis 1 €) der Rohlinge.

Ein weiterer Vorteil eines Brenners zum einmaligen Beschreiben einer CD ist die höhere Geschwindigkeit gegenüber eines CD-RW-Brenners.

Vorteile eines CD-R-Brenners:

- Sparsamste Methode, um Daten auf einen Datenträger für einen schnellen Zugriff abzulegen
- Günstige und schnelle Methode zur Datensicherung
- Ein kompaktes und einfaches Speichermedium
- Ideales Speichermedium zum Datenaustausch
- Hohe Speicherkapazität zum Datenaustausch
- Die CD ist das weltweit verbreiteste Verteilersystem
- Kompatibel auch zu anderen Rechnerplattformen

CD-R-Brenner sind nicht zu empfehlen, da diese Technik veraltet und überholt ist.

CD-RW-Brenner

Mittlerweile haben sich die CD-Brenner durchgesetzt, die auch CD-Rohlinge verarbeiten können, welche ein mehrmaliges Wiederbeschreiben erlauben. Dabei können diese Laufwerke natürlich auch die CD-R-Rohlinge verarbeiten, das aber etwas langsamer als die CD-Brenner, die nur CD-R-Rohlinge verarbeiten können.

Die CD-RW-Rohlinge sind zwar teurer, lassen sich dafür aber auch ca. 1.000 Mal beschreiben.

Zu empfehlen ist ein Gerät mit der Möglichkeit zur Verarbeitung von CD-RWs, denn dieser Technik gehört die Zukunft.

Vorteile eines CD-RW-Brenners:

- Eine wirtschaftliche Methode zur Speicherung von löschbaren Daten (zumindest im Moment)
- Sehr niedriger Preis pro MByte
- DVD-Player können CD-RWs lesen
- Sichere Methode zur Datenspeicherung/-sicherung
- Lange Lebensdauer des Speichermediums (ca. 30 Jahre)

CD-Brenner und DVD-ROM

Neuerdings tauchen auf dem Markt CD-Brenner auf, die gleichzeitig auch noch ein DVD-ROM-Gerät sind, also DVD-Videos abspielen können. Dazu kann das Gerät selbstverständlich auch noch die Aufgaben eines herkömmlichen CD-ROM-Geräts übernehmen. Das alles spielt sich in nur einem Gehäuse ab, wobei die Ausmaße eines normalen CD-ROM-Laufwerks nicht überschreitet werden. Mit solchen Geräten lassen sich CD-R beschreiben, CD-RW wiederbeschreiben, CD-ROMs und DVDs lesen.

Der Preis solcher Geräte liegt natürlich wegen der erweiterten Funktionalität über dem eines CD-Brenners aber trotzdem unter dem Preis von CD-Brenner plus DVD-ROM-Gerät.

Wer also über wenig Platz im Rechnergehäuse verfügt und schon DVD-Funktionalität benötigt, für den ist so ein Gerät sinnvoll.

Derzeit wird bei Kauf von CD-Brennern für PCs noch keine Gema-Gebühr erhoben. Nur auf spezielle Audio-Rohlinge, die für den Betrieb in Stand-Alone-Geräten für Audiodaten gedacht sind, ist die Abgabe in Höhe von sechs Cent pro Spielstunde schon aufgeschlagen.

CD-Brennersoftware

Bei der Auswahl der Brennersoftware ist vor dem Kauf nicht unbedingt eine Entscheidung für eine bestimmte Software notwendig, da bei fast allen CD-Brennern schon ein Brennerprogramm beigelegt ist. Für den Anfang reicht das meist aus, aber bei gehobenen Ansprüchen sollten Sie doch zu anderen Programmen greifen. Hierzu finden Sie ab dem Kapitel *Die Daten-CD* eine Auswahl samt Test und Beurteilung.

Für das Brennen von Daten- und Musik-CDs reicht es einfach nicht aus, wenn die Software Kopien erstellen kann. Hier nun eine Liste mit Funktionen, die eine gute CD-Brennersoftware auszeichnet.

Brennersoftware für Musik-CDs sollten folgende Funktionen unterstützen:

- CD-Copy-Funktion
- Pausen frei wählbar
- Audio-Editor
- Disc at once-Modus
- Musikstücke als WAV-Datei abspeicherbar
- Reihenfolge der Musikstücke veränderbar

Brennersoftware für Daten-CDs sollten folgende Funktionen unterstützen:

- CD-RW-Unterstützung
- CD-Copy-Funktion
- Joliete-Format
- Dateiauswahl
- Labeleditor
- Track at once-Modus

Wo man kaufen sollte

Auch beim Kauf von Rechnerzubehör wie z.B. dem CD-Brenner sollten Sie sich genau überlegen, wo Sie kaufen. Da spielen Qualität, Preis, Beratung und Unterstützung nach dem Kauf eine große Rolle. Aus diesen Gründen hier einige Entscheidungshilfen.

Fachhandel

Wenn Sie nicht ganz sicher sind, was Sie kaufen wollen oder wenn noch wichtige Punkte ungeklärt sind, gehen Sie zum Fachhandel. Denn hier können Sie meist mit Fachpersonal sprechen und bekommen kompetente Beratung und Auskunft. Dafür ist aber auch der Preis manchmal ein wenig höher.

Bei Defekten oder Schwierigkeiten beim Einbau ist die Chance größer, dass Sie im Fachhandel eher Hilfe erhalten als im Versandhandel. Wenn Sie nur an der reibungslosen Arbeit mit dem CD-Brenner interessiert sind und sich nicht mit der Technik und deren Tücken befassen möchten, sind Sie ebenfalls im Fachhandel bestens bedient.

Der Kauf beim Fachhändler hat einen weiteren Vorteil: Er befindet sich in der Nähe oder direkt an Ihrem Wohnort. So entfallen lange Anfahrtswege und Wartezeiten für z.B. Reparaturen, auch der persönliche Kontakt kann manchmal sehr hilfreich sein.

Versandhandel

Wenn Sie sich für ein Gerät entschieden, keine Fragen mehr haben und es nicht sofort haben müssen, dann sollten Sie sich die Preise und Konditionen von Versandhändlern in den Katalogen ansehen. Bedenken Sie aber, dass sich die Preise fast immer noch um Porto- und Verpackungskosten erhöhen. Auf jeden Fall lohnt sich ein Preisvergleich immer, da die Preise häufig stark voneinander abweichen.

Sie finden Versandhändler in der Computerfachpresse, in Computerzeitschriften oder im Internet.

Der Kontakt zu Versandhändlern wird meist nur über Telefon, per Post oder E-Mail hergestellt. Wenn Sie einen defekten CD-Brenner haben, müssen Sie diesen erst einschicken und warten, bis die Reparatur erfolgt ist. Außerdem entstehen für das Einsenden wieder Portokosten. Der Vorteil eines Kaufs im Versandhandel liegt meist im niedrigen Preis und der bequemen Bestellmöglichkeit.

Supermarkt/Kaufhaus

Sogar im Supermarkt werden immer öfter Computerzubehör oder sogar komplette Rechner angeboten. Hier erwartet den Kunden ein sehr niedriger Preis, dafür aber keine Fachberatung bzw. kein Fachpersonal. Hinzu kommen Probleme bei Rückgabe oder bei einer möglichen Reparatur. Wenn Sie hier Markenware kaufen, können Sie sich aber bei Problemen direkt an den Hersteller wenden.

Meist gibt es im Supermarkt nur billige Ware, häufig Schund. Kaufen Sie hier nur, wenn es sich eindeutig um Markenware handelt und die Betreuung nach dem Kauf geklärt ist. Fragen Sie, an wen Sie sich im Falle eines Problems wenden können.

Hardware-Anforderungen

Wer sich an das Thema CD-Brennen heranwagt, der braucht schon einen angemessenen Rechner. Im Prinzip geht es darum, dem CD-Brenner immer ausreichend Daten zur Verfügung zu stellen, damit der Brennvorgang nicht unterbrochen werden muss. Denn wenn der Vorgang des Brennens abbricht, muss er komplett neu wiederholt werden, u.U. ist der CD-Rohling unbrauchbar.

Besonders wichtig an einem schnellen Rechner ist eine schnelle Festplatte, denn nur dann kann das Brennprogramm dem Brenner genügend Daten heranschaffen. Die heutigen Rechner sind aber durchaus in der Lage, diese Aufgabe zu bewältigen. Trotzdem sollten während des Brennvorgangs keine anderen Aktivitäten am und auf dem Rechner stattfinden.

Grundsätzlich reicht ein Windows 3.x-Rechner mit einem 486er-Prozessor, unter Windows 95/98 sollte es aber schon ein Pentium sein. Der Arbeitsspeicher ist beim CD-Brennen sehr wichtig, daher gilt auch hier: je mehr, desto besser. Mit 32 MByte sollten aber keine Probleme auftreten.

Bei heutigen Rechnern ist i.d.R. ein IDE- oder EIDE-Adapter standardmäßig eingebaut. Der ist ausreichend, wenn die verwendete Festplatte nicht gerade älter als ein paar Jahre ist oder die notwendige Geschwindigkeit beherrscht. Wenn es doch ein wenig schneller und sicherer gehen soll, dann hilft nur der Wechsel zum SCSI-Anschluss. Dieser Controller hat neben der höheren Geschwindigkeit den Vorteil, dass bis zu fünfzehn SCSI-Geräte anschließbar sind. Die SCSI-Adapter sind günstig in der Anschaffung, die SCSI-Geräte heben sich ein wenig im Preis von den IDE-Geräten ab.

Trotz eines leistungsstarken Rechners kann i.d.R. der Rechner nicht für andere Aufgaben benutzt werden. Daher muss es nicht unbedingt der allergrößte Rechner sein.

Der Kauf von CD-Rohlingen

Zum CD-Brennen werden Rohlinge benötigt, die es in zwei Ausführungen von verschiedenen Herstellern gibt:

- CD-R
- CD-RW

CD-Brenner vom Type CD-RW können beide Arten von Rohlingen verarbeiten, wobei aber die CD-RW-Rohlinge ca. fünf Mal so teuer sind.

Beim Kauf von Rohlingen können Sie einzelne Rohlinge oder aber auch Pakete von mehreren Stück erwerben. Verwenden Sie nicht unbedingt die billigsten und probieren Sie einige Rohlinge aus, bevor Sie eine größere Stückzahl kaufen.

Achten Sie auf Markenartikel, auf das Fassungsvermögen der Rohlinge und auf die Farbe. Neben zahlreichen Markenanbietern gibt es eine große Menge von No-Name-Rohlingen. Trotz des hohen Preisunterschieds gibt es drei wichtige Unterschiede bzw. Vorteile der Markenrohlinge:

- Höhere Qualität
- Fehlerfreiheit
- Längere Haltbarkeit

Wenn Sie also Ihre Daten auf der CD dauerhaft aufheben und vor unliebsamen Fehlern schützen wollen, nehmen Sie den höheren Preis der Markenware lieber in Kauf.

Auch der Farbe der Rohlinge werden gewisse Unterschiede nachgesagt. Dabei ist nicht das Cover der CD gemeint, sondern die Beschichtung:

- Goldene CD-Rohlinge haben eine höhere Lebensdauer und eine höhere Verträglichkeit mit schnellen CD-Brennern.
- Grüne CD-Rohlinge sind meist beim Lesen und Schreiben unempfindlicher gegenüber Leistungsschwankungen des Brenners/Lasers.
- Blaue CD-Rohlinge weisen meist eine niedrige Fehlerrate beim Brennen auf. Außerdem sind sie kratzschutzbeschichtet und unempfindlicher gegen Sonneneinstrahlung.

Trotz der Unterschiede sollten Sie testen, welche CD für Sie die richtige ist, bevor Sie größere Mengen kaufen.

Die Angaben der Hersteller variieren sehr, wenn es um Aussagen über die Lebensdauer von CD-Rohlingen und beschriebenen CDs geht. Bei unbeschriebenen CDs gilt die Faustregel, dass sie innerhalb von fünf Jahren eingesetzt werden sollten. Für beschriebene CDs geben die Hersteller eine Lebensdauer von 30 bis 100 Jahre an.

Würde es nach den Wünschen der Regierung und der Musikindustrie gehen, dann gebe es bereits jetzt eine zusätzliche Gebühr auf CD-Rohlinge und CD-Brenner. Bisher gibt es eine Zusatzgebühr nur für spezielle Audio-CD-Rs, die explizit für das Brennen von Musik-CDs genutzt werden. Aber beim Kauf normaler Daten-CDs, auf die auch Audio-Daten gebrannt werden kann, ist im Moment noch keine Gema-Aufschlag vorgesehen. Geplant ist derzeit ein Aufpreis von ca. 2 € pro Rohling.

Beim Kauf von CD-Rohlingen sollten Sie nicht nur auf den Preis schauen, sondern auch auf Qualität oder Herstellernamen (Datenverlust).

Kapitel 2
Der Einbau und Anschluss

In der heutigen Zeit wird sich noch die Mehrzahl der PC-Käufer beim Kauf eines Rechners für ein CD-ROM-Gerät und nicht gleich für einen CD-Brenner entscheiden. Dies dürfte sich in Zukunft aber ändern, denn die etwas teureren PCs werden heute schon mit Brenner und DVD-ROM-Laufwerk angeboten. Aber weil eben die PCs der unteren Preisklassen nur mit einem normalen CD-ROM-Laufwerk ausgeliefert werden, gehen sehr viele Interessierte den Weg des Nachkaufs und des Selbsteinbaus. Dies verlangt jedoch Wissen über den Einbau der Hardware und über die Installation der Software. Hier soll Ihnen das folgende Kapitel mit Informationen, Tipps und Tricks helfen.

Einen internen CD-Brenner einbauen

Viele der heute verkauften CD-Brenner sind interne Geräte. Um so ein Gerät einzubauen, ist das Öffnen des Rechnergehäuses notwendig und nicht jeder kann auf Anhieb erkennen, was denn wo im Rechnergehäuse hingehört. In dem folgenden Abschnitt lesen Sie alles, was für den Einbau eines CD-Brenners wichtig ist.

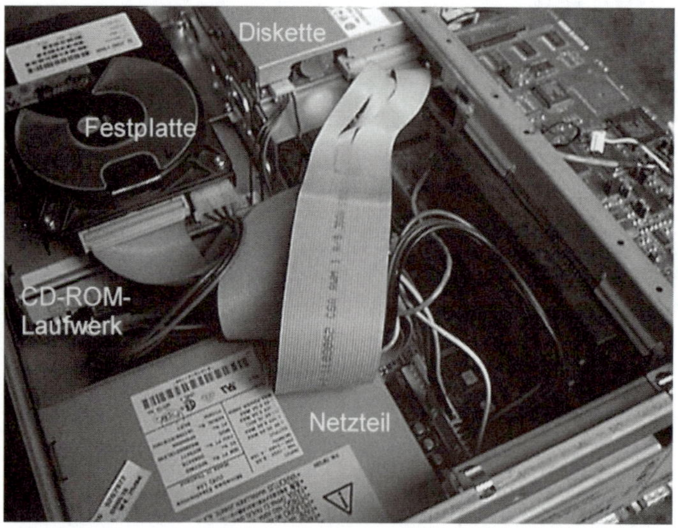

Abbildung 2.1 ▶ Ein geöffnetes Rechnergehäuse

Aber grundsätzlich ist der Vorgang nicht so schwierig und kann mithilfe dieses Buches und den zugehörigen Handbüchern leicht durchgeführt werden.

Vorbereitende Maßnahmen

Um vor unliebsamen Überraschungen geschützt zu sein, sollten Sie vor dem Öffnen des Rechners und vor dem Einbau neuer Hardware wie dem CD-Brenner einige Maßnahmen ergreifen, die Sie vor Schaden bewahren können. Dazu ist es notwendig, dass Sie sich die alten Zustände des Rechners merken: Den Namen des eingebauten CD-ROM-Laufwerks, seine Eigenschaften oder die Anschlüsse.

Zuerst schauen Sie sich über den Gerätemanager in Windows ME die aktuellen Geräte und deren Einstellungen an.

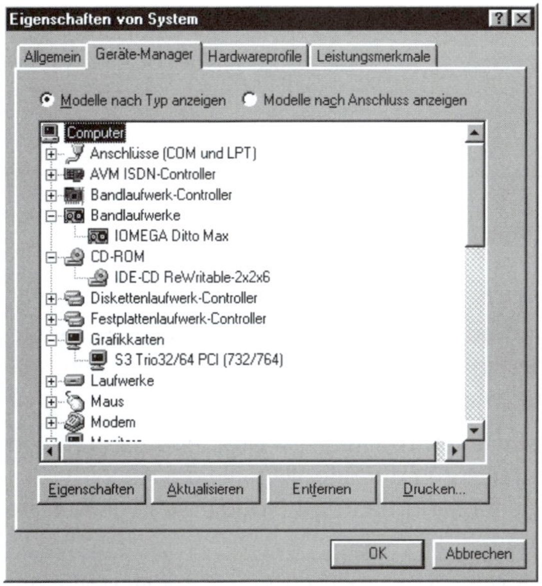

Abbildung 2.2 ▶ Die Anzeige vorhandener Geräte in einem Rechner

Besonders wichtig ist, dass Sie sich die Einstellungsdaten des CD-ROM-Laufwerks merken, damit Sie die Daten für einen eventuellen späteren Wiedereinbau zur Verfügung haben. Notieren Sie sich den Namen, die Eigenschaften und Einstellungen des CD-ROM-Laufwerks.

Vor dem Öffnen des Rechnergehäuses sollten Sie den aktuellen Stand der Windowssystemdateien (z.B. Registry, *Win.ini*, *System.ini*, *Autoexec.bat*, *Config.sys*) sichern. Kommt es dann beim Einbau zu Problemen, können Sie auf jeden Fall den alten Zustand Ihres Rechners wiederherstellen und weiterarbeiten.

In Windows 95 mussten Sie die Sicherung noch selbst vornehmen, aber in Windows 98/ME hat diese Aufgabe Windows selbst übernommen. Auf jeden Fall finden Sie in Windows 95 auf der Windows-CD im Ordner *Others\Misc\Eru* ein Programm mit dem Namen *Eru*. Hiermit können Sie sich die Registry auf Diskette oder in einen Ordner auf der Festplatte sichern.

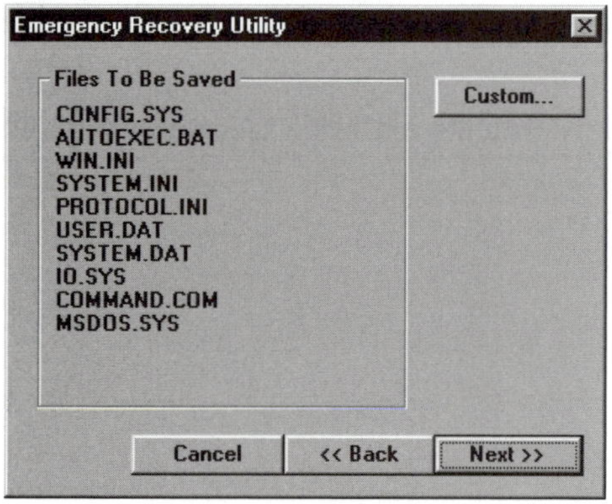

Abbildung 2.3 ▶ Sichern der Systemdateien in Windows 95

Zum Zurücksichern des alten intakten Zustands wird einfach das mit der Sicherung erstellte Programm (es befindet sich bei den gesicherten Dateien oder auf der erstellten Sicherungsdiskette) namens Erd aufgerufen und anschließend alle gesicherten Dateien zurückgeladen. Durch den Neustart des Rechners ist dann der alte lauffähige Zustand wieder hergestellt.

In Windows 98 und ME ist der Vorgang ein wenig einfacher. Die Registry wird automatisch beim Windows-Start gesichert und steht somit für den Notfall zur Verfügung. Mithilfe des Tools *Systemwiederherstellung* (im Ordner *Zubehör\Systemprogramme*) kann dann im Notfall die *Registry*-Datei durch eine intakte gesicherte Version restauriert werden.

In Windows ME haben Sie auch die Möglichkeit, sich selbst vor Veränderungen der Einstellungen eine Sicherung zu erstellen. Läuft dann bei der Veränderung der Konfiguration etwas schief, kann leicht der alte vorherige Zustand wieder hergestellt werden. Ebenso haben Sie mit dem Tool die Möglichkeit, auch eine frühere Sicherung auszuwählen und zur Wiederherstellung zu verwenden.

Zusätzlich sollten Sie für beide Windows-Versionen eine Startdiskette erstellt haben. Diese Diskette hilft dann, wenn der Rechner überhaupt nicht mehr startet. Falls Sie keine Startdiskette besitzen, können Sie diese jederzeit über *Start>Einstellungen>Systemsteuerung>Software* erstellen.

Auf der Registerkarte *Startdiskette* finden Sie eine Schaltfläche zur Erstellung einer Notfall- oder Startdiskette. Diese Diskette sollten Sie beschriften und gut aufheben. Sinnvoll ist auch, wenn Sie die Hardware Ihres Rechners verändern und z.B. einen CD-Brenner einbauen, dass Sie anschließend eine neue Startdiskette erstellen.

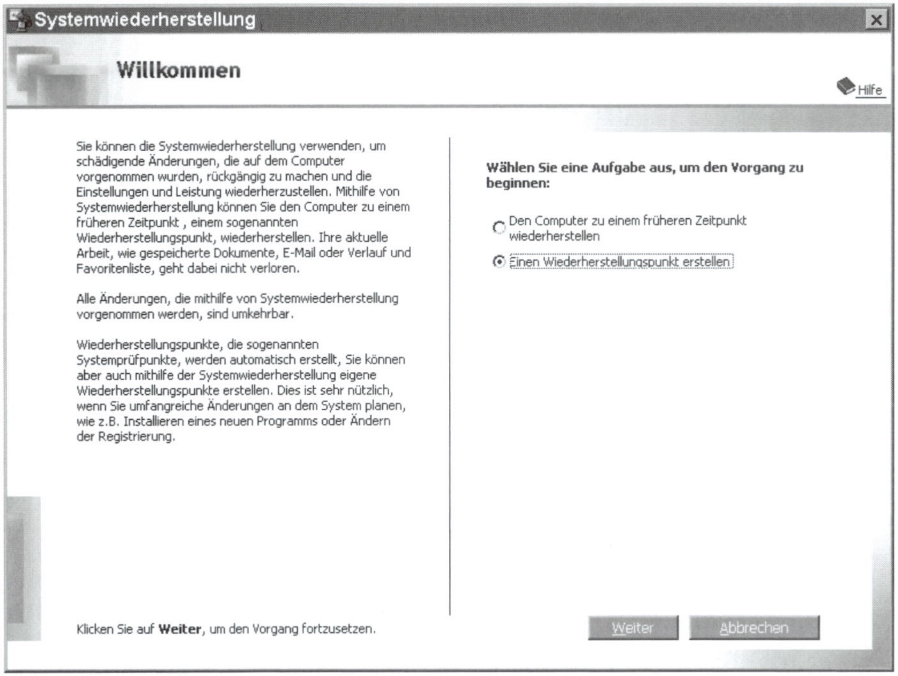

Abbildung 2.4 ▶ Die Systemwiederherstellung in Windows ME

> Kopieren Sie die Sicherungsdateien auf ein anderes Laufwerk oder brennen Sie diese auf eine CD.

Nachdem Sie nun die Windows-Systemdateien gesichert haben, sollten Sie sich die Anschlüsse des Brenners vor dem Einbau anschauen und einprägen. Vor dem Öffnen des Rechnergehäuses ist auf jeden Fall der Netzstecker vom Stromkreis zu trennen. Zur eventuell möglichen Wiederherstellung des aktuellen Zustands sollten Sie die Kabel und Anschlüsse markieren, die mit dem CD-ROM-Laufwerk zu tun haben. Dies kann durch kleine Klebezettel geschehen, die Sie direkt an die betreffenden Kabel kleben. Schreiben Sie sich auch auf, welche Kabel wohin führen und welche Farbe diese haben. Besonders wichtig ist, wie die Kabel mit dem Rechner und dem CD-ROM-Gerät verbunden sind. Dazu sind z.B. Flachbandkabel an der einen Seite rot markiert, wobei diese Markierung die erste Ader des Kabels darstellt.

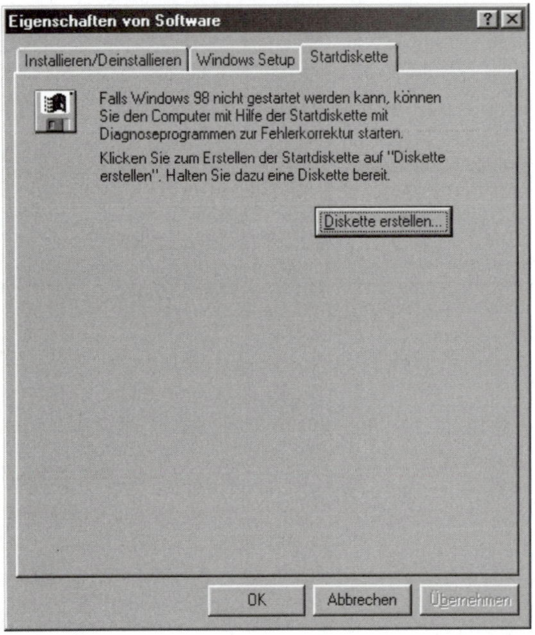

Abbildung 2.5 ▶ Die Erstellung einer Startdiskette in Windows

Sollten Sie den CD-Brenner zusätzlich zum CD-ROM-Laufwerk betreiben, sind die Sicherungsmaßnahmen trotzdem sinnvoll, um für einen Problemfall gerüstet zu sein.

Damit der CD-Brenner in den Rechner eingebaut werden kann, muss auf jeden Fall ein freier Einschubschacht vorhanden sein.

Abbildung 2.6 ▶ Die Anschlüsse des CD-ROM-Laufwerks im geöffneten Rechnergehäuse

Abbildung 2.7 ▶ Die Einschubschächte eines Rechnergehäuses

Bei der Wahl des freien Einschubs ist zu beachten, dass der CD-Brenner ausreichend gekühlt wird, da es beim Brennen sehr heiß werden kann. Am besten ist der Platz, der im Kühlstrom des Lüfters liegt. Sollte dies nicht möglich sein oder nicht ausreichen, so hilft der Einbau eines Extrakühlers. Damit erhöhen Sie auf jeden Fall die Lebensdauer des Brenners. Auch sollten Sie den Brenner nicht direkt über oder unter einer Festplatte einbauen, weil beide Geräte Wärme produzieren und es zu einem Wärmestau kommen kann.

Und zum Schluss ist es besonders wichtig, dass Sie sich die mit dem CD-Brenner gelieferte Dokumentation genau durchlesen und die dort gezeigten Einbauhilfen und Markierungen am Brenner selbst wiederfinden.

Einen IDE-CD-Brenner anschließen

Bevor Sie das Gerät in den freien Einschubschacht einschieben, sollten Sie sich auf der Rückseite des CD-Brenners die Anschlüsse ansehen und einprägen.

Strom- oder Poweranschluss – Dieser Anschlussstecker nimmt ein Stromkabel auf, das vom Netzteil des Rechners kommt und die Farben schwarz, rot, rosa oder blau hat. Falls kein Stromkabel im Rechner mehr frei ist, hilft eine Art Doppelstecker, auch Y-Kabel genannt (siehe *Abbildung 2.23*).

Audio-Stecker – Mit diesem Anschluss verbinden Sie das dünne runde Kabel mit einem kleinen weißen Stecker. Am anderen Ende ist dieses Kabel mit der Soundkarte verbunden. Auch hier ist i.d.R. durch die Form des Steckers kein falsches Einstecken möglich.

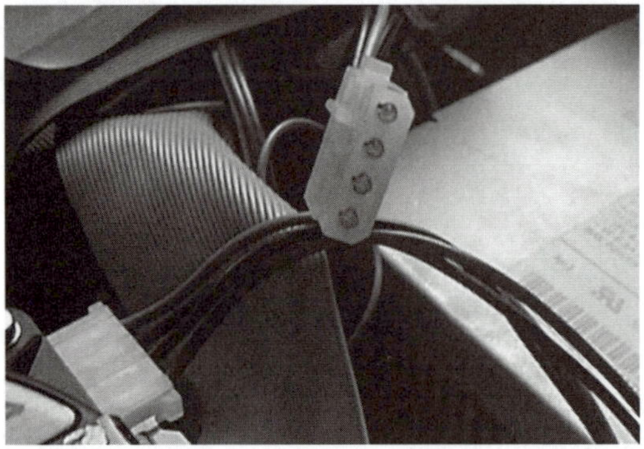

Abbildung 2.8 ▶ Die Verbindung mit dem Stromkreislauf des Rechners

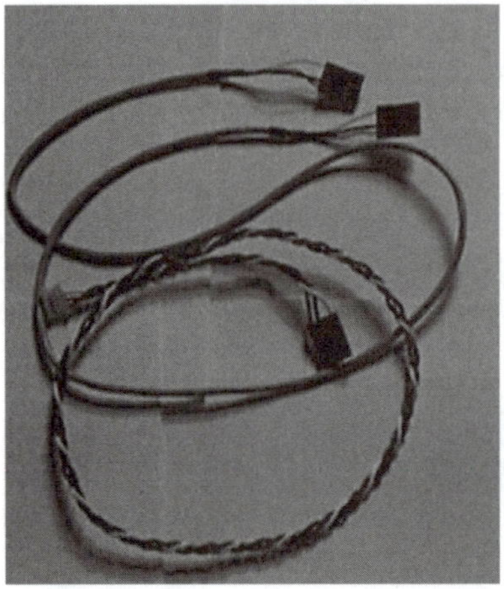

Abbildung 2.9 ▶ Das Audiokabel für die Verbindung zur Soundkarte

> Wenn der Brenner zusammen mit einem CD-ROM-Gerät in einem Rechner betrieben wird, muss auf das Audiokabel verzichtet werden. Dann lassen sich aber auch keine Audio-CDs im Brenner abspielen.

IDE-Stecker – Mit diesem Stecker verbinden Sie das Flachbandkabel des sekundären IDE-Ports. Achten Sie darauf, dass der Kontakt 1 (am CD-Brenner steht eine 1 auf der einen Seite des Steckers) mit der farbigen (meist rote) Seite des Flachbandkabels übereinstimmt. Der Rechner verfügt über einen primären und einen sekundären IDE-Port, wobei am primären auf jeden Fall Ihre erste Festplatte angeschlossen sein sollte.

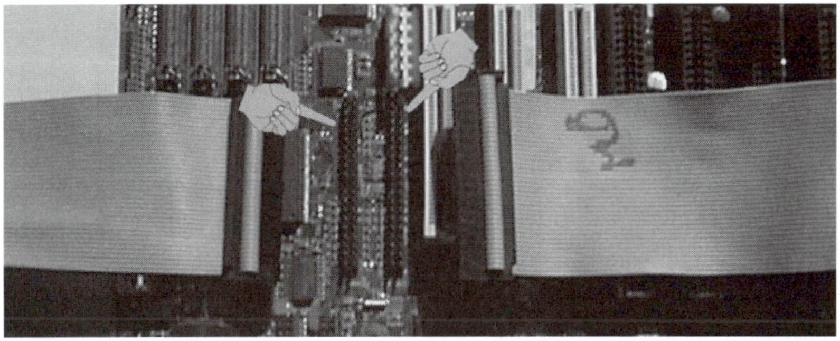

Abbildung 2.10 ▶ Die beiden EIDE-Anschlüsse auf der Hauptplatine

In der *Abbildung 2.10* sehen Sie den primären und sekundären EIDE-Anschluss auf der Hauptplatine und die beiden zugehörigen Flachbandkabel.

Wenn Sie sich diese Flachkabel ansehen, werden Sie erkennen, dass sie mit der Hauptplatine (Motherboard) verbunden sind. Hier genau wird auch das Flachbandkabel für den sekundären IDE-Port angeschlossen, an dem weitere Festplatten oder auch ein CD-ROM-Laufwerk angeschlossen wird. Jede dieser beiden Anschlüsse kann bis zu zwei Geräte verarbeiten.

Abbildung 2.11 ▶ Das Flachbandkabel zum Anschluss des CD-Brenners

Master/Slave-Jumper – Mit diesen Jumpern legen Sie fest, ob das betreffende Gerät als Master (Haupt- oder erstes Gerät) oder als Slave (zweites Gerät) betrieben werden soll. An jedem der beiden IDE-Ports kann jeweils ein Master und ein Slave anschlossen werden.

Wie die Jumper für die Master-/Slave-Einstellung gesteckt werden müssen, ist meist auf den Geräten aufgedruckt/aufgeklebt.

Abbildung 2.12 ▶ Die Anschlüsse des CD-Brenners (Rückseite)

Folgende Anschlussvarianten sind für den CD-Brenner möglich:

- Primärer IDE-Port – Master – 1. Festplatte
- Sekundärer IDE-Port – Master – CD-Brenner

oder

- Primärer IDE-Port – Master – 1. Festplatte
- Sekundärer IDE-Port – Master – CD-ROM
- Sekundärer IDE-Port – Slave – CD-Brenner

oder

- Primärer IDE-Port – Master – 1. Festplatte
- Primärer IDE-Port – Slave – CD-ROM
- Sekundärer IDE-Port – Master – CD-Brenner

Zum Betrieb von CD-ROM und CD-Brenner gemeinsam in einem Rechner ist die letzte Variante zu empfehlen, um einen optimalen Datenfluss zwischen CD-ROM und CD-Brenner zu gewährleisten.

Entsprechend Ihren Wünschen und Gegebenheiten stellen Sie die Jumper am CD-Brenner auf Master oder Slave.

Einen SCSI-CD-Brenner anschließen

Zum Anschluss eines SCSI-Brenners ist ein SCSI-Adapter/-Controller notwendig. Wie Sie diesen einbauen und einstellen, erfahren Sie im zum Adapter gehörenden Handbuch. An dem Adapter befinden sich meist interne und auch externe Anschlüsse. Um nun einen CD-Brenner an diesen Adapter anzuschließen, ist der Brenner zu terminieren und ihm eine ID zuzuweisen. Dabei bedeutet terminieren nichts anderes als Ende des Kabels oder abschließen.

Verbinden Sie zuerst das 50-polige Flachbandkabel mit dem Anschluss des Brenners. Erhöhungen und Ausbuchtungen verhindern einen falschen Anschluss. Das andere Ende des Kabels ist mit dem SCSI-Adapter zu verbinden.

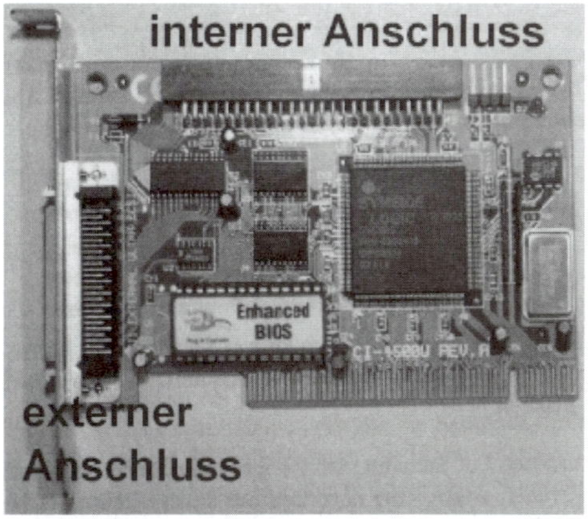

Abbildung 2.13 ▶ Ein SCSI-Adapter mit internem und externem Anschluss

Da an einem SCSI-Adapter bis zu fünfzehn Geräte angeschlossen werden können, muss festgelegt werden, wo das Ende des Kabels ist, auch terminieren genannt. Möchten Sie am SCSI-Adapter nur den CD-Brenner betreiben, ist die Arbeit schon erledigt. Terminiert wird also immer, wenn mehr als ein SCSI-Gerät betrieben wird, wobei dann auch das letzte Gerät am Kabel terminiert werden muss. Diese Terminierung wird an dem Gerät durch das Setzen eines Jumpers gekennzeichnet. Um welchen Jumper es sich handelt, hängt vom Gerät ab und kann dem zugehörigen Handbuch entnommen werden. Hier finden Sie dann auch die Informationen über die Jumper, die zur Kennzeichnung der eindeutigen ID gesetzt werden müssen. Dabei gilt, dass jedem angeschlossenen SCSI-Gerät eine eindeutige ID oder Zahl zugeordnet wird, wobei auch der Adapter selbst eine ID bekommt.

Abschließende Maßnahmen

Nachdem nun der CD-Brenner (EIDE oder SCSI) eingeschoben und mit den notwendigen Kabeln verbunden ist, sollten Sie das Gerät noch an dem Gehäuse festschrauben, um Erschütterungen beim späteren Brennvorgang zu vermeiden. Für die Schrauben befinden sich Löcher an den Außenseiten des Einschubs.

> Um Zeit und Arbeit zu sparen, sollten Sie das Gerät erst fest anschrauben und den PC schließen, nachdem Sie einen Funktionstest gemacht haben.

Damit ist der Einbau abgeschlossen und das Rechnergehäuse kann wieder geschlossen und verschraubt werden.

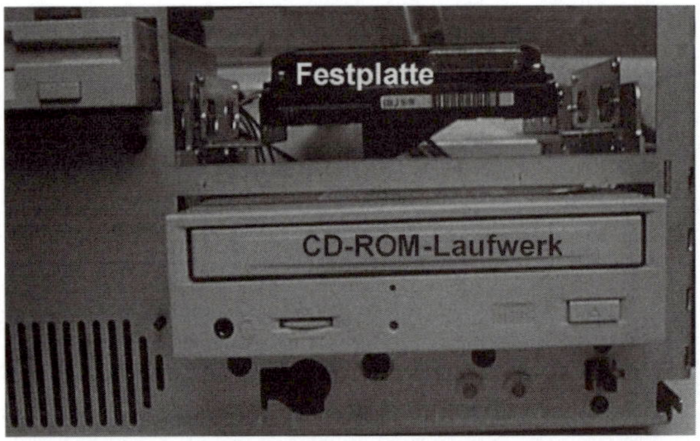

Abbildung 2.14 ▶ An der Vorderseite des Rechners ist nach dem Einbau die Frontpartie des CD-Brenners sichtbar

Nun fehlt nur noch die Installation der zugehörigen Treiber, damit der Rechner und das Betriebssystem den CD-Brenner auch bedienen können. Mehr dazu finden Sie im Abschnitt *Installation der Treiber*.

Einen externen Brenner anschließen

Beim Kauf eines externen CD-Brenners bleibt Ihnen das Öffnen des Rechnergehäuses erspart. Trotzdem gibt es aber auch hier einige wichtige Punkte beim Anschluss zu beachten.

Abbildung 2.15 ▶ Ein externer CD-Brenner mit geöffnetem CD-Schacht

In der *Abbildung 2.15* ist zu erkennen, dass ein externes Gerät größere Ausmaße hat und auch selbst ein internes Gerät beinhaltet.

Vorbereitende Maßnahmen

Bevor Sie mit dem Anschluss beginnen, sollten Sie auf jeden Fall die notwendigen Sicherungsarbeiten durchführen, die auch für den Einbau eines internen Geräts notwendig sind. Mehr dazu finden Sie am Anfang dieses Kapitels.

Grundsätzlich gilt auch hier, dass für den Anschluss von Geräten der Computer ausgeschaltet und vom Stromnetz getrennt sein muss, um Kurzschlüsse zu vermeiden.

Einen parallelen CD-Brenner anschließen

Zuerst nehmen Sie das mitgelieferte Kabel und verbinden damit den CD-Brenner mit der Schnittstelle am PC, an der bisher der Drucker angeschlossen war. Am PC ist diese Schnittstelle meist mit LPT1, LPT2 oder Drucker bezeichnet. Das Kabel verfügt auf der einen Seite über einen Stecker und auf der anderen über eine Buchse, sodass es nur eine Anschlussmöglichkeit gibt.

Am PC ist der parallele Anschluss eine 25-polige Buchse, nicht zu verwechseln mit dem seriellen Anschluss, in dem auch 25 Pins (manchmal auch nur 9) zu sehen sind und der meist mit COM1, COM2 o.Ä. beschrieben ist.

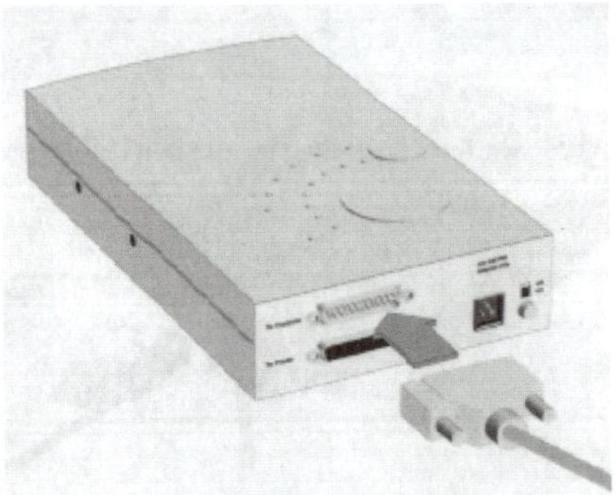

Abbildung 2.16 ▶ Das Anschlusskabel für den parallelen Anschluss des CD-Brenners

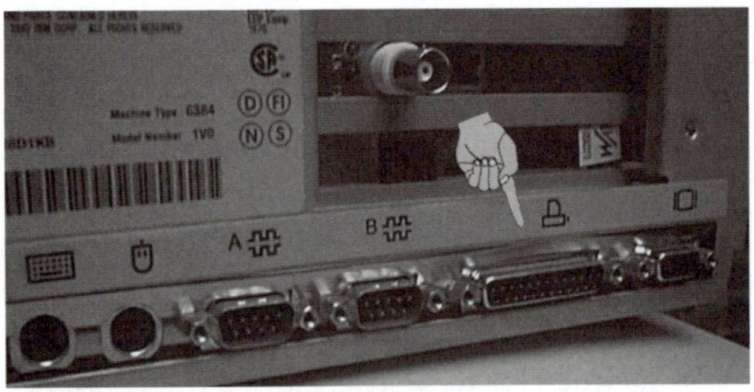

Abbildung 2.17 ▶ Der Anschluss des externen parallelen CD-Brenners am PC

Achten Sie aber darauf, dass es am CD-Brenner zwei Anschlussmöglichkeiten gibt. Dieser zweite Anschluss wird zum Anschluss des Druckers verwendet, da dessen Anschluss am PC ja vom CD-Brenner belegt wird.

Die parallele Anschlussbuchse am PC (in der *Abbildung 2.17* die zweite Buchse von rechts) wird durch ein Druckersymbol gekennzeichnet.

Zum Schluss muss der externe CD-Brenner noch mit dem Stromnetz verbunden werden. Anders als ein interner CD-Brenner verfügt dieses Gerät über ein eigenes Netzteil zur Stromversorgung.

> Nach Anschluss des CD-Brenners sollten Sie auf jeden Fall auch den Drucker testen, der ja nun am CD-Brenner angeschlossen ist.

Einen SCSI-CD-Brenner anschließen

Beim Anschluss eines externen und internen SCSI-CD-Brenners wird ein SCSI-Adapter (Einsteckkarte) benötigt. Diese Einsteckkarte verfügt auch über einen Stecker, der es erlaubt, externe Geräte anzuschließen (siehe *Abbildung 2.13*, linke Bildseite). An diesem Anschluss wird das mit dem externen CD-Brenner mitgelieferte SCSI-Kabel angeschlossen. Das andere Ende wird mit dem CD-Brenner verbunden.

Es gibt auch Rechner, die über ein Motherboard mit integrierter SCSI-Schnittstelle verfügen. Auch in diesem Fall befindet sich an der Rechnerrückseite der entsprechende Anschluss für weitere SCSI-Geräte. Genauere Informationen finden Sie in dem Rechnerhandbuch.

Abbildung 2.18 ▶ Das SCSI Anschlusskabel

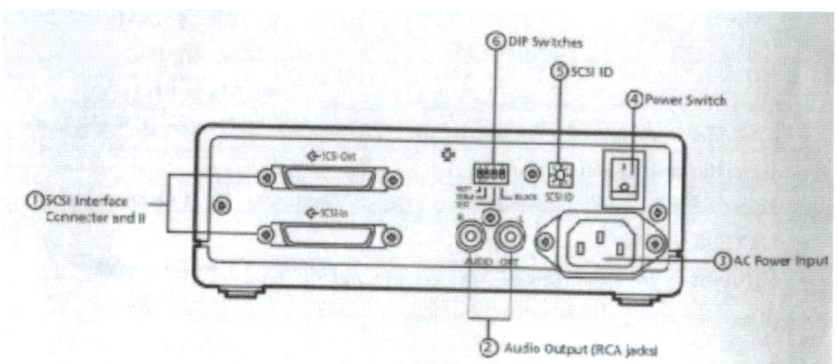

Abbildung 2.19 ▶ Die Rückseite eines externen CD-Brenners

Da man an einem SCSI-Adapter bis zu fünfzehn Geräte anschließen kann, verfügt der CD-Brenner über einen Stecker, an dem ein weiteres SCSI-Gerät angeschlossen werden kann.

In der *Abbildung 2.19* sind im linken Bereich die beiden Stecker zu erkennen, wobei einer für den Eingang und der andere für den Ausgang zum nächsten SCSI-Gerät (falls vorhanden) verwendet werden kann.

Wie am Anfang dieses Kapitels beim Anschluss eines internen SCSI-CD-Brenners beschrieben, ist die Terminierung auch hier besonders wichtig. Dabei gilt beim Anschluss von nur einem CD-Brenner am SCSI-Adapter die Terminierung als erfolgt. Werden weitere Geräte angeschlossen, muss das letzte

Gerät terminiert werden, also das Ende der SCSI-Kabel markiert werden. Die Terminierung erfolgt über einen Jumper (mehr dazu finden Sie im zum CD-Brenner gehörenden Handbuch). Es gibt auch CD-Brenner, bei denen die Terminierung mittels eines externen Terminators erfolgt, wobei dieser dann auf den freien SCSI-Anschluss gesteckt werden muss.

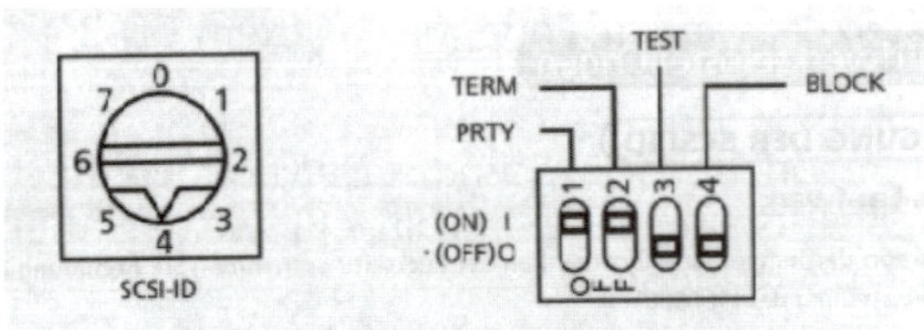

Abbildung 2.20 ▶ Die Festlegung und Einstellung der ID am externen SCSI-CD-Brenner

Zum Schluss muss dem CD-Brenner noch eine eindeutige ID über das Setzen eines Jumpers oder einer Schraube zugeordnet werden. Dabei ist darauf zu achten, dass jedes SCSI-Gerät eine eigene eindeutige Adresse (eine einstellige Zahl von 0 bis 7) bekommt. Auch die SCSI-Einsteckkarte wird als Gerät behandelt und bekommt eine eigene ID zugeordnet.

Werden interne und externe SCSI-Geräte verwendet, müssen das letzte interne und das letzte externe Gerät terminiert werden. Beide bilden also jeweils das Ende des SCSI-Kabels.

Einen USB-CD-Brenner anschließen

Leichter ist der Anschluss, wenn Sie sich für einen USB-CD-Brenner entscheiden.

Abbildung 2.21 ▶ Ein externer CD-Brenner als USB-Variante

In der *Abbildung 2.21* sehen Sie neben dem Laufwerk den USB-Stecker. Diesen Stecker stecken Sie einfach in einen der beiden Anschlüsse des Rechners, die Sie an der Rückseite des Rechners finden.

Sind bereits beide USB-Anschlüsse am Rechner belegt, so können Sie einen USB-Hub erwerben und somit die Anschlussmöglichkeiten problemlos erweitern. Solche USB-Hubs können Sie in jedem Computergeschäft erwerben. Auf diese Weise lassen sich ohne Probleme bis zu 255 USB-Geräte anschließen.

Abschließende Maßnahmen

Denken Sie daran, dass das Gerät als externes Gerät über einen eigenen Stromanschluss verfügt und damit auch über einen eigenen Ein- und Ausschalter.

Vergessen Sie nicht, wenn Sie einen parallelen angeschlossenen CD-Brenner verwenden, den Drucker bzw. das Druckerkabel in die Buchse am CD-Brenner zu stecken.

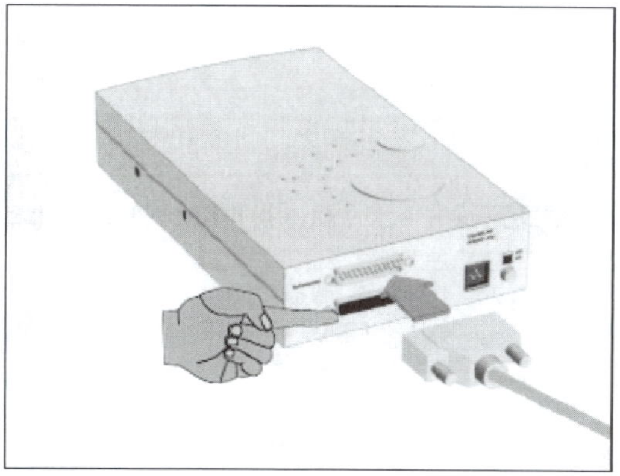

Abbildung 2.22 ▶ Anschluss des Druckers am CD-Brenner

In der *Abbildung 2.22* sehen Sie zwei Anschlüsse. Gezeigt wird, wie der CD-Brenner mit einem Kabel mit dem Rechner verbunden wird. Unterhalb des Steckers ist ein weiterer Stecker zu erkennen. An dieser Buchse wird der Drucker mit dem Druckerkabel verbunden.

> Neben den genannten Anschlussarten bietet der Markt auch noch die Möglichkeit, den Anschluss über einen IEEE-1394-Port (FireWire) oder über eine PC-Card (PCMCIA) vorzunehmen.

CD-ROM und CD-Brenner gemeinsam betreiben

Technisch ist es heute ohne Probleme möglich, den CD-Brenner zusätzlich neben einem CD-ROM-Laufwerk gemeinsam in einem Rechner zu benutzen. Lediglich Platz- und Anschlussprobleme im bzw. am Rechner könnten dagegen sprechen. Der Vorteil eines gemeinsamen Betriebs liegt darin, dass beim Kopieren einer CD die Daten nicht erst auf der Festplatte zwischengespeichert werden müsste.

Weitere Maßnahmen

Grundsätzlich gelten beim Einbau eines CD-Brenners zusätzlich zum CD-ROM-Laufwerk die gleichen Maßnahmen wie beim Ersatz eines CD-ROM-Laufwerks durch einen CD-Brenner. Mehr dazu finden Sie am Anfang dieses Kapitels.

Abweichend zu den beschriebenen Verfahren sollten Sie aber zwei Voraussetzungen prüfen:

- Ist noch ein Stromversorgungsstecker frei?
- Ist noch ein IDE-Anschluss frei?

Falls im Rechner kein Stromkabel mehr frei ist, hilft eine Art Doppelstecker, auch Y-Kabel genannt.

> Bedenken Sie aber, dass ein PC-Netzteil nicht unendlich viele Geräte versorgen kann. Besonders bei kostengünstigen PCs sind die Netzteile leistungsschwach.

Da die heutigen Rechner den Anschluss von bis zu vier IDE-Geräten vorsehen, dürfte i.d.R. ein freier IDE-Anschluss vorhanden sein. Bei diesem Anschluss, der als primärer und sekundärer ausgelegt ist, werden Flachbandkabel verwendet (siehe *Abbildungen 2.10/2.11*). Am primären Anschluss ist immer die erste Festplatte und am sekundären ist fast immer das CD-ROM-Laufwerk angeschlossen.

Folgende Anschlussvariante ist denkbar:

- Primärer IDE-Port – Master – 1. Festplatte
- Sekundärer IDE-Port – Master – CD-ROM
- Sekundärer IDE-Port – Slave – CD-Brenner

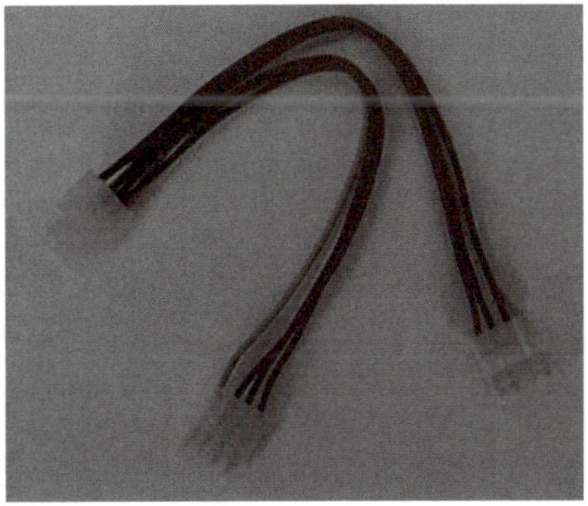

Abbildung 2.23 ▶ Ein Y-Kabel für den Anschluss an das Stromnetz des Rechners

Da die verwendeten Flachbandkabel immer den Anschluss von zwei Geräten vorsehen, braucht das zusätzliche Gerät einfach nur noch an den freien Stecker des Kabels angeschlossen werden.

Das Flachbandkabel verfügt über zwei Stecker: zwei Geräte wie Festplatten oder CD-ROM, ein Stecker für den Anschluss auf der Hauptplatine.

Denken Sie aber daran, dass das CD-ROM-Laufwerk meist als Slave-Gerät am sekundären IDE-Port angeschlossen ist. Falls Sie die obige Einstellung wählen und das CD-ROM-Gerät nun Master ist, muss auch die Jumperstellung am CD-ROM-Laufwerk verändert werden. Merken Sie sich aber auf jeden Fall vorher die aktuellen Jumperstellungen und sehen Sie im Handbuch zum CD-ROM-Laufwerk nach, wie hier die Jumper zu setzen sind.

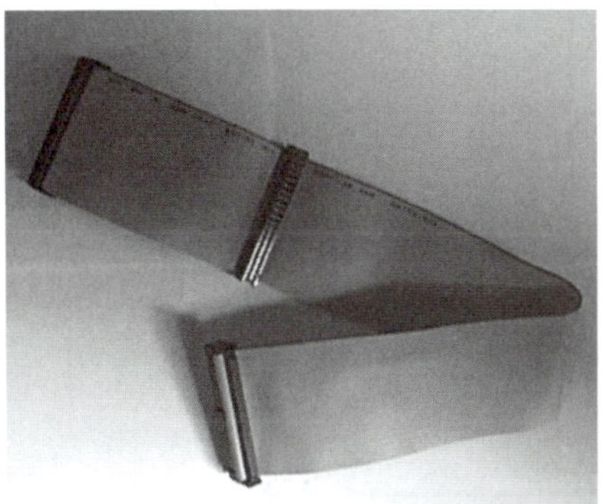

Abbildung 2.24 ▶ Ein Flachbandkabel für den Anschluss von Festplatten, CD-ROM oder CD-Brenner

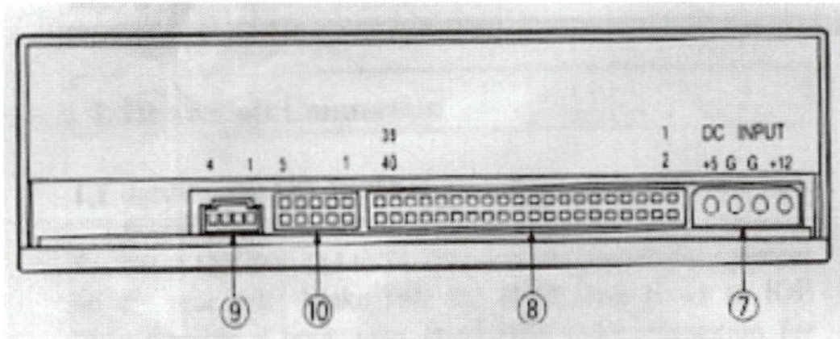

Abbildung 2.25 ▶ Anschlüsse eines CD-ROM-Laufwerks

In der *Abbildung 2.25* sehen Sie die Jumper für die Einstellungen (Master, Slave) mit einer 10 markiert. Was die Jumper bedeuten und wie sie gesteckt werden müssen, ist bei jedem Gerät anders und muss daher dem Gerätehandbuch entnommen werden.

Probleme beim gemeinsamen Betrieb

Leider unterstützt nicht jedes CD-ROM-Laufwerk auch jeden Brenner, besonders dann nicht, wenn noch ein Anschlussunterschied (IDE/SCSI) vorhanden ist. So ist häufig das Kopieren zwischen beiden Laufwerken nicht möglich oder es tritt eine hohe Fehlerrate auf.

Auf jeden Fall spricht technisch gesehen nichts gegen einen gemeinsamen Betrieb, Sie sollten dann aber auf CD-Copy zwischen den beiden Laufwerken verzichten und statt dessen die zu brennenden Daten auf der Festplatte zwischenspeichern. Trotzdem kann der gleichzeitige Betrieb sinnvoll sein, wenn die Lesegeschwindigkeit des CD-Brenners niedrig und das CD-ROM-Laufwerk dagegen sehr schnell lesen kann.

Abbildung 2.26 ▶ Kühler für Festplatten und andere Geräte

Ein weiteres Problem beim Betrieb von CD-ROM-Laufwerk und CD-Brenner in einem Rechnergehäuse könnte die Wärmeentwicklung und die nicht ausreichende Kühlung sein. Hier hilft nur der Einbau eines weiteren Lüfters. Auch kann es sein, dass das Netzteil nicht ausreichend dimensioniert ist und nicht alle Geräte mit genügend Strom versorgen kann.

Installation der Treiber

Nach dem Einbau oder dem Anschluss eines CD-Brenners sind noch die zugehörigen Treiber für die Verbindung zum Betriebssystem zu installieren. Die dazu notwendige Software wird mit dem CD-Brenner geliefert und muss sich auf einer Diskette oder CD-ROM befinden. Die neuesten Version finden Sie dazu auch noch auf der Webseite des Herstellers im Internet.

Die Durchführung der Installation

Bevor Sie aber mit der Installation beginnen und den Rechner einschalten, sollten Sie den externen CD-Brenner einschalten. Außerdem ist die CD, die mit dem Brenner geliefert wurde und die Windows ME-CD bereitzuhalten.

> Prüfen Sie vor der Installation den freien Festplattenplatz und löschen Sie ggf. vorher unwichtige Dateien (Papierkorb, temporäre Dateien).

Wenn Windows 95/98/ME startet, merkt es grundsätzlich, ob ein neues Gerät eingebaut oder angeschlossen ist und startet selbst die Installation. Sollte dies nicht der Fall sein, können Sie selbst das Installationsprogramm von der CD, die zum Brenner gehört, starten. Üblicherweise tragen diese Programme den Namen *Setup.exe* oder *Install.exe*. Sie finden diese Programme immer im Hauptverzeichnis der CD-ROM.

Die Installation ist recht einfach und Sie haben dabei nur wenige Eingaben vorzunehmen:

- Verzeichnis für die zugehörigen Programme und Treiber
- Ihr Name, Ihre Firma (falls vorhanden)
- Die Serien- oder Registriernummer (wurde mit dem Gerät geliefert und steht im Handbuch oder auf den Unterlagen zum Brenner).

Abbildung 2.27 ▶ Das Installationsprogramm für einen oder mehrere CD-Brenner

Wenn die Installation erfolgreich verlaufen ist, finden Sie im Startmenü unter der Rubrik *Programme* entsprechende Einträge (nicht bei allen CD-Brennern). Hier gibt es dann auch in den meisten Fällen eine Funktion zur Deinstallation.

Die Überprüfung der Installation

Nachdem Sie die Installation erfolgreich durchgeführt und den Rechner neu gestartet haben, steht der CD-Brenner zur Verfügung und kann benutzt werden. Aber es fehlt noch die notwendige Anwendungssoftware, über die Sie in dem folgenden Kapitel mehr erfahren.

Zur Überprüfung einer erfolgreichen Installation eines CD-Brenners muss auf jeden Fall in Ihrem Arbeitsplatz ein CD-Symbol erscheinen.

Abbildung 2.28 ▶ Ihr Arbeitsplatz mit dem CD-Brenner/Symbol

Sollten Sie CD-ROM und CD-Brenner zusammen in Ihrem Rechner betreiben, müssten beide Geräte hier erscheinen.

Überprüfung eines IDE-CD-Brenners

Für die IDE/ATAPI-Laufwerke sind meist keine spezifischen Treiber notwendig. Trotzdem finden Sie den CD-Brenner als Gerät im Gerätemanager von Windows unter *Start>Einstellungen>Systemsteuerung>System.*

Im Gerätemanager gibt es den Eintrag *CD-ROM*. Wenn Sie ihn doppelt anklicken, erscheint der Eintrag zum CD-Brenner (IDE-CD Rewritable) wie in *Abbildung 2.29*.

Wenn die Installation erfolgreich verlaufen ist, muss der Eintrag so wie in der *Abbildung 2.29* aussehen. Wenn nicht, wird der Eintrag mit einem kleinen gelben Ausrufezeichen wie in der *Abbildung 2.30* beim DMA-Controller oder beim PCI-Bus versehen.

Um nun weitere Details zum eingebauten CD-Brenner zu erfahren, markieren Sie den Eintrag im Gerätemanager und klicken dann die Schaltfläche *Eigenschaften* an.

Zu den Eigenschaften eines CD-Brenners zählen neben einigen allgemeinen Informationen auch ein paar Einträge, die verändert werden können, aber deren Änderung nicht unbedingt sinnvoll und notwendig ist.

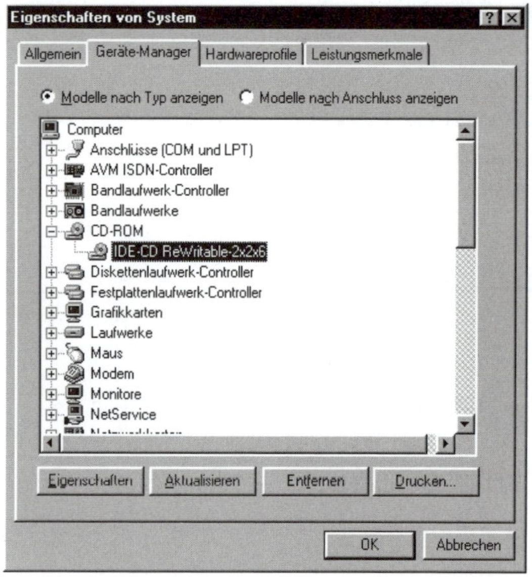

Abbildung 2.29 ▶ Der Gerätemanager von Windows

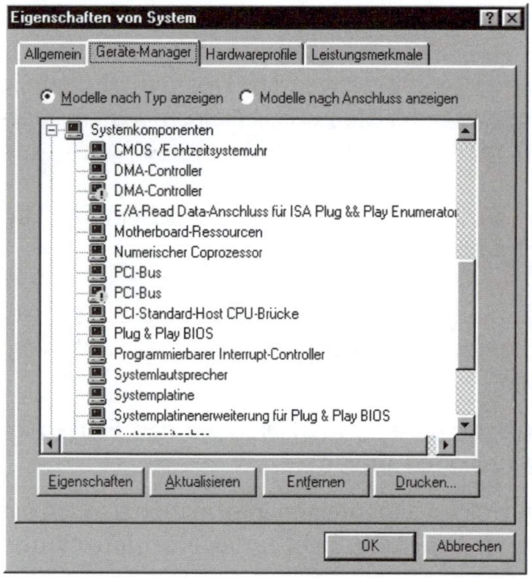

Abbildung 2.30 ▶ Fehlerhafte Geräte im Gerätemanager

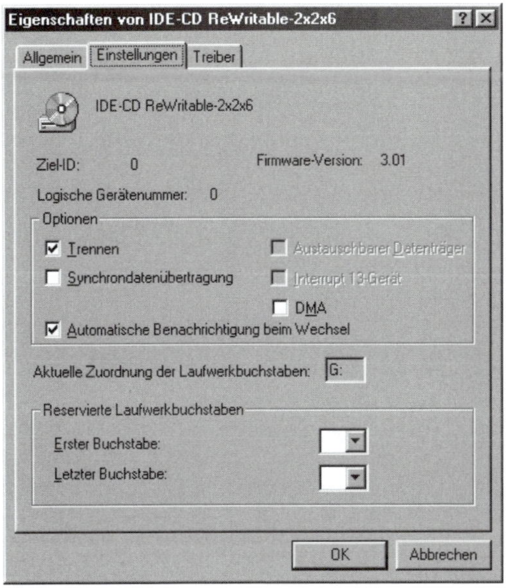

Abbildung 2.31 ▶ **Die Eigenschaften eines CD-Brenners**

Überprüfung eines SCSI-Brenners

Auch den SCSI-Adapter finden Sie im Gerätemanager unter *Start>Einstellungen>Systemsteuerung>System.*

Wenn Sie den Eintrag *SCSI-Controller* im Gerätemanager finden, wissen Sie, dass sich ein derartiger Controller in Ihrem Rechner befindet. Eingebaute SCSI-Geräte werden aber nicht unter diesem Eintrag sichtbar, sondern z.B. unter dem Eintrag *CD-ROM* (siehe *Abbildung 2.29*).

Sollte der SCSI-Controller-Eintrag mit einem kleinen gelben Ausrufezeichen versehen sein (*Abbildung 2.30*), ist die Installation nicht erfolgreich verlaufen. Weitere Informationen finden Sie im Windows-Handbuch oder im Handbuch zum SCSI-Controller.

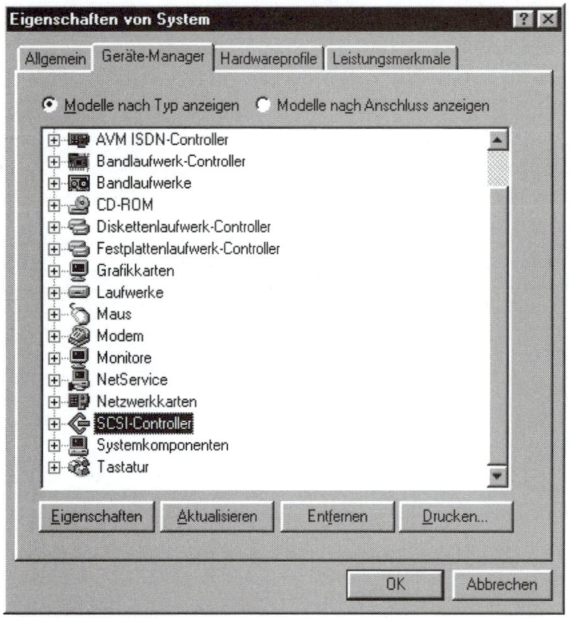

Abbildung 2.32 ▶ Der SCSI-Controller im Gerätemanager von Windows

Überprüfung eines parallelen CD-Brenners

Die Installation Ihres parallel angeschlossenen CD-Brenners überprüfen Sie, wie im vorherigen Absatz beim Überprüfen eines SCSI-CD-Brenners beschrieben. Wichtig ist, dass Sie den parallelen CD-Brenner im Gerätemanager von Windows unter dem Eintrag SCSI-Controller finden und nicht da, wo normalerweise etwas über den Drucker oder die Druckerschnittstelle steht.

Auf der WinOnCD-CD finden Sie ein Programm namens CheckCD mit dem sich CD-ROM- und Brennerlaufwerk nach z. B. Geschwindigkeit untersuchen lassen.

Kapitel 3
Die Brennersoftware

Der Markt bietet wie auf vielen anderen Gebieten auch eine große Menge an unterschiedlicher Software zum Thema CD-Brennen. Die mit der Hardware mitgelieferte Software ist zwar ausreichend, aber vielfach nicht auf Dauer zufrieden stellend. Da bleibt dann nur der Griff in den Geldbeutel, um sich mit einer kommerziellen Brennersoftware einzudecken. Aber ein Blick auf die Shareware/Freeware-Szene zeigt, dass auch hier schon das ein oder andere Programm in guter Qualität vorhanden ist. Dazu gibt es dann noch eine Vielzahl von Tools, die bei der Arbeit mit dem CD-Brenner sehr hilfreich und nützlich sind. Hier gibt es Software um z. B. Musikstücke in andere Formate umzuwandeln oder CD-Aufkleber zu erstellen und zu drucken. Dieses Kapitel soll Ihnen Informationen über die unterschiedlichsten Programme geben. Außerdem finden Sie hier Tipps für den Umgang mit der Software und Hilfe zum Kauf.

Benötigte Software

Bei einem CD-Brenner handelt es sich um ein Gerät, das ohne Software wertlos ist. Dabei wird für die Arbeit mit dem Brenner Software für unterschiedliche Aufgaben benötigt:

- Erstellen von Kopien von CD-ROMs/Audio-CDs
- Brennen von Daten-CDs
- Datensicherungssoftware
- Kopieren durch Drag & Drop
- Erstellen von CD-Labels

Für die Vorbereitung zum Brennen ist bestimmte Software nötig und auch hier gibt es unterschiedliche Aufgabengebiete:

- Antivirensoftware
- Defragmentierung der Festplatte
- Klangbearbeitungssoftware

Mehr zu diesen Softwareprodukten finden Sie in den folgenden Abschnitten.

Mitgelieferte Software

Fast immer liegt dem CD-Brenner Software bei, die es erlaubt, sofort nach dem Kauf und der Installation mit dem Brennen zu starten. Außerdem finden Sie häufig Tools beigelegt, wie z.B. Programme zur Erstellung von CD-Labels.

Ob es sich hierbei um gute oder schlechte Software handelt, hängt ganz von den Bedürfnissen des Benutzers ab. Auf jeden Fall reicht es für den Anfang zum Reinschnuppern und Ausprobieren aus.

Grundsätzlich werden Programme für folgende Aufgaben mitgeliefert:

- Software zum Schreiben von CDs
- Software zum Kopieren von Dateien durch Drag & Drop
- Archivieren und Speichern von Daten
- Programme zur Erstellung und zum Drucken von CD-Labels

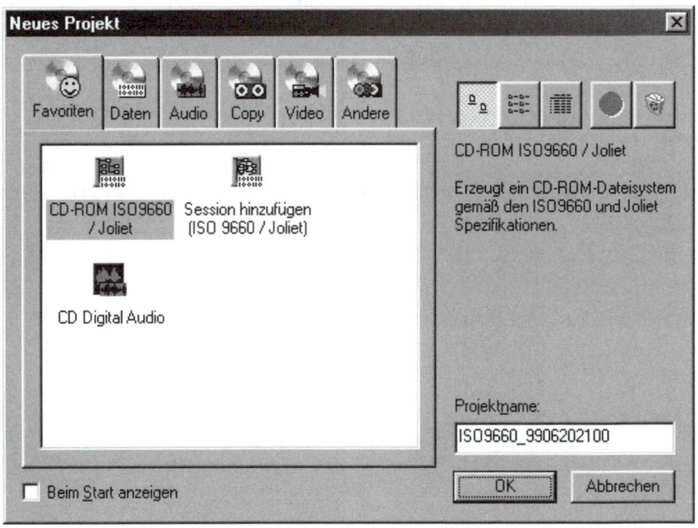

Abbildung 3.1 ▶ Ein Programm zum CD-Brennen aus dem Lieferumfang eines Brenners

Für den Anfang reicht meist die mitgelieferte Software mit dem notwendigen Funktionsumfang.

Was Sie häufig bei der mitgelieferten Software vermissen, sind Programme, die für Vorarbeiten notwendig sind wie z. B. Umwandlung von Musikdateien in andere Formate, Defragmentierung der Festplatte oder Antivirenprogramme.

Shareware/Freeware

Wenn Sie kein Geld für teure Brennersoftware ausgeben wollen, mit der mitgelieferten Software nicht zufrieden sind oder Software für eine andere Aufgabe suchen, dann hilft der Blick auf den Shareware-Markt. Mit Shareware sind Programme gemeint, die Sie kostenlos z. B. aus dem Internet erhalten, testen können und erst bei Gefallen und weiterer Nutzung bezahlen müssen. Hierbei ist der Preis meist relativ niedrig. Bei Freeware entfällt die Bezahlung, wie der Name aussagt, ist es freie Software.

> Wenn Sie die Shareware nach der Prüfung nutzen möchten, überweisen Sie dem Programmautor die Registrierungsgebühr, Sie erhalten dann Support und Programm-Updates.

Wo man Shareware/Freeware findet

Das größte Angebot von Share- und Freeware finden Sie im Internet auf z. B. folgenden Webseiten:

http://www.shareware.de
http://www.shareware.com
http://www.freeware.de
http://www.freeware.com
http://www.zdnet.de

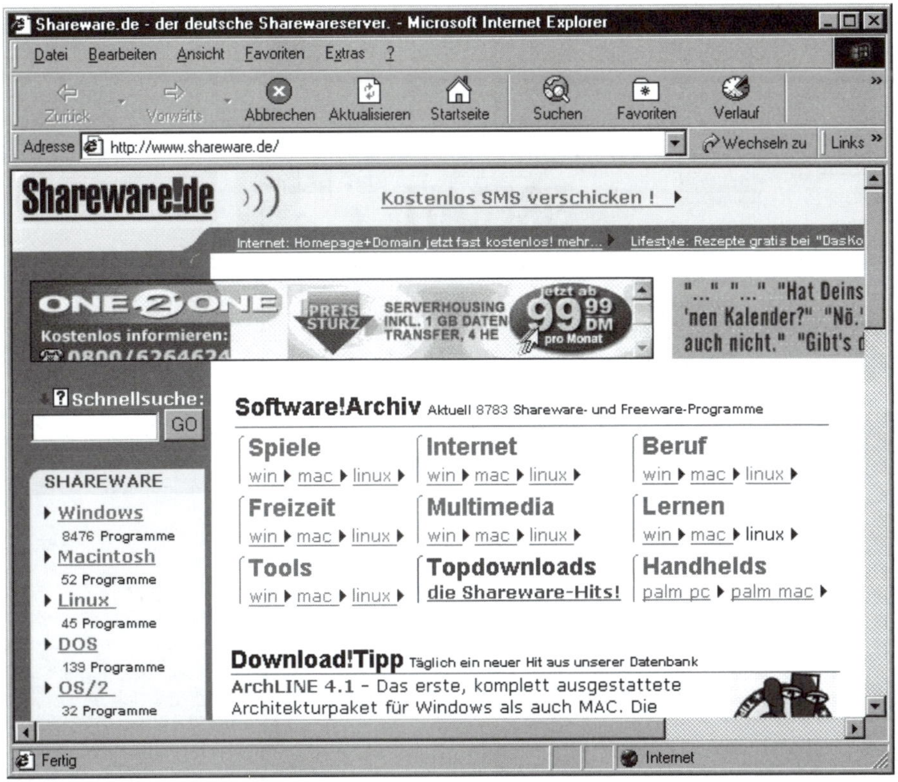

Abbildung 3.2 ▶ Shareware in großen Mengen zu vielen Themen

Wenn Sie auf den speziellen Webseiten nichts finden konnten, geben Sie Ihren Suchwunsch einfach bei diversen Suchmaschinen ein. Hier einige davon:

http://www.fireball.de

http://www.yahoo.de

http://www.lycos.de

http://www.altavista.de

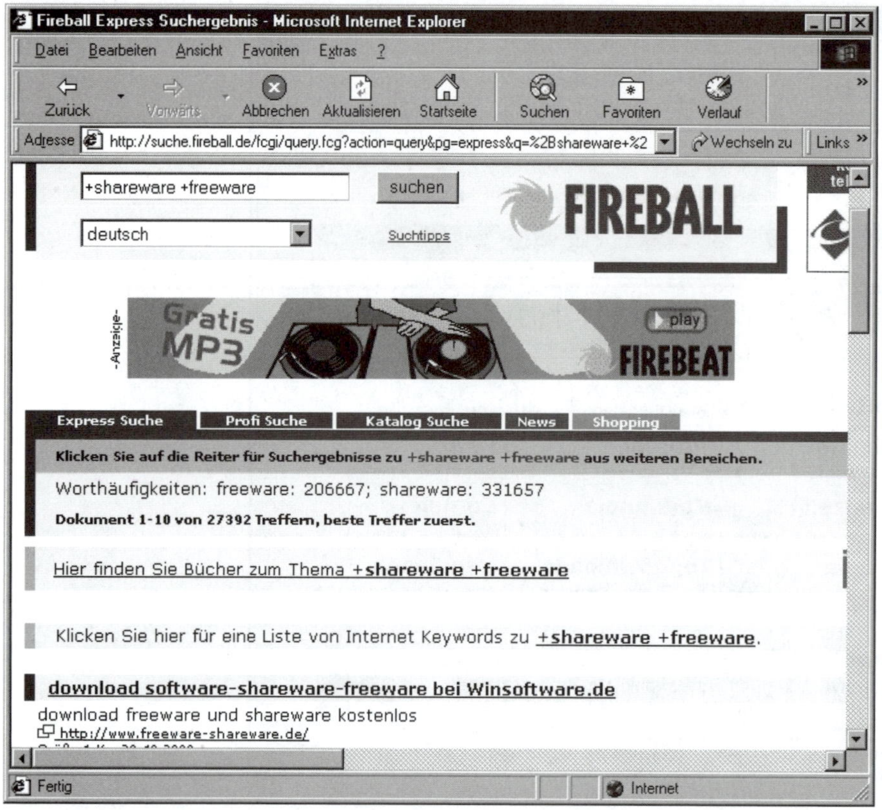

Abbildung 3.3 ▶ Suchen nach Shareware über Suchmaschinen

Suchmaschinen, deren Adresse mit DE endet, suchen und zeigen vorwiegend deutsche Webseiten. Anders sieht es aus, wenn der Name auf COM endet. In diesem Fall handelt es sich meist um amerikanische Suchmaschinen, die die amerikanischen Webseiten bevorzugt verwenden. Dies ist wichtig, weil der Großteil der Shareware aus den Vereinigten Staaten kommt und auch nur von den internationalen Suchmaschinen gefunden wird.

http://www.yahoo.com

http://www.lycos.com

http://www.altavista.com

Geben Sie Ihren Suchbegriff in das entsprechende Eingabefeld der Suchmaschine ein. Wenn Sie mehrere Suchwörter gleichzeitig eingeben, dann müssen Sie angeben, ob Sie eine UND- oder ODER-Verbindung der Wörter wünschen, z.B. brennen CD: *+brennen +cd*

In dem Beispiel werden alle Webseiten angezeigt, auf denen die beiden Begriffe vorhanden sind. Achten Sie aber darauf, dass die Eingabesyntax bei jeder Suchmaschine anders lauten kann. Wie die Syntax auf der betreffenden Suchmaschine wirklich lautet, finden Sie in den Hilfetexten der jeweiligen Webseite.

Abbildung 3.4 ▶ Suchen nach bestimmten Suchworten

Als Ergebnis einer Suche erhalten Sie eine Liste, aus der heraus die entsprechenden Webseiten aufgerufen werden können.

Neuere Software ist i.d.R. sehr umfangreich und der Download aus dem Internet dauert lange. Abhilfe schafft hier der Kauf von Computerzeitschriften mit beiliegender CD. Hier finden Sie viele nützliche Programme.

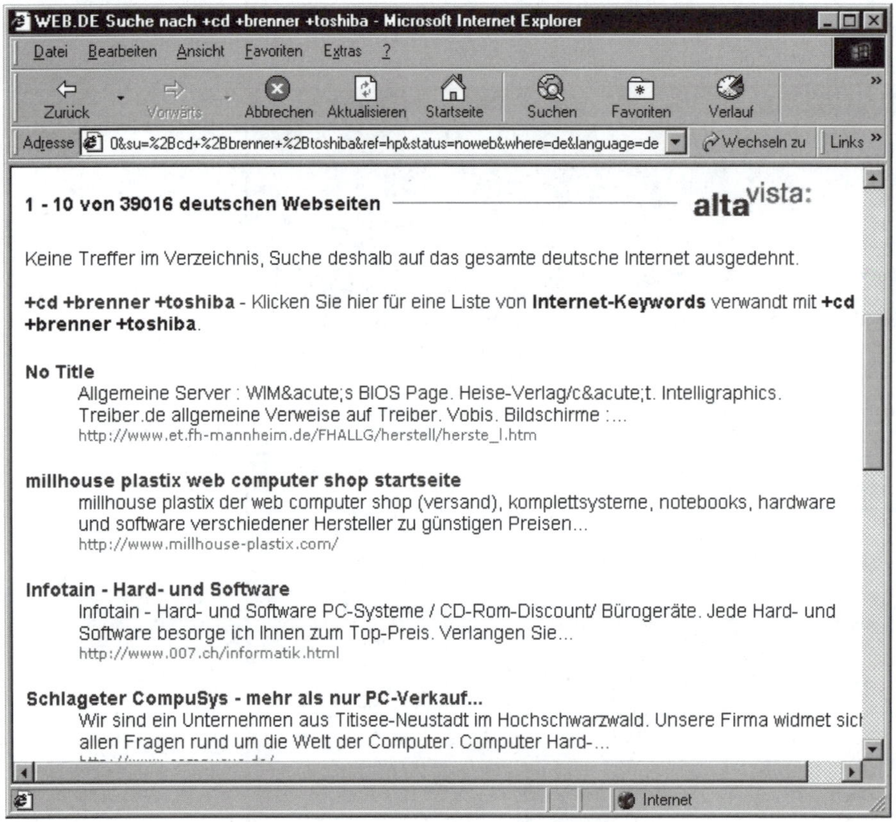

Abbildung 3.5 ▶ Die Ergebnisliste einer Suche bei einer Suchmaschine

Die Ergebnisliste zeigt die Internet-Adresse und einige Zeilen Erklärungen zu der betreffenden Webseite. Ein Klick auf die Internet-Adresse führt Sie zu der entsprechenden Webseite. Über *Zurück*-Symbol in der Funktionsleiste des Browsers gelangen Sie in die Ergebnisliste zurück und können sich hier den nächsten Eintrag vornehmen und anzeigen lassen.

Einfacher, schneller und kostengünstiger suchen und finden Sie Shareware/Freeware auf CD-ROMs, die z.B. einigen Computerzeitschriften beigefügt sind. Hier gibt es mit jeder Ausgabe immer wieder ca. 650 MByte Programme.

Abbildung 3.6 ▶ Eine CD-ROM einer Computerzeitschrift mit Shareware/Freeware

Wofür es Shareware gibt

Share- oder Freeware gibt es für alle denkbaren Aufgaben. Durch die große Vielzahl fällt häufig das Suchen und Finden nach geeigneter Software schwer. Und auch die Qualität lässt bei Shareware häufig zu wünschen übrig. In den folgenden Absätzen dazu ein paar Entscheidungshilfen.

Brennen von CDs

Zum Brennen von CDs gibt es eine große Anzahl von nützlicher Software auf dem Shareware-Markt, was sich durch die immer größere Verbreitung der Brenner noch verstärken dürfte. Häufig findet eine Trennung zwischen dem Brennen von Daten- und Audio-CDs statt. Die meisten Programme gibt es zum Duplizieren oder Brennen von Audio-CDs:

- Audio CD-Pro
- Feurio
- Nero Burning ROM
- CD-Recorder
- Gear Pro

Antivirensoftware

Bei den Antivirenprogrammen gehen die Meinungen weit auseinander, ob man solche Programme auch aus dem Internet laden oder lieber von bekannten Herstellern direkt beziehen sollte. Auf jeden Fall haben sich diese Programme über den Vertriebsweg Shareware einen Namen gemacht:

- F-PROT
- MCAFEE VIRUSSCAN
- NORTON ANTIVIRUS

> Verwenden Sie nur Antivirensoftware von namhaften Anbietern.

Umwandeln von Musikdateien

Die Arbeit mit CD-Brennern und Audio-CDs ist sehr vielfältig. Die folgenden Aufgaben stehen häufig im Vordergrund:

- Audiotracks einer CD auf eine andere CD kopieren
- Audiotracks auf die Festplatte kopieren
- Audiotracks in WAV-Files umwandeln
- WAV-Files in MP3-Files umwandeln
- MP3-Dateien auf CD brennen

Um eine neue CD zu erstellen, die auch auf CD-Playern abspielbar ist, muss diese über Audiotracks verfügen. Das Abspeichern der Audiotracks in andere Formate wie WAV oder MP3 hat nur Sinn, wenn Sie die Musikstücke auf dem PC oder auf speziellen Abspielgeräten abspielen möchten. Natürlich ist auch denkbar, eine CD mit WAV- oder MP3-Dateien zu erstellen, die dann aber nur in einem CD-ROM-Laufwerk, also auf dem PC, abspielbar ist.

CD-Ripper sind Programme, die Daten von Audio-CDs lesen und die einzelnen Musikstücke als WAV-Datei auf der Festplatte abspeichern können. Hier können dann daraus MP3-Dateien erstellen werden. Dabei beanspruchen diese MP3-Dateien bei gleichbleibender Qualität sehr wenig Festplattenplatz. Damit können Sie eine große Anzahl von Musikstücken auf eine CD brennen. Hier einige Programme:

- WinDAC
- CD Copy
- Audiograbber

Abspielen von Musikdateien

Neben dem in Windows enthaltenen voll ausreichenden Mediaplayer bietet der Markt auch zu diesem Thema eine Fülle an Programmen. Besonders hat sich hier Winamp hervorgetan, aber auch mit den anderen Programmen lässt sich vorzüglich Musik durch Abspielen von MP3-Dateien hören:

- Mediaplayer
- Winamp
- Jetaudio

> Share- oder Freeware leisten für Grundfunktionen gute Dienste, jedoch lässt die Herstellerunterstützung meist zu wünschen übrig. Abhilfe schafft hier der Kauf von kommerzieller Software.

Kommerzielle Software

Wenn Sie bei der Software mehr Wert auf Qualität legen und weniger auf den Preis schauen, dann sollten Sie sich für kommerzielle Software entscheiden. Außerdem haben Sie hier meist einen Ansprechpartner, wenn es Probleme mit dem Programm gibt.

Wir haben einige der wichtigsten Programme (WinOnCD, Easy CD Creator) für Sie getestet und stellen sie in den folgenden Absätzen vor.

WinOnCD

Das derzeit bekannteste Programm zum Brennen von CDs ist WinOnCD. Bei einigen wenigen CD-Brennern liegt dieses Programm meist als abgespeckte OEM-Version als Zugabe bei.

Allgemeines über WinOnCD

Das Programm enthält eine große Anzahl an Funktionen unter einer einheitlichen Benutzeroberfläche und ist trotzdem auch von unerfahrenen Benutzern leicht zu bedienen. Lediglich die OEM-Version verfügt nicht über Funktionen wie Bootable-CD- oder Hybrid-CD-Erstellung und auch bei den Audio-Funktionen muss man hier Abstriche hinnehmen.

Besonders interessant ist der Wizzard oder Assistent, der unerfahrenen Anwendern leicht alle Schritte bis zum Brennen vorschlägt und dennoch alle Möglichkeiten einschließt. Der Assistent erklärt die Arbeit optimal, sodass schon nach kurzer Zeit auf ihn verzichtet werden kann.

WinOnCD zeigt sich dem Benutzer auf dem Bildschirm in mehreren Fenstern und unterstützt Drag & Drop. CD-Layouts oder -Abbilder lassen sich abspeichern und wieder verwenden.

> Wenn Sie WinOnCD installieren möchten, sollte das Programm Easy-CD-Creator vorher deinstalliert werden. Beide Programme benutzen gleiche Informationen und verursachen beim Betrieb Probleme wie z.B. Abbrüche.

> WinOnCD ist derzeit das beste CD-Brennerprogramm und es gibt auch schon Zusätze für das Erstellen von DVDs.

Die Installation

Wenn Sie die Programm-CD von WinOnCD einlegen, startet Windows das Installationsprogramm automatisch. Falls nicht, rufen Sie es über den Windows-Explorer selbst auf. Der Name des Installationsprogramms lautet *Install.exe*.

Die Installation läuft wie bei anderen Programmen auch hier automatisch ab. Folgende Anforderungen stellt das Programm bei der Installation:

- Zustimmung zu dem Software-Lizenzvertrag
- Festlegung des Laufwerks und Verzeichnisses zur Dateiablage
- Eingabe Ihres Namens und Ihres Firmennamens (falls vorhanden)
- Eingabe der Seriennummer, die auf einem Aufkleber des Installationshefts steht

In der *Abbildung 3.7* sehen Sie den Start der Installation, wobei auf diesem Wege neben dem Brennerprogramm auch das Handbuch und zwei weitere Zusatzprogramme installiert werden können.

Das Installationsprogramm merkt, ob sich die Vorgängerversion auf der Festplatte befindet und deinstalliert diese nach Rückfrage auf Wunsch.

Nach dem Neustart des Rechners meldet sich das zu WinOnCD gehörende Programm SpeedoMeter. Dieses Programm prüft einmalig die Geschwindigkeit Ihrer Festplatte und der eingebauten Laufwerke und ermittelt, ob sie für das Brennen ausreichend geeignet ist.

Nun ist WinOnCD ordnungsgemäß installiert und kann über das Startmenü aufgerufen werden.

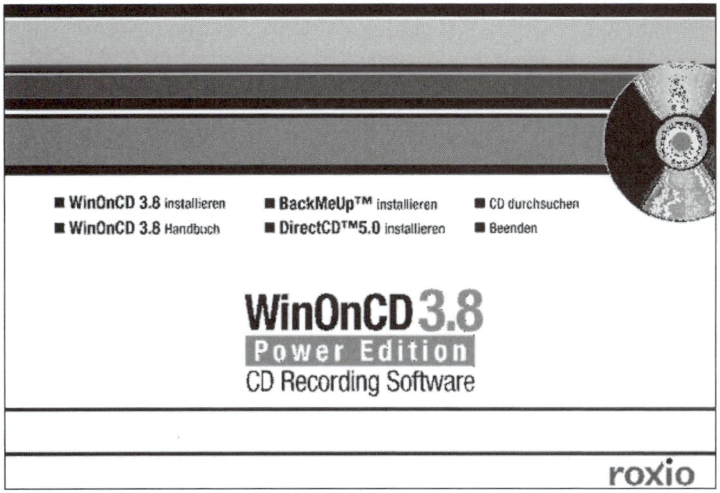

Abbildung 3.7 ▶ Die Installation von WinOnCD

Abbildung 3.8 ▶ WinOnCD kann über das Startmenü aufgerufen werden

Sie finden das Programm samt aller installierten Komponenten über *Start>Programme>Roxio>WinOnCD.*

Im Jahre 2000 wurde die Entwicklungsfirma von WinOnCD Cequadrat von der Firma Roxio aufgekauft, daher taucht ab der Version 3.8 der Name Roxio auf.

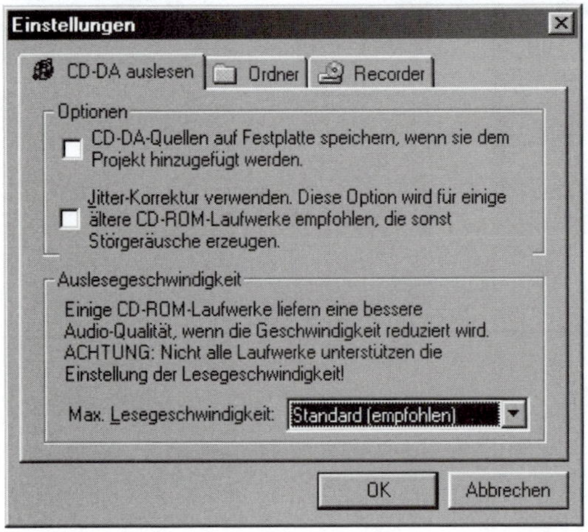

Abbildung 3.9 ▶ Einstellungen in WinOnCD

Die Anpassungen/Einstellungen

In WinOnCD gibt es nicht viele Möglichkeiten zur Anpassung des Programms. Über das Menü *Optionen>Einstellungen* können Sie Einstellungen für Audio-CDs, für die Ablage der temporären Dateien und für die Auswahl des oder der verwendeten CD-Brenner vornehmen.

Bei der Arbeit mit Musik-CDs und älteren CD-ROM-Geräten treten häufig Schwierigkeiten auf. Bei den Einstellungen kann hierzu die Geschwindigkeit angepasst werden.

Weitere Einstellungen finden Sie im Menü *CD-ROM Editor>Eigenschaften.*

Bei den *Allgemeinen Eigenschaften* können Sie Einstellungen bezüglich des Joliet-Dateisystems vornehmen. Außerdem finden Sie Unterstützung, wenn Dateien von langsamen Geräten gelesen werden müssen.

Weiter finden Sie hier die Möglichkeit, Beschreibungen für die Dateisysteme Joliet und ISO 9660 einzugeben.

Mit diesen Einträgen lassen sich einige der starren ISO 9660-Regeln umgehen. Es dürfen z.B. längere Dateinamen und mehr als acht Verzeichnisebenen verwendet werden. Bedenken Sie aber, dass es bei jeder Abweichung vom Standard zu Problemen beim Lesen der CD führen kann. Daher sollten Sie diese Optionen mit Vorsicht benutzen und nur in dringenden Fällen die Einstellungen verändern.

Abbildung 3.10 ▶ Allgemeine Eigenschaften von WinOnCD

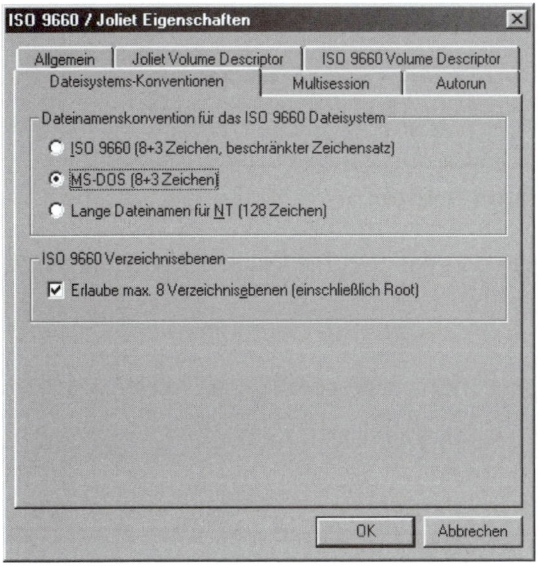

Abbildung 3.11 ▶ Einstellungen für die Dateisystem-Konventionen

Bei der Erstellung von CDs im Multisession-Betrieb kann es dazu kommen, dass Sie Dateien auf die CD brennen wollen, die sich schon dort befinden. Wie sich das Programm dann verhalten soll, legen Sie hier fest.

Auf der Registerkarte *Autorun* bestimmen Sie, ob eine gleichnamige Datei auf die CD geschrieben werden soll oder nicht. Sie dient dann dazu, dass nach dem Einlegen der CD ein bestimmtes Programm automatisch gestartet wird.

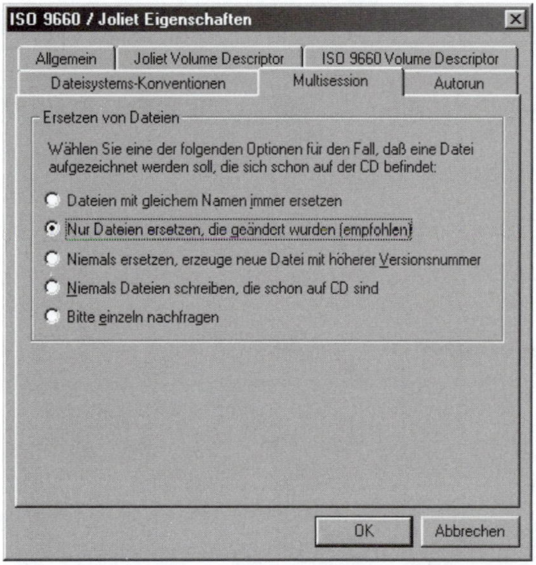

Abbildung 3.12 ▶ Einstellungen für den Multisession-Betrieb

Wie Sie mit WinOnCD arbeiten können, erfahren Sie in den Kapiteln *Die Daten-CD* und *Die Musik-CD*.

Auf der WinOnCD-CD finden Sie ein interessantes Programm zur Sicherung von Dateien auf CD namens BackMeUp.

Adaptec Easy CD Creator

Dieses Programm ist bei einigen CD-Brennern als Beigabe im Lieferumfang enthalten. Ähnlich wie WinOnCD ist auch dieses Programm sehr verbreitet und leicht zu bedienen.

Allgemeines über Easy CD Creator

Das Brennerprogramm Easy CD Creator von der Firma Adaptec gibt es in zwei Versionen: einer einfachen und einer Luxus-Ausführung. Das Programm ist leicht zu bedienen und erlaubt die Datenselektion per Drag & Drop. Da die Herstellerfirma Adaptec seit einiger Zeit zur Firma Roxio gehört, kann es sein, dass dieser Name in Zukunft im Zusammenhang mit Easy CD Creator auftaucht.

Gegenüber WinOnCD verfügt Easy CD Creator nicht über eine Funktion zur Erstellung von Bootable-CDs, weiter existieren auch weniger Einstellmöglichkeiten. Aber für ungeübte Benutzer verfügt dieses Programm über einen Assistenten, der die Arbeit leichter macht. Als Zusatzprogramm gibt es eine Deluxe-Version des CD-Kopierprogramms.

Hinweis: Wenn Sie Easy CD Creator installieren möchten, sollte vorher WinOnCD deinstalliert werden. Beide Programme benutzen gleiche Informationen und der Betrieb beider Programme zur gleichen Zeit verursacht Probleme.

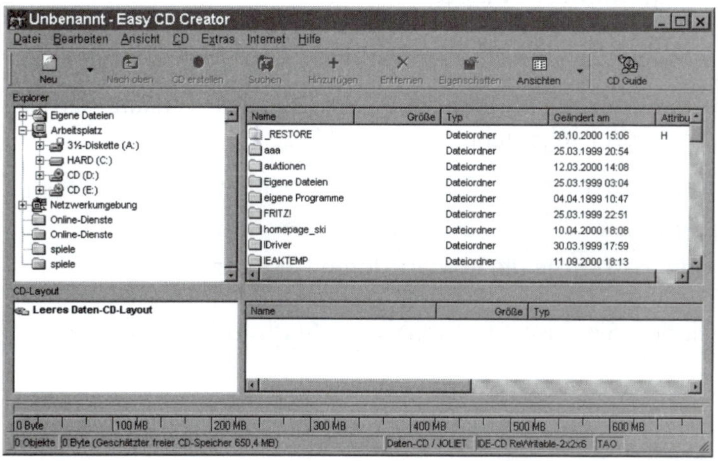

Abbildung 3.13 ▶ Der Hauptbildschirm von Adaptec Easy CD Creator

Mit dem CD Kopierprogramm lässt sich leicht und schnell eine Kopie einer CD herstellen. Dabei kann es sich um Daten- oder Audio-CDs handeln.

Die Einstellungen wie Brenngeschwindigkeit und Verzeichnis für temporäre Daten lassen sich leicht einstellen und verändern.

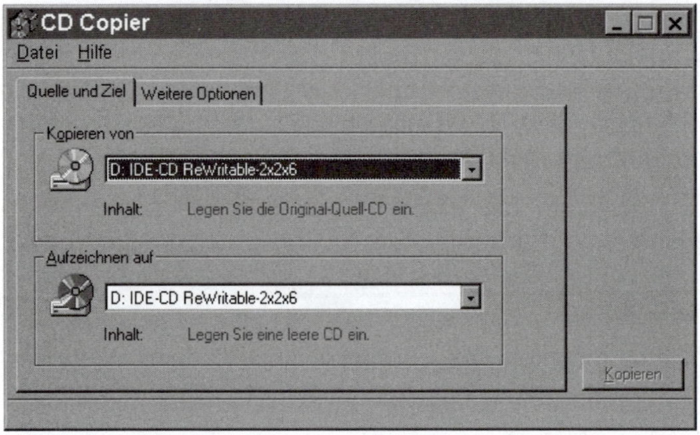

Abbildung 3.14 ▶ Das CD Kopierprogramm von Adaptec

Die Installation

Bei diesem Programm ist die Installation kinderleicht. Wie bei WinOnCD auch, verläuft hier alles automatisch. Lediglich folgende Eingaben sind vorzunehmen:

- Starten Sie *Setup.exe* aus dem Hauptverzeichnis der CD, wenn dies nicht automatisch erfolgt
- Akzeptieren Sie die Lizenzvereinbarungen
- Akzeptieren Sie das Verzeichnis oder passen Sie die Vorgabe Ihren Gegebenheiten hin an

Nach dem Neustart des Rechners finden Sie Easy CD Creator im Startmenü unter *Start>Programme>Adaptec Easy CD Creator 4*.

Die Anpassungen/Einstellungen

Das Programm Easy CD Creator kann über das Startmenü aufgerufen werden: *Start>Programme> Adaptec Easy CD Creator 4*

Im Menü *Extra* finden Sie einige Funktionen zur Anpassung und Einstellung des Programms:

- Systemprüfung
- CD-Recorder-Einstellungen
- Allgemeine Optionen

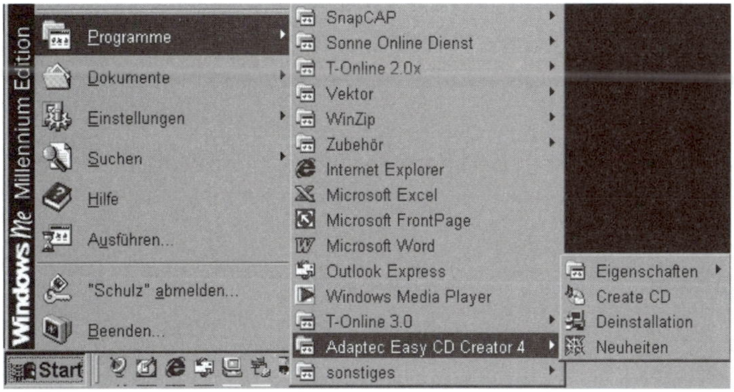

Abbildung 3.15 ▶ **Starten des Programms Easy CD Creator**

Die Systemprüfung zeigt Ihnen, ob die Übertragungsgeschwindigkeit in Ordnung ist und ob der Brenner funktioniert.

Über die CD-Recordereigenschaften stellen Sie das verwendete CD-Brenner-Laufwerk ein. Außerdem kann hier die Brenngeschwindigkeit bestimmt werden.

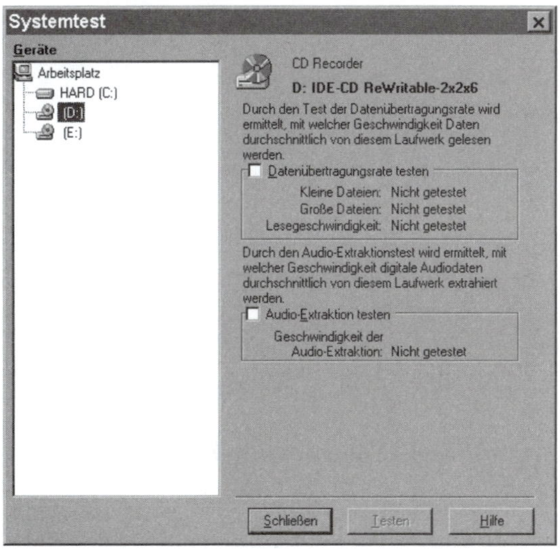

Abbildung 3.16 ▶ **Die Systemprüfung in Easy CD Creator**

Neben den Einstellungen für die Hardware gibt es im Extra-Menü noch die allgemeinen Anpassungen, hier Optionen genannt. Hier geben Sie das Laufwerk/Verzeichnis für die temporäre Speicherung der Daten an. Dazu sind Einstellungen für den Start von Easy CD Creator vorhanden, z.B. für den Start des Assistenten.

Die Bedienung und Anwendung dieses Programms ist in den Kapiteln *Die Daten-CD* und *Die Musik-CD* beschrieben.

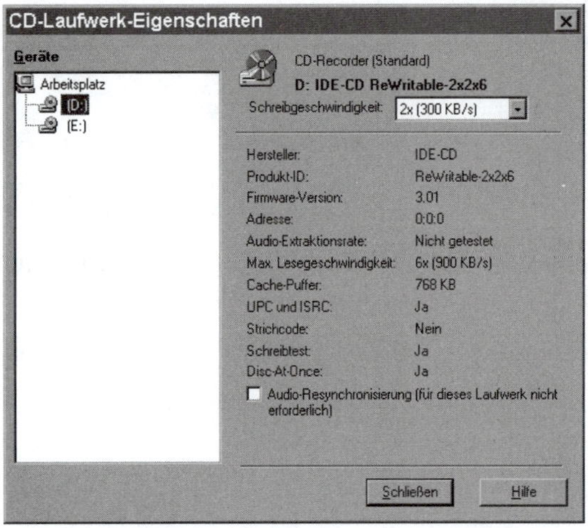

Abbildung 3.17 ▶ Die Einstellungen für den Brenner

HP MyCD

Neuerdings liefert Hewlett Packard mit seinen CD-Brennern eigene Software mit, die hervorragend für Anfänger geeignet ist. Der Benutzer wird hier mittels großer Buttons Schritt für Schritt durch den Brennvorgang geführt.

Auch das Installieren ist eine leichte Aufgabe, die von unerfahrenen Benutzern leicht durchgeführt werden kann.

Trotz der wenigen Auswahlmöglichkeiten lassen sich mit HP MyCD alle notwendigen Brennfunktionen durchführen:

- Komplette Kopie erstellen
- Daten-CD brennen
- Daten-CD fortschreiben

- Musik-CD aus Audio-Dateien erstellen
- Musik-CD aus Audio-CD zusammenstellen

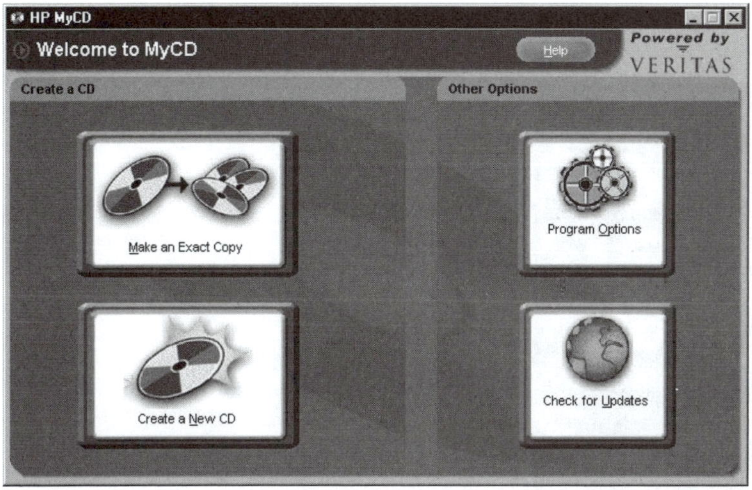

Abbildung 3.18 ▶ Der Hauptbildschirm von HP MyCD

Neben den grundsätzlichen Funktionen bietet das Programm natürlich auch die notwendigen Einstellmöglichkeiten, allerdings fehlen Zusatzfunktionen wie z.B. die Erstellung von CD-Aufklebern. Aber solche Arbeiten lassen sich auch leicht mit Programmen durchführen, die Sie zusätzlich kaufen oder auf dem Shareware-Markt finden können.

> MyCD ist besonders für Anfänger geeignet, da alle Funktionen menügesteuert durchgeführt werden.

Utilities für den CD-Brenner-Betrieb

Neben dem eigentlichen Brennerprogramm sind für die Arbeit mit dem CD-Brenner weitere Programme nützlich und hilfreich.

CD-Label

Programme zur Erstellung von CD-Label gibt es als Shareware und als kommerzielle Produkte. Manchmal ist es aber auch Bestandteil eines Brennerprogramms, wie dies z.B. bei WinOnCD der Fall ist.

Abbildung 3.19 ▶ Ein CD-Label-Programm

Mit Labelprogrammen kann grundsätzlich ein runder Aufkleber für die Oberseite des CD-Rohlings erstellt und gedruckt werden. Daneben verfügen einige Labelprogramme noch über Funktionen zur Erstellung der Rück- und Vorderseite der CD-Hülle.

> Das Bekleben ist dem Beschreiben einer CD vorzuziehen, um Beschädigungen der CD z.B. durch Kratzer auszuschließen.

Zum Erstellen sind Texte und Grafiken frei auf den Vorlagen platzierbar, wobei als Vorlage selbstklebende Aufkleber verwendet werden.

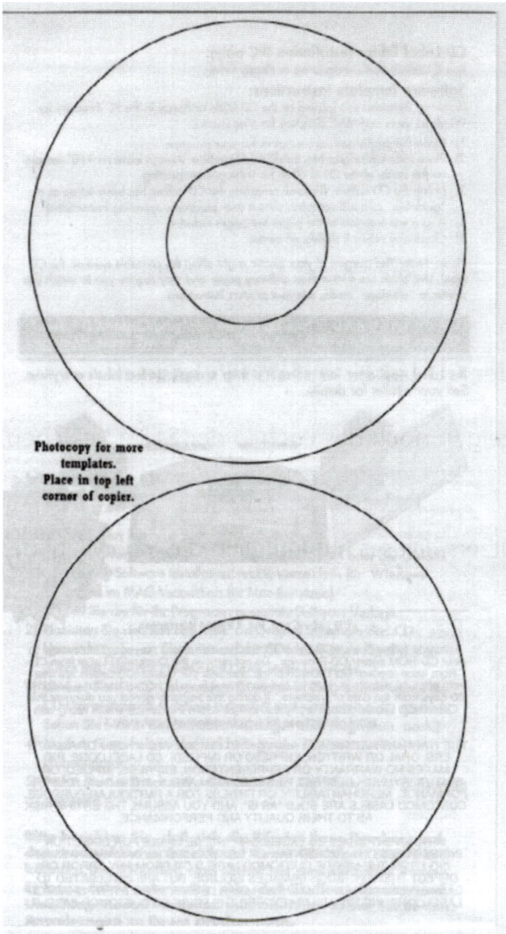

Abbildung 3.20 ▶ CD-Labels vor dem Druck auf einer Vorlage

Zum Schluss wird das so erstellte Label auf einem normalen Drucker ausgedruckt und auf die CD-Oberfläche geklebt. Dabei handelt es sich bei den CD-Labels um Klebeetiketten, die wie Aufkleber behandelt werden können. Zum Drucken sind die Label auf einer Unterlage geklebt, damit sie durch den Druckereinzug transportiert werden können.

Damit nun aber beim Aufkleben des Labels auf den Rohling dieses nicht verrutscht, gibt es Hilfen, so genannte Zentrier- oder Etikettierhilfen.

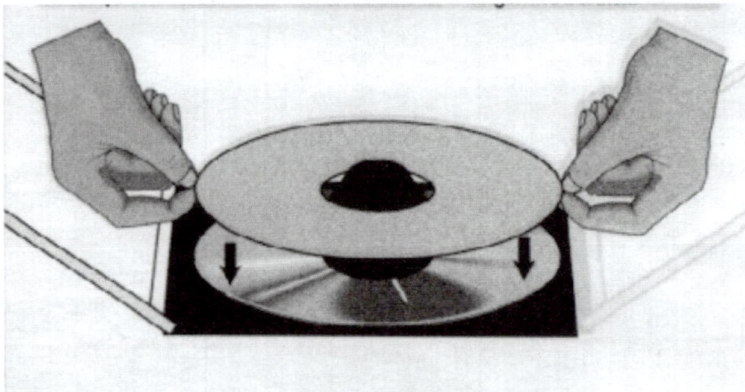

Abbildung 3.21 ▶ Etikettierhilfen zum Aufkleben der CD-Labels auf den Rohling

Beim Aufkleben darf das Label weder über die Ränder zeigen noch das Loch in der Mitte bekleben.

Die Installation der Software

Die Installation verläuft meist ohne viel Zutun des Benutzers. Dieser hat lediglich die freie Wahl des Zielverzeichnisses.

Nach der Installation und einem eventuellen Neustart des Rechners steht das Programm zur Verfügung und kann über das Startmenü aufgerufen werden.

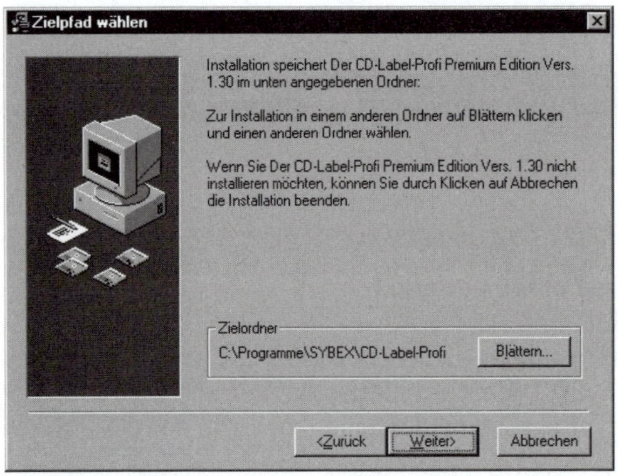

Abbildung 3.22 ▶ Die Festlegung des Ziellaufwerks

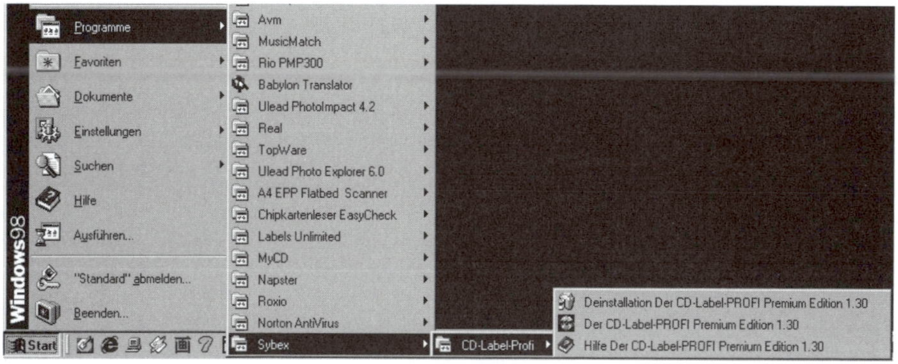

Abbildung 3.23 ▶ Das CD-Labelprogramm im Startmenü

Die Erstellung und der Ausdruck von CD-Labels wird im Kapitel *CD-Labels erstellen* ausführlich dargestellt.

Kapitel 4
Vorarbeiten zum Brennen

Damit Ihnen das Brennen von CDs Spaß macht und die Arbeit nicht durch Fehler beeinflusst wird, sollten Sie bestimmte Punkte beachten, die in diesem Kapitel behandelt werden. Viel schlimmer ist jedoch, wenn Sie darauf vertrauen, dass die neu erstellte CD auch später lesbar ist. Dabei kann es leicht passieren, dass Daten der CD nicht lesbar oder gar nicht mehr auf der CD vorhanden sind. Damit dies nicht passiert, lesen Sie aufmerksam das folgende Kapitel.

Viel freier Festplattenplatz

Bevor Sie eine CD brennen, müssen Sie sich überlegen, ob es schnell oder sicher gehen soll. Schneller geht es, wenn die Daten direkt zwischen dem CD-ROM-Laufwerk und dem CD-Brenner kopiert werden. Sicherer ist aber das Zwischenspeichern der Daten auf der Festplatte. Und wenn Sie nicht neben dem Brenner über ein CD-ROM-Laufwerk im Rechner verfügen, müssen die Daten sowieso zuerst auf die Festplatte kopiert werden. Hier wird dann eine Image-Datei erzeugt, auch virtuelle CD oder physikalisches Image genannt. Hierbei werden alle Daten, die auf die CD gebrannt werden sollen, in dieser Image-Datei in Form eines Abbilds auf der Festplatte gesammelt. Dabei entspricht der Aufbau einer Image-Datei bitgenau dem der zu erstellenden CD. Diese Image-Datei verschlingt viel Festplattenplatz, nämlich so viel, wie Daten auf der CD Platz finden. Dies sind i.d.R. 650 MByte.

So ein Image der CD auf der Festplatte kann dann viel schneller als einzelne Dateien auf die CD gebrannt werden.

Aber auch während des Brennvorgangs benötigt das Brennprogramm temporären Speicherplatz auf der Festplatte. Dieser wird zwar nach dem Brennvorgang wieder freigegeben, aber er muss eben vorhanden sein. Achten Sie darauf, dass auf der Festplatte mindestens 700 MByte Speicherplatz frei sind.

Wenn Sie mit der rechten Maustaste auf das Laufwerk (in der *Abbildung 4.1* ist es *Laufwerk C:*) im linken Fenster des Windows-Explorer klicken und anschließend die Funktion *Eigenschaften* aufrufen, erhalten Sie die Daten über die Festplattenbelegung. Diese werden in Zahlen angezeigt, aber noch einfacher kann man die Belegung an der Tortengrafik erkennen.

Wenn nicht mehr genügend Platz frei sein sollte und auch nicht auf eine andere Festplatte ausgewichen werden kann, müssen Sie Dateien löschen. Bedenken Sie aber, dass unter Windows die Daten zuerst in den Papierkorb wandern, bevor sie endgültig von der Festplatte verschwinden.

> Meist enthält der Papierkorb unwichtige Dateien, oder aber die Ordner *TMP* oder *TEMP* belegen unnötigen Platz.

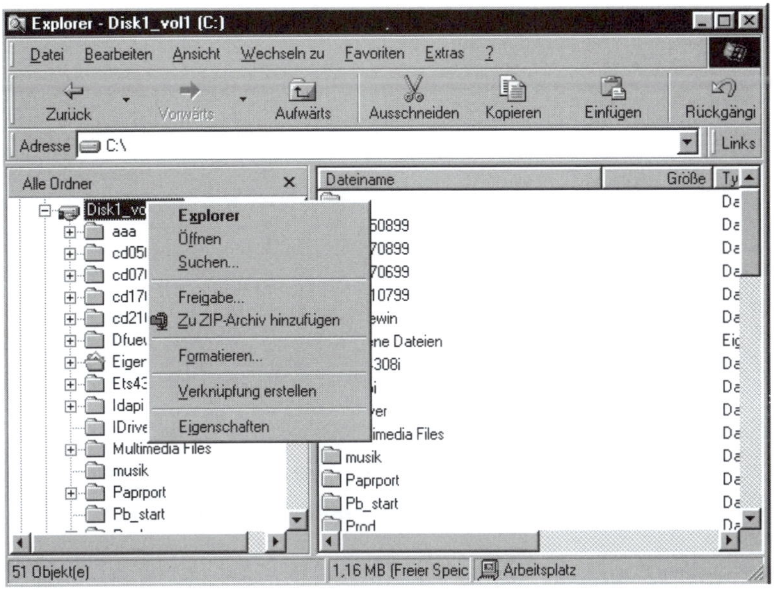

Abbildung 4.1 ▶ Die Eigenschaften eines Laufwerks anzeigen

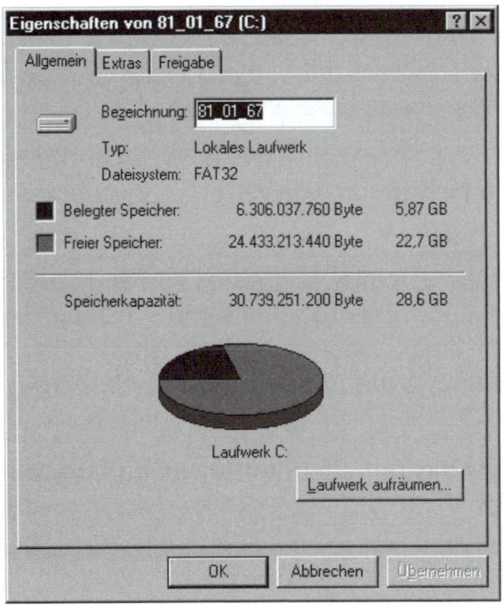

Abbildung 4.2 ▶ Die grafische Anzeige des freien und belegten Festplattenplatzes

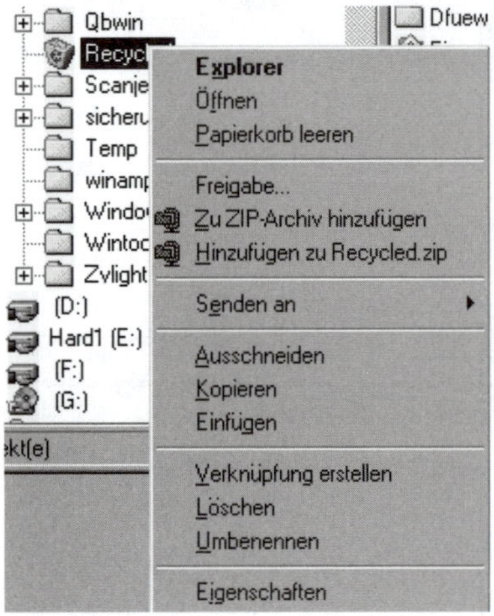

Abbildung 4.3 ▶ Erst das Leeren des Papierkorbs löscht die Dateien wirklich

Das Fenster in der *Abbildung 4.3* erhalten Sie erst, wenn Sie auf den Papierkorb (auch *Recycled* genannt) mit der rechten Maustaste klicken. Über die Funktion *Papierkorb leeren* werden die Dateien wirklich von der Festplatte gelöscht. Durch einen Klick auf die Funktion *Eigenschaften* können Sie sich die Größe des Papierkorbs anzeigen lassen.

Es gibt noch eine andere Art sich von unliebsamen Dateien zu trennen. In der *Abbildung 4.2* sehen Sie im unteren Teil eine Schaltfläche mit der Bezeichnung *Laufwerk aufräumen*. Wenn Sie diese Schaltfläche anklicken, erhalten Sie Informationen über zu löschende Dateien.

Sie bestimmen nun durch Anklicken, was entfernt werden soll oder nicht. Wenn Sie nicht genau wissen, was sich hinter dem Ordner verbirgt, klicken Sie einfach die gewünschte Datengruppe an (markieren) und lesen im unteren Fensterteil die Beschreibung dazu.

Beim häufigen Löschen und Hinzufügen von Dateien auf der Festplatte kommt es zu Fragmentierung bzw. Zerstückelung der Dateien beim Speichern. Das Zusammenfügen übernimmt zwar das Betriebssystem, aber je größer die Fragmentierung ist, desto länger dauern die Ladezeiten. Also ist keine Fragmentierung anzustreben. Dazu gibt es unter Windows ein Programm, das die Dateien wieder ordnungsgemäß zusammenführt.

Klicken Sie im Windows-Explorer mit der rechten Maustaste das betreffende Laufwerk an, klicken Sie auf *Eigenschaften* und wählen Sie die Registerkarte *Extras*.

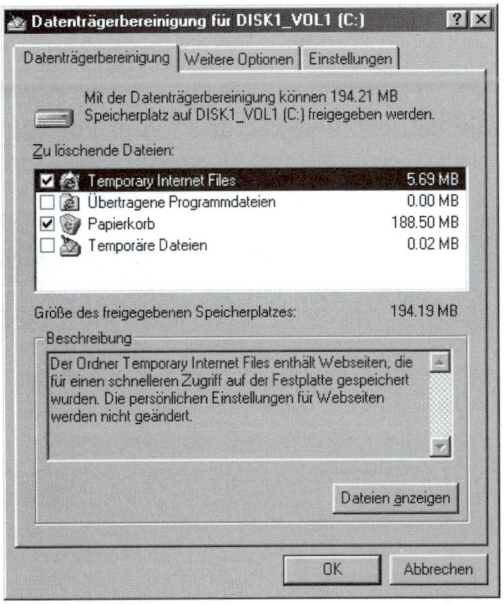

Abbildung 4.4 ▶ Zu löschende Dateien auf der Festplatte

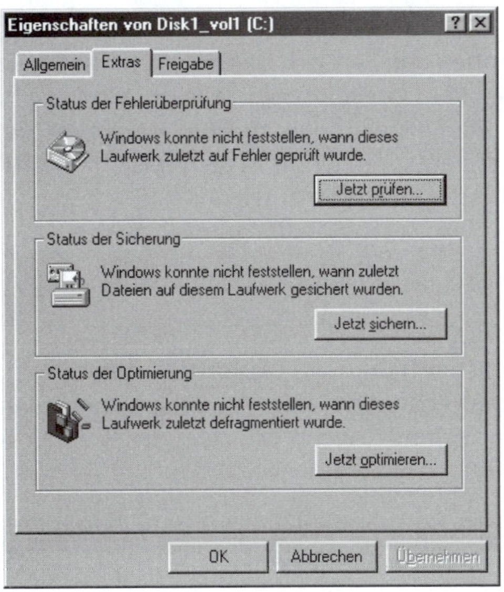

Abbildung 4.5 ▶ Funktionen zur Fehlerüberprüfung und Optimierung der Festplatte

Vor der Optimierung (siehe *Abbildung 4.5* ganz unten) sollte die Fehlerüberprüfung (siehe *Abbildung 4.5* oben) durchgeführt werden.

Bei der Fehlerprüfung wird das Programm Scandisk gestartet. Wählen Sie das gewünschte Laufwerk aus und klicken Sie auf jeden Fall die Option zur automatischen Fehlerkorrektur an. Der Vorgang dauert meist länger, kann aber unterbrochen und zu einem späteren Zeitpunkt fortgesetzt werden.

Die Prüfung der Festplatte oder die Defragmentierung sollten Sie regelmäßig durchführen, wobei der Zeitraum davon abhängt, ob Sie häufig Dateien löschen oder hinzufügen.

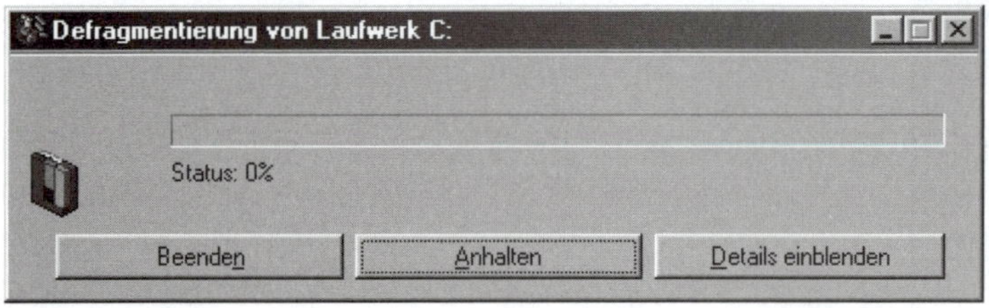

Abbildung 4.6 ▶ Die Durchführung der Defragmentierung einer Festplatte

Grundsätzlich werden die Daten zwischen Festplatte und CD-Brenner kopiert. Daher ist es wichtig, dass die Festplatte schnell genug ist. Wenn der CD-Brenner aber an der parallelen Schnittstelle angeschlossen ist, sollten Sie darauf achten, dass es sich bei der Druckerschnittstelle um einen ECP/EPP-Baustein handelt und dieser im BIOS aktiviert ist. In die Einstellungen im BIOS gelangen Sie, wenn Sie beim Einschalten und Hochfahren des Rechners die entsprechende Taste (meist Entf) drücken. Andernfalls könnte die Verbindung für den Datentransfer zu langsam sein.

Viel freier Arbeitsspeicher

Da das Brennprogramm die Daten zeitweise im Arbeitsspeicher hält, muss dieser groß genug sein, um den Brennvorgang nicht zu stören. Da aber das Betriebssystem den Arbeitsspeicher allen Anwendungen zur Verfügung stellt, kann es zu Engpässen kommen, wenn während des Brennvorgangs andere Programme laufen.

Sie sollten also während des Brennvorgangs kein weiteres Programm laufen lassen, damit der Arbeitsspeicher in der vollen Größe dem Brennprogramm zur Verfügung steht.

Auch unter Windows 98/ME ist freier Arbeitsspeicher kostbar und steht nicht in unbegrenzter Menge zur Verfügung.

Störfaktoren ausschalten

Während des Brennvorgangs sollte kein anderes Programm wie z. B. Word geladen sein bzw. laufen. Dies hat den Grund, dass gestartete Programme dem Brennprogramm Arbeitsspeicher wegnehmen und der Prozessor sich auch noch um das andere Programm kümmern muss, also abgelenkt wird. Bei leistungsschwachen Rechnern kann das dazu führen, dass das Brennprogramm nicht mehr ausreichend mit Daten versorgt wird und den Brennvorgang abbricht. Im günstigsten Fall ist nur der angefangene Track nicht mehr verwendbar, aber es kann auch sein, dass der Rohling unbrauchbar wird.

Ein besonderer Störenfried ist der Bildschirmschoner von Windows. Ihn sollten Sie auf jeden Fall über *Start>Einstellungen>Systemsteuerung>Anzeige* ausschalten.

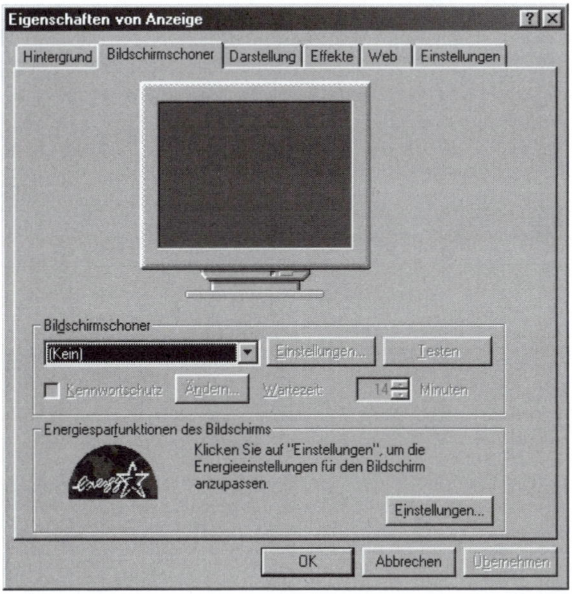

Abbildung 4.7 ▶ **Die Abschaltung des Bildschirmschoners**

Über die Registerkarte *Bildschirmschoner* und die gleichnamige Einstellung kann der Bildschirmschoner deaktiviert werden. Hierzu ist einfach die Einstellung *Kein* zu wählen, wie Sie in der *Abbildung 4.7* sehen können.

Des Weiteren sollte auch die Energiesparfunktion, speziell das Abschalten der Festplatte, deaktiviert werden. Im unteren Teil der *Abbildung 4.7* sehen Sie die Schaltfläche *Einstellungen* in der Datengruppe *Energiesparfunktionen*. Klicken Sie auf diese Schaltfläche und Sie sehen ein Fenster, in dem die Sparfunktion für die Festplatte ausgeschaltet werden kann.

Im unteren Teil der *Abbildung 4.8* sehen Sie die Einstellung für die Festplatten. Stellen Sie hier den Wert *Nie* ein.

Auch ein Störenfried für den Brennvorgang: die automatische Startfunktion für das betreffende CD-Laufwerk oder den CD-Brenner. Diese Funktion sollten Sie ebenfalls abschalten, denn sie hat die Aufgabe, nach dem Einlegen einer Musik-CD automatisch das CD-Abspielprogramm zu starten.

Sie finden diesen Schalter zum Aktivieren/Deaktivieren der Startfunktion unter *Start>Einstellungen>Systemsteuerung>System*.

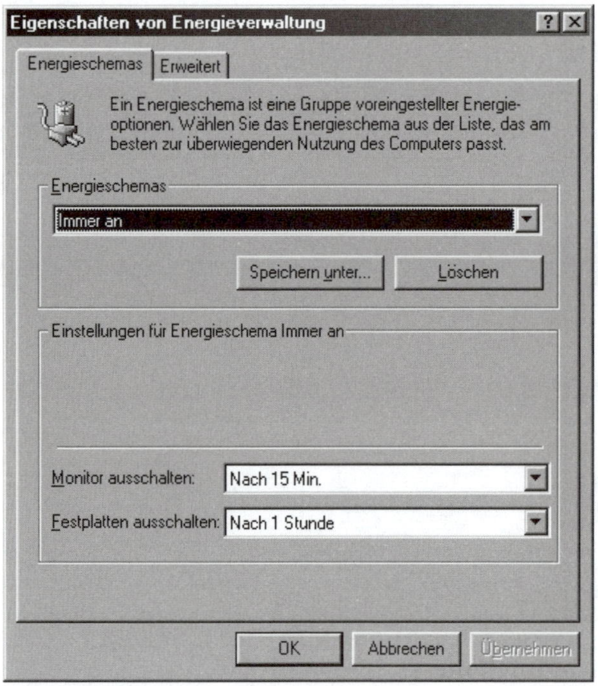

Abbildung 4.8 ▶ Abschalten der Energiesparfunktion

Anschließend rufen Sie den Gerätemanager auf und wählen das CD-ROM-Laufwerk aus. Klicken Sie doppelt auf Ihr CD-ROM-Laufwerk und wählen Sie die Einstellungen aus.

Im mittleren Teil der *Abbildung 4.9* sehen Sie die Einstellung für die automatische Benachrichtigung beim Wechseln der CD. Diese Einstellung darf nicht mit einem Häkchen versehen sein.

Um die Datentransferrate zwischen dem CD-ROM-Laufwerk und dem PC zu optimieren, sollte der DMA-Zugriff immer aktiviert sein. Sie finden diese Einstellung unter *Start>Einstellungen>Systemsteuerung>System>Gerätemanager.*

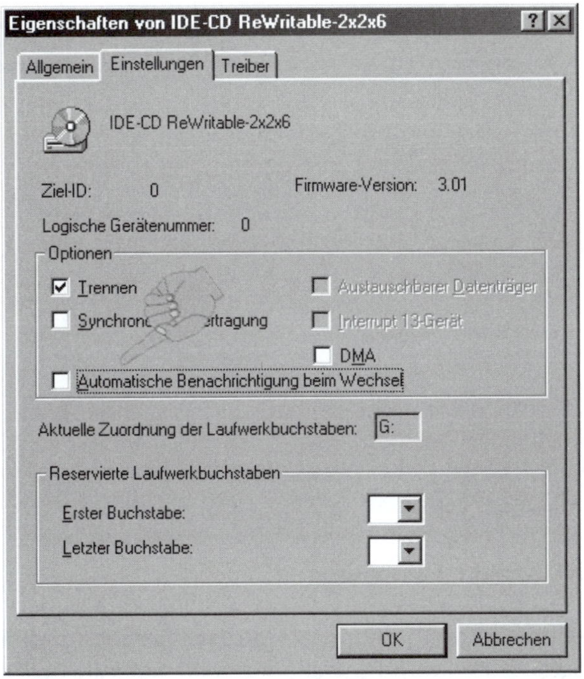

Abbildung 4.9 ▶ Abschalten der automatischen Benachrichtigung

Wählen Sie das CD-ROM-Laufwerk aus und klicken Sie mit rechts das zugehörige Symbol an. In dem dann erscheinenden Eigenschaftsfenster wählen Sie die Karteikarte *Einstellungen.*

Auf der *Abbildung 4.10* sollte die Einstellung *DMA* aktiviert, also angehakt sein, damit es nicht zu Störungen beim Brennen von CDs kommt.

Ein weiterer Störfaktor ist das Dateisystem von Windows. Hier sollten Sie die folgende Einstellung prüfen und ggf. anpassen: *Start>Einstellungen>Systemsteuerung>System>Leistungsmerkmale>Dateisystem>Festplatte*

Hier sollte die Einstellung *Standardnutzung dieses Computers* auf *Netzwerk* stehen.

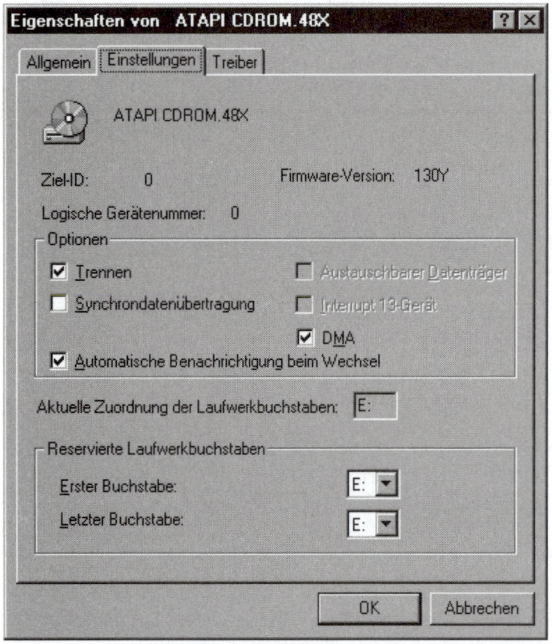

Abbildung 4.10 ▶ Unter Windows ist der DMA-Kanal zu aktivieren

Ein weiterer Störfaktor ist die unter Windows verwendete Auslagerungsdatei als Erweiterung für den Arbeits- oder Hauptspeicher. Diese Auslagerungsdatei, auch Swap-File genannt, sollte auf *feste Größe* stehen. Standardmäßig steht diese Einstellung auf *variabel*. Sie finden diese Einstellungsmöglichkeit unter *Start>Einstellungen>Systemsteuerung>System>Leistungsmerkmale>Virtueller Arbeitsspeicher.*

Geben Sie als Größe für die Auslagerungsdatei sowohl für den minimalen und auch den maximalen Wert das Zwei- bis Dreifache des Arbeitsspeichers ein.

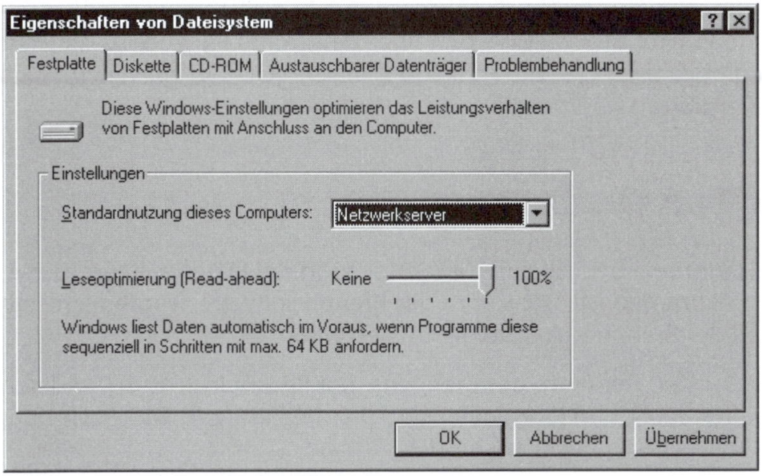

Abbildung 4.11 ▶ **Einstellungen bezüglich des Dateisystems**

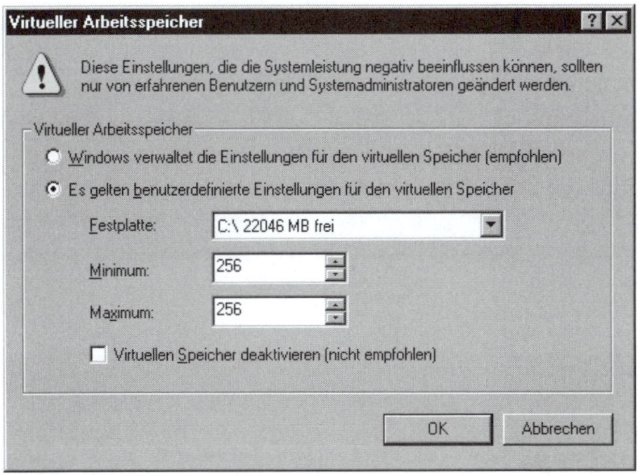

Abbildung 4.12 ▶ **Einstellung für die Swap-Datei unter Windows**

Lesefehler oder illegale TOC-Größe

Einige Hersteller bauen absichtlich Lesefehler ein, um ein Kopieren der CDs zu verhindern. Es kommt auch vor, dass einfach das Inhaltsverzeichnis (Table of Contents, TOC) eine falsche Gesamtgröße bekommt und damit ein Kopieren erschwert wird. Einige Brennerprogramme können trotzdem solche CDs kopieren, wenn bestimmte Punkte beachtet werden oder bestimmte Funktionen aktiviert werden. In dem Programm Nero gibt es dazu z.B. die Funktion *Illegalen TOC-Typ ignorieren*. Auch Lesefehler lassen sich mit diesem Programm übergehen.

Brennen ohne Buffer Underrun

Ein *Buffer Underrun* besagt, dass es beim Brennen zu einer Unterbrechung des Datenaustauschs zwischen dem Brenner und dem PC gekommen ist. Der Puffer der Brennersoftware wurde nicht mit ausreichend Daten versorgt, sodass der Brennvorgang abgebrochen wird.

Abhilfe schaffen Sie hier, wenn Sie für den Zeitraum des Brennens den Rechner nicht mit anderen Aufgaben beschäftigen und die Daten nicht von langsamen Speichermedien (z.B. Disketten oder Bandlaufwerke) lesen.

Einige Brennerprogramme wie WinOnCD ab 3.8 oder Nero Burning ROM verwenden neuartige Technologien zur Vermeidung von Buffer Underrun.

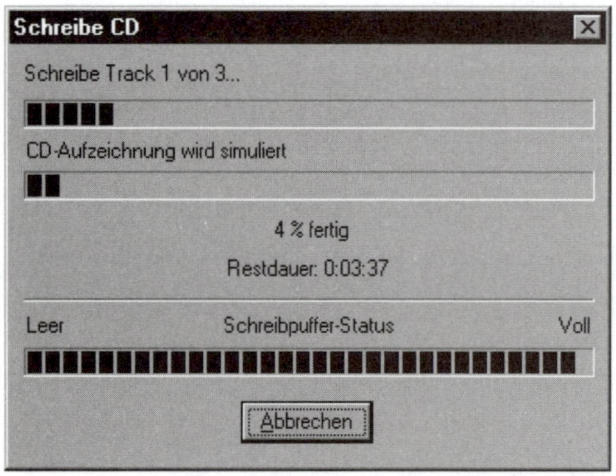

Abbildung 4.13 ▶ Die Anzeige des Brennvorgangs

In der *Abbildung 4.13* sehen Sie im unteren Teil des Fensters den Schreibpuffer, der komplett gefüllt ist. Während des Brennens kann es vorkommen, dass der Puffer nicht komplett gefüllt ist. Dies ist nicht bedenklich, aber wenn der Puffer einige Zeit leer ist, dann droht der Abbruch des Brennvorgangs.

Auf Virenfreiheit prüfen

Bevor Sie die Daten auf eine CD brennen, sollte klar sein, dass diese Daten nicht durch Viren verseucht sind. Hierzu gibt es eine Fülle an Shareware oder kommerziellen Produkten, die die Festplatte auf Virenbefall prüfen können. Neben den Dateien der Festplatte prüfen solche Programme auch die Systembereiche des Rechners und dessen Arbeitsspeicher.

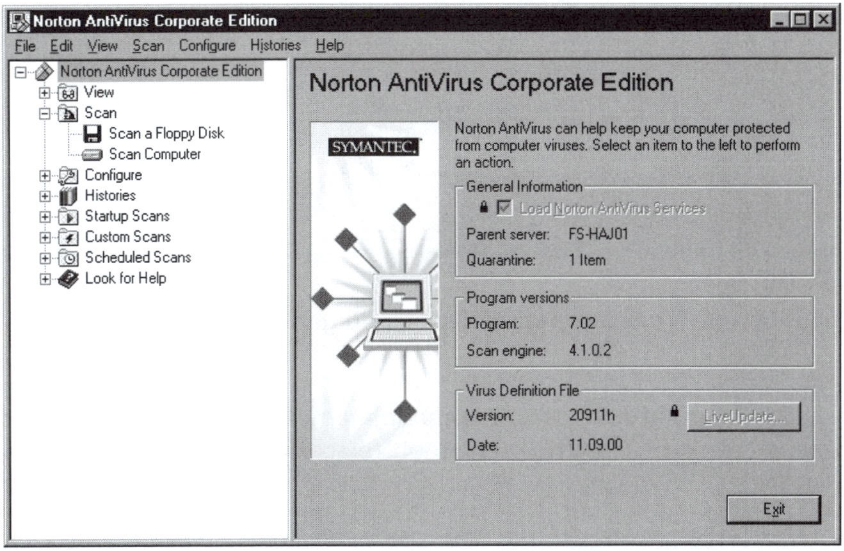

Abbildung 4.14 ▶ Prüfung der Laufwerke des Rechners auf Virenbefall

> Beim Kauf von Antivirenprogrammen sollte man kommerzielle Software Free- oder Shareware vorziehen.

Ihr Rechner muss virenfrei bleiben. Sie können zwar selbst regelmäßig diese Checks durchführen, aber auch hierfür gibt es Antivirenprogramme, die ständig im Hintergrund lauern und aufpassen, dass sich kein Virus einschleicht.

Wacht ein Antivirenprogramm im Hintergrund, prüft es ständig, ob sich irgendwo ein Virus an Ihren Daten zu schaffen macht, und meldet das dann sofort. Natürlich hört das Programm dann nicht auf, sondern macht den Eindringling unschädlich. Das ständige Wachen wird auch Realtime Protection (siehe *Abbildung 4.15*) genannt.

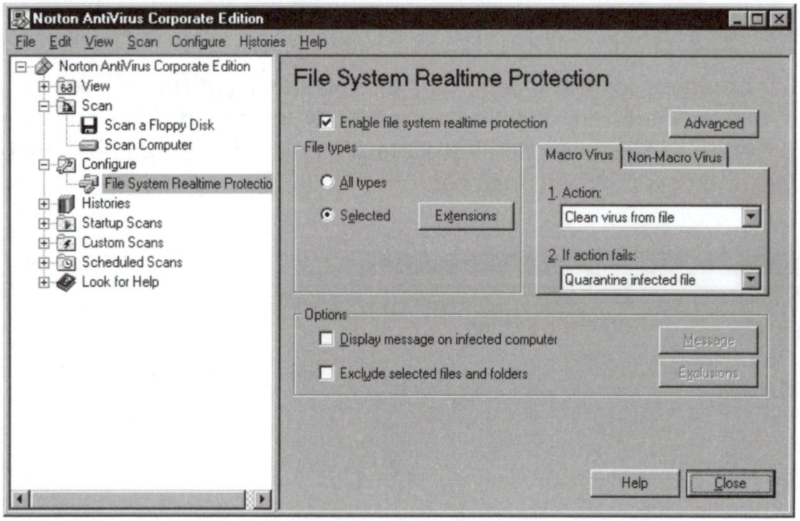

Abbildung 4.15 ▶ Einstellungen im Virenprogramm zum ständigen Überwachen des Rechners

Aber ganz sicher kann man natürlich nicht sein, denn es kann immer vorkommen, dass auch das Antivirenprogramm einen neuen Virus noch nicht kennt. Abhilfe schafft hier ein regelmäßiger Update des Antivirenprogramms.

> Wenn möglich, sollten Sie auf dem Rechner mit dem CD-Brenner nicht ins Internet gehen und auch sonst keinen Datenaustausch mit anderen Rechnern durchführen. Ansonsten ist auf jeden Fall ein ständig wachendes Antivirenprogramm zwingend notwendig.

Den Brennvorgang simulieren

Fast alle CD-Brennprogramme bieten eine Funktion, bei der der Brennvorgang vor dem eigentlichen Brennen simuliert werden kann. Ein Test- oder Simulationslauf ist immer der sicherste und zuverlässigste Beweis, sich davon zu überzeugen, dass der Brennvorgang ohne Probleme durchlaufen wird. Eine Simulation wird bei ausgeschaltetem Laser durchgeführt, sonst aber verläuft alles so wie beim echten Brennen. Damit lässt sich zuverlässig vorhersagen, dass auch der Brennvorgang ohne Probleme durchlaufen wird und die Daten in ausreichender Geschwindigkeit zur Verfügung gestellt werden können.

Ein Nachteil hat die Simulation aber doch, denn sie braucht Zeit, was den Brennvorgang noch verlängert.

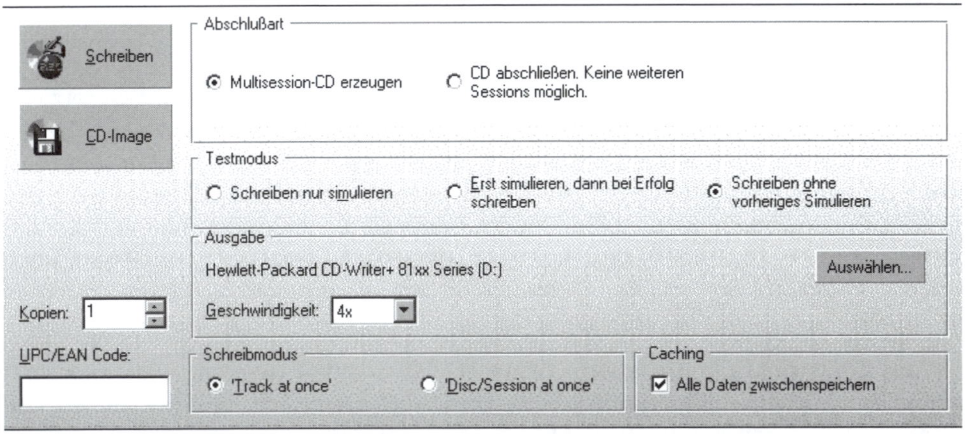

Abbildung 4.16 ▶ Einstellungen in WinOnCD bezüglich der Simulation des Brennvorgangs

In der *Abbildung 4.16* sehen Sie die Einstellungen zum Simulieren in der Mitte in der Rubrik *Testmodus*. In WinOnCD haben Sie nicht nur die Wahl zwischen Simulation und Brennen, sondern Sie können auch beides zusammen durchführen lassen.

Hier nochmals zusammengefasst eine Liste der vorbereitenden Maßnahmen:

1. Die Festplatte defragmentieren
2. Alle laufenden Programme abschalten
3. Ausreichend Arbeitsspeicher durch Neustart des PCs
4. Brennvorgang simulieren
5. Während des Brennvorgangs nicht mit dem PC arbeiten

In WinOnCD ist ein CD-ROM-Emulator eingebaut, der der Simulation von CD-Laufwerken dient und eine virtuelles CD-ROM-Laufwerk darstellt.

Kopierschutz und Copyright

CD-Brenner sind durch den niedrigen Preis und die leichte Handhabung mittlerweile für jedermann interessant und tauchen immer häufiger in den Rechnern auf. Dadurch werden auch mehr CDs und CD-ROMs kopiert, zu Lasten der Anbieter von Musik-CDs.

Durch die Möglichkeit des Duplizierens von CDs kann man leicht gegen das Copyright-Gesetz verstoßen. Nach diesem Recht darf zwar eine Sicherheitskopie erstellt werden, aber die Weitergabe der Kopie ist auf jeden Fall verboten. Ein Kopieren kann nur legal erfolgen, wenn der Urheber seine ausdrückliche Zustimmung gegeben hat. In der Praxis aber ist es nicht immer so eindeutig geregelt. Wenn kommerzielle Software kopiert wird, sollten Sie im Einzelfall die jeweiligen Nutzungsbedingungen lesen. Ähnlich ist es bei Tonträgern und Bilddaten, die einem Copyright unterliegen. Auch wenn man sich mit den Kopien für den privaten Gebrauch nicht strafbar macht, verlassen kann man sich darauf nicht.

Das Kopieren bzw. das Copyright ist im Urheberrechtsgesetz §53 Absatz 1 geregelt. Dieser Paragraf stellt eine Ausnahme zum Urheberrecht gemäß §69c UrhG dar. Demnach ist das Erstellen von Kopien von urheberrechtlich geschützten Werken für den privaten Gebrauch erlaubt. Für Computerprogramme aber ist dieser aber genau nicht der Fall.

So ist es erlaubt, von einer Musik-CD bis zu sieben Kopien herzustellen, auch wenn es eine ausgeliehene CD ist. Dies gilt jedoch nur, wenn es für den privaten Gebrauch bestimmt ist und unentgeltlich ist, auch für den Rohling dürfen Sie nichts nehmen. Auch gestattet ist die Erstellung einer MP3-Datei von einer CD eines Bekannten, jedoch ist das Herunterladen einer MP3-Datei aus dem Internet nicht erlaubt.

Computerprogramme dagegen dürfen nicht ohne Einverständnis des Programmautors kopiert werden, außer wenn es in den Lizenzbestimmungen ausdrücklich erlaubt ist. Gemäß §69c UrhG ist festgelegt, dass das Programm nicht verändert werden darf. Damit ist auch das Knacken oder Cracken einer geschützten CD natürlich nicht erlaubt. Eine Ausnahme zur Erstellung einer Sicherungskopie gestattet §69d Absatz 2 UrhG, aber nur, wenn es zur Sicherung zukünftiger Nutzung erforderlich ist. Jedoch haben die Gerichte dieses Kopieren nur für Disketten zugelassen, von CDs jedoch nicht.

Trotz der Festlegungen in den genannten Paragrafen bleibt das Kopieren von Musik-CDs eine rechtliche Grauzone. Aus Mangel an Urteilen der Rechtsprechung bleibt im Moment immer noch eine große Rechtsunsicherheit. Auf jeden Fall ist man immer auf der sicheren Seite, wenn man sich auch bei dem Kopieren von Musik-CDs an die Lizenzbestimmungen für Softwareprodukte hält. Außerdem sollte man, wenn man trotzdem Kopien von Musikstücken anfertigt, dies unentgeltlich tun.

> Stellen Sie keine Musikdateien ins Internet, denn hier ist niemand unbeobachtet und vieles lässt sich nachvollziehen. Und Sie verstoßen auf jeden Fall gegen das Urheberrecht!

Bisher gab es so gut wie keinen Kopierschutz, aber dies wird sich in Zukunft sicher ändern. Einige Hersteller versuchen schon heute das Kopieren zu verhindern. So verfügen einige CDs über mehr als 680 MByte oder über absichtlich erstellte fehlerhafte Sektoren. Damit kommen die meisten CD-Brennerprogramme nicht zurecht und brechen ab. Und auch Musik-CD-Anbieter speichern einfach mehr als 74 Minuten auf der CD, was ein Kopieren in den meisten Fällen verhindert. Dies gelingt den Herstellern, indem sie Daten in Bereiche schreiben, die normalerweise nicht mehr von der Brennersoftware gelesen werden können. Solche Bereiche befinden sich ganz außen oder ganz innen auf der CD.

Entscheidung für ein Brennverfahren

Bevor Sie mit dem eigentlichen Brennvorgang beginnen, sollten Sie sich Gedanken über das zu wählende Brennverfahren bzw. die Schreibtechnik machen. Alles hängt davon ab, was Sie mit dem Brennen erreichen möchten. Über die Schreibtechniken finden Sie im Kapitel *Der CD-Brenner* nähere Erklärungen.

Eine vollständige Kopie erstellen

Möchten Sie von der Audio- oder Daten-CD eine vollständige Kopie erstellen, wählen Sie *Singlesession* und bei Audio-CDs zusätzlich noch *Disc at Once.*

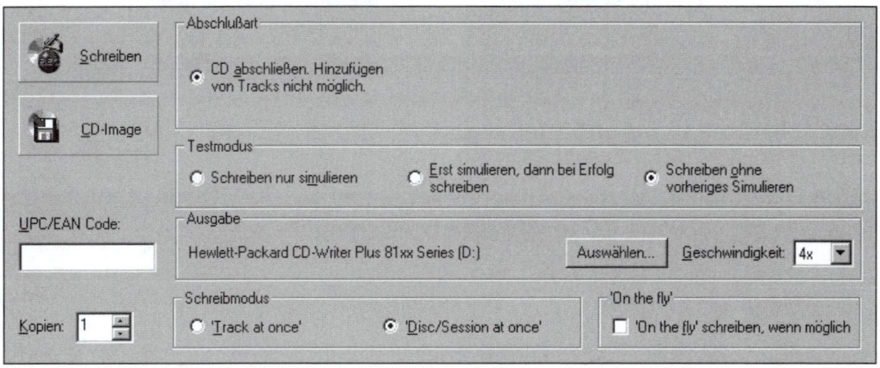

Abbildung 4.17 ▶ Brenneigenschaften für eine vollständige Kopie

Wenn Sie sich im Brennprogramm für die Funktion *Copy* entscheiden, werden die Eigenschaften schon so eingestellt: Singlesession und Disc at Once. Was Sie ändern können, sind die Einstellungen für den Testmodus und für die Brenngeschwindigkeit (siehe *Abbildung 4.17*). Dies ist aber nur notwendig, wenn Sie schon vorher Abbrüche beim Brennvorgang hatten.

Daten auf einen leeren Rohling brennen

Möchten Sie Daten auf einen Rohling brennen und Sie jetzt schon entschieden haben, dass später noch weitere Daten auf die CD gebrannt werden sollen, wählen Sie *Multisession* und die Schreibmodus Track at Once aus (siehe *Abbildung 4.17*).

Damit ist die CD dann nicht geschlossen und steht für weitere Brennvorgänge zur Verfügung. Trotzdem kann die CD bereits wie eine normale CD benutzt und gelesen werden. Dies gilt nicht für Audio-CDs, denn eine normaler CD-Player kann noch nicht geschlossene CDs nicht verarbeiten.

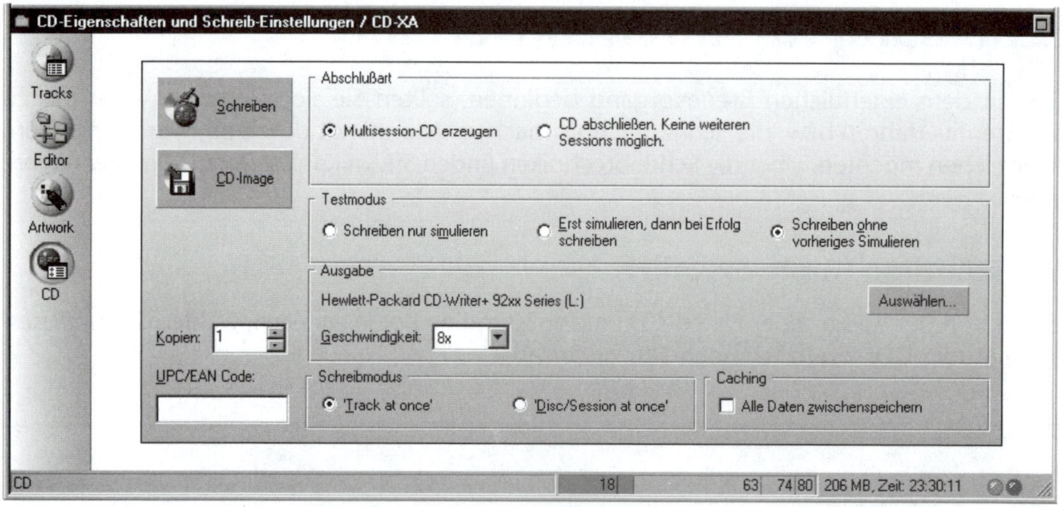

Abbildung 4.18 ▶ Eine CD brennen und geöffnet lassen

Möchten Sie keine weiteren Daten mehr auf die CD brennen, können Sie die CD sofort mit Singlesession brennen, auf der *Abbildung 4.18* mit *CD abschließen* bezeichnet.

Daten auf einen Rohling anfügen

Haben Sie in einem vorherigen Brennvorgang Daten mittels Multisession auf einen Rohling gebrannt, können Sie jederzeit weitere Daten anfügen, wenn auf der CD noch ausreichend Speicherplatz zur Verfügung steht.

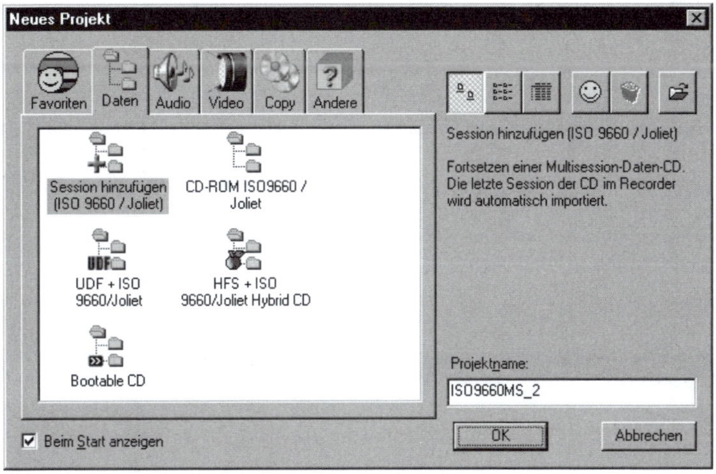

Abbildung 4.19 ▶ Daten an eine CD anfügen

Sofort beim Start des Brennprogramms oder bei Wahl der Funktion *Neu* erscheint das Fenster der *Abbildung 4.19*. Hier sehen Sie bereits die Funktion zum Anfügen von Daten markiert. Dies hat zur Folge, dass vor der Auswahl der zu brennenden Dateien der bisherige Inhalt der CD eingelesen und angezeigt wird. Anschließend lassen sich die neuen Daten hinzufügen.

In den Brenneigenschaften können Sie sich dann entscheiden, dass später erneut weitere Daten angefügt werden können, oder aber Sie schließen die CD.

Eine Musik-CD zusammenstellen

Möchten Sie sich eine Musik-CD selbst aus Musikstücken von mehreren unterschiedlichen Musik-CDs zusammenstellen, so haben Sie die Wahl: Entweder haben Sie alle gewünschten Titel zur Verfügung und können die CD einem Vorgang erstellen (*Singlesession/Disc at Once*) oder Sie führen den Vorgang in mehreren Schritten durch (*Multisession/Track at Once*).

Denken Sie aber daran, dass eine noch nicht geschlossene Audio-CD von CD-Playern nicht gelesen werden kann.

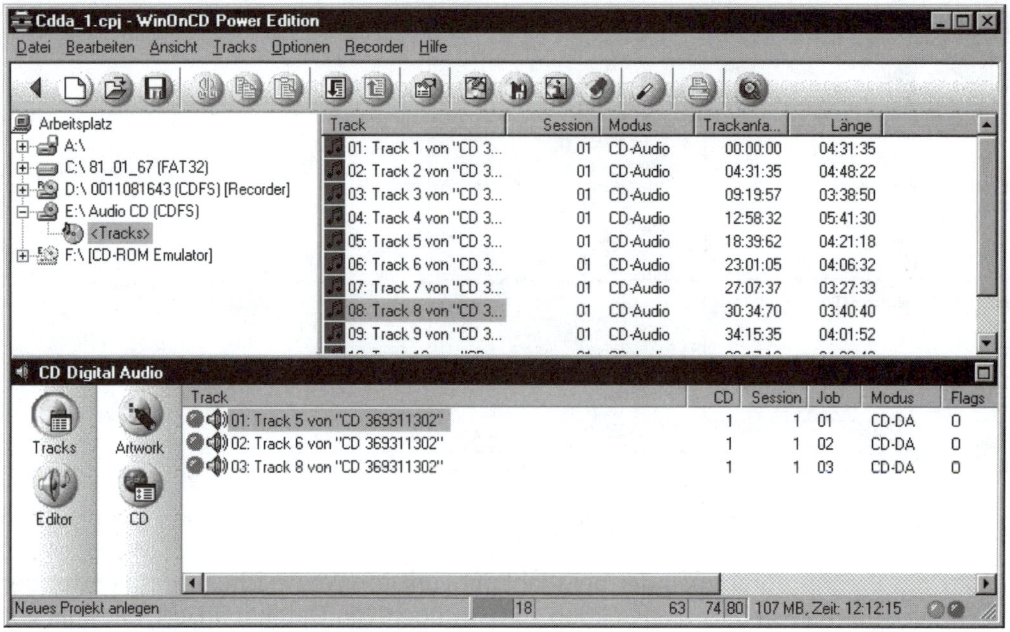

Abbildung 4.20 ▶ Zusammenstellen einer Musik-CD

MP3-Musikdaten auf CD brennen

MP3-Dateien sind zwar Musik-Dateien, sie werden aber nicht von herkömmlichen CD-Playern verarbeitet und auch der CD-Player im PC erkennt sie nicht als Musiktracks an. Solche MP3-Dateien sind eigentlich auch nur Datendateien, somit ist die CD wie eine Daten-CD zu behandeln. Aus diesem Grunde können Sie die CD nach dem Single- oder auch nach dem Multisession-Verfahren erstellen.

> Zum Abspielen von MP3-Dateien müssen Sie sich eines MP3-Players bedienen, z. B. Winamp.

Brennen mittels CD-Image

Wenn Sie von einer CD mehrere Kopien herstellen möchten, dann können Sie zwar eine CD mehrmals kopieren, aber das dauert sehr lange. WinOnCD bietet Ihnen hier eine bessere Möglichkeit. Erstellen Sie von der zu kopierenden CD ein Image oder Abbild auf der Festplatte. Dieses Abbild wird dann einfach auf die CDs gebrannt.

Dabei kann dieser Vorgang nicht nur beim Duplizieren einer CD, sondern auch beim Zusammenstellen einer eigenen CD angewandt werden.

Zuerst legen Sie ein Layout mit der gewünschten Datenart Daten, Audio oder Video an, indem Sie die gewünschten Dateien im Layoutfenster sammeln.

Nun kann der eigentliche Brennvorgang erfolgen, wobei hier aber nicht auf einen Rohling, sondern zuerst das Image auf die Festplatte geschrieben werden soll. Die Funktion dazu finden Sie im Menü *Datei.*

Der Vorgang geht natürlich schneller als das Brennen einer CD, weil ja nur auf die Festplatte geschrieben wird. Die erstellte Datei trägt die Dateierweiterung **.c2d* und belegt genau so viel Platz, wie das Brennen auf einer CD benötigt hätte.

Ein CD-Image von einer vorhandenen CD erstellen Sie wie eine normale Kopie, lediglich das Brennen wird durch das Schreiben des Images auf die Festplatte ersetzt. In WinOnCD finden Sie die Funktion auf der Seite mit den Brenneinstellungen.

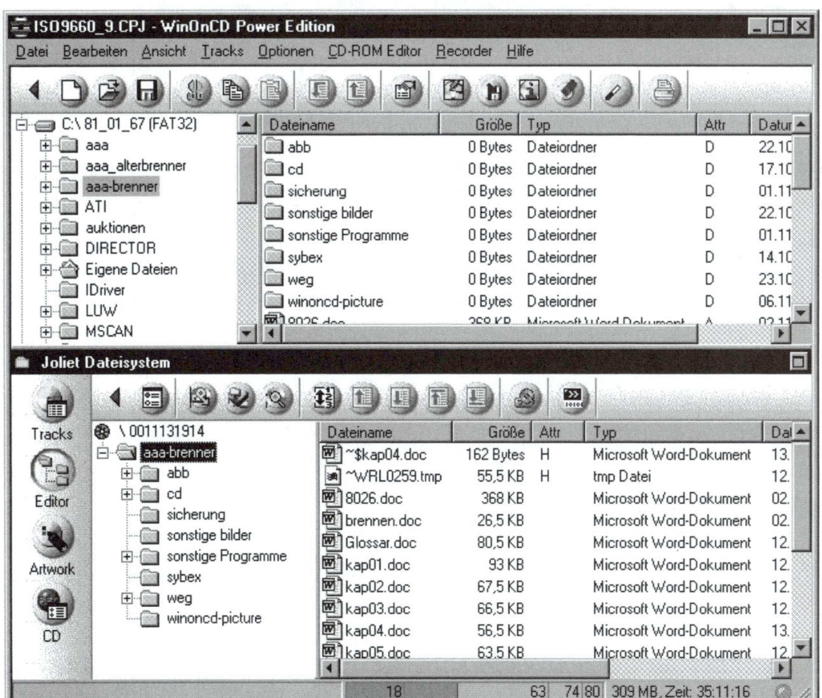

Abbildung 4.21 ▶ Zusammenstellen der Daten für die CD

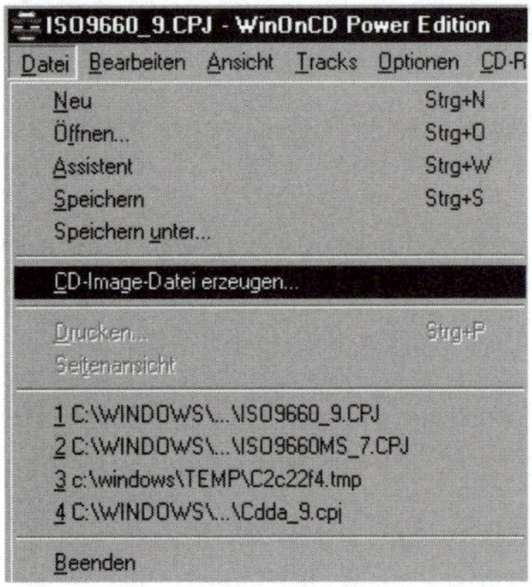

Abbildung 4.22 ▶ Erstellen eines CD-Images

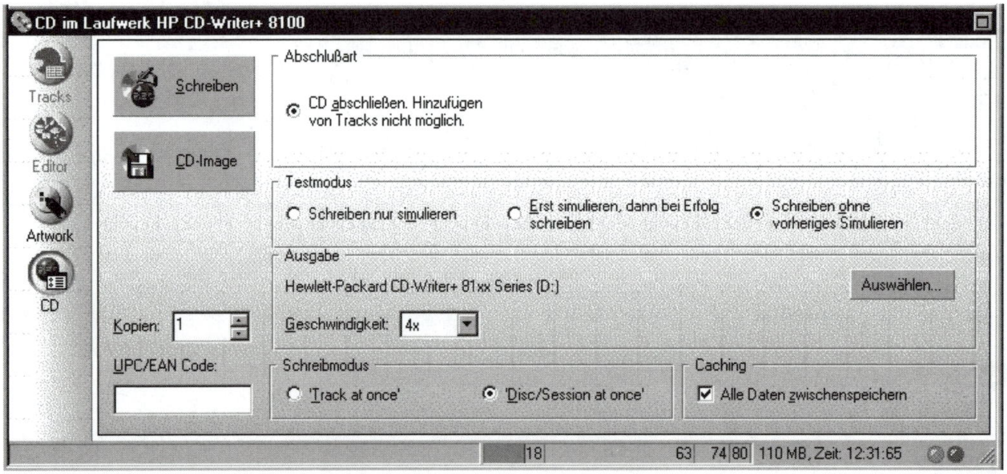

Abbildung 4.23 ▶ Erstellen eines Images von einer CD

Auch bei der Erstellung eines Images von einer kompletten CD wird eine C2D-Datei auf die Festplatte geschrieben.

Nachdem Sie nun ein Image als Datei auf der Festplatte abgelegt haben, können Sie davon eine oder mehrere CDs brennen. Wählen Sie dazu die Funktion *Copy* (in WinOnCD *Projektgruppe* genannt) und als Art *CD-Image* aus.

Nachdem Sie im oberen Fenster von WinOnCD das Laufwerk und den Ordner ausgewählt haben, ziehen Sie die Image-Datei (Endung *\.c2d*) in das untere Layoutfenster, wie in *Abbildung 4.24* zu sehen ist.

Nun kann der Brennvorgang wie gewohnt stattfinden und ist ggf. für weitere Kopien zu wiederholen.

Eine Image-Datei kann auch in den CD-Emulator (aus WinOnCD) geladen werden, zuvor ist jedoch der CD-Emulator zu laden (*Start>Programme>Roxio*). In dem CD-Emulator kann der Inhalt eingesehen und von hier aus direkt gebrannt werden.

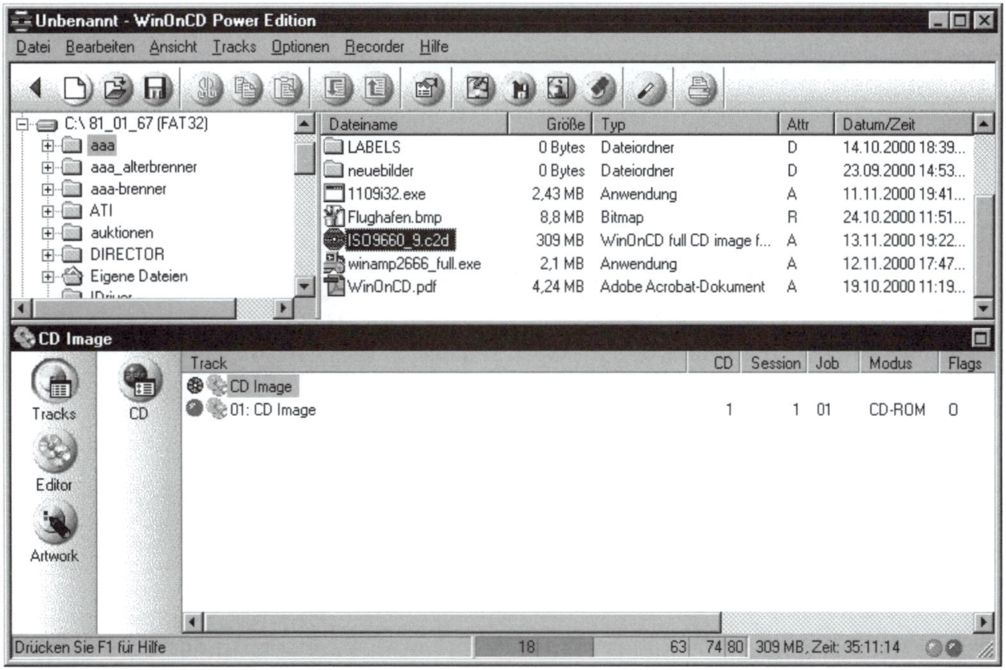

Abbildung 4.24 ▶ Erstellen einer CD mit einer Image-Datei

Den richtigen Rohling verwenden

Die Wahl des richtigen Rohlings (Beachten Sie die Kauftipps im Kapitel *Der CD-Brenner.*) kann entscheidend sein. Grundsätzlich geht man davon aus, dass die Daten einer CD nicht zerstört werden können. Abgesehen von der physikalischen Zerstörung der CD kann es trotz fehlerfreiem Brennvorgang zu Kopier- oder Brennfehler kommen. Die Folge sind Lesefehler.

Tritt ein Lesefehler beim Zugriff auf eine CD auf, kann dieser nicht wieder repariert werden. Damit sind dann die Daten unwiderruflich verloren.

Vorsorge kann hier die sorgfältige Auswahl des Rohlings schaffen. Zuerst ist die Wahl zwischen CD-R und CD-RW zu treffen, wobei die CD-RW in der Anschaffung teurer ist. Daher reichen i.d.R. die kostengünstigen CD-Rs aus.

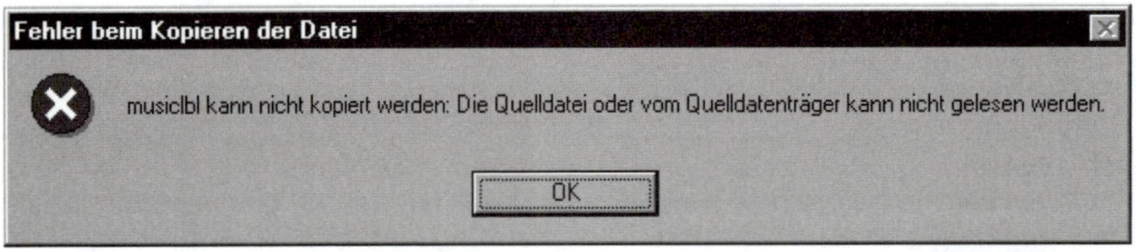

Abbildung 4.25 ▶ Lesefehler beim Lesen von Daten einer CD

Möchte man sich vor Datenverlusten schützen, sollte man den Preis und auch den Hersteller des Rohlings beachten. Beim Hersteller sind Markenfabrikate zu bevorzugen, da deren Herkunft meist bekannt ist und man davon ausgehen kann, dass die Rohlinge auch getestet werden.

Für die Erstellung von Audio-CDs sind ebenso Rohlinge mit besserer Qualität zu empfehlen, damit der Hörgenuss später nicht zur Qual wird.

Die Behandlung des Rohlings

Allein die richtige Wahl bei Kauf des Rohlings schützt nicht vor der Zerstörung der CD oder dem Datenverlust. Die Behandlung des Rohlings ist ebenfalls besonders zu beachten:

Die obere Polycarbonatschicht ist sehr dünn und kann leicht beschädigt werden. Schützen Sie die Oberfläche vor Zerkratzung und Beschädigung.

Berühren Sie die zu beschreibende Oberfläche nicht mit den Fingern und hinterlassen Sie keine Fingerabdrücke auf dieser Fläche. Aber auch die andere Seite sollte nicht berührt werden.

Beschriften sollte man eine CD nur mit einem weichen Stift. Halten Sie Lösungsmittel von der CD fern bzw. verwenden Sie keine Filzstifte mit Lösungsmitteln.

Die CD sollte Temperaturschwankungen, hohe oder niedrige Temperaturen nicht ausgesetzt werden. Dies gilt auch für hohe Lichteinstrahlung. Wasser oder Staub sind ebenfalls nicht besonders gut für CDs, daher sollte diese immer in einer Hülle aufbewahrt werden.

> Zum Putzen ist ein Antistatik-Tuch zu verwenden.

Daten vorbereiten

Wenn Sie Daten auf die CD brennen möchten, sollten sich diese auf einem schnellen Medium befinden, wozu die heutigen Festplatten und auch ein schnelles CD-ROM-Laufwerk zählen. Diskettenlaufwerke oder Magnetbänder dagegen sind langsame Speichermedien und daher sollten Daten von diesen Geräten vor dem Brennen auf eine Festplatte übernommen werden.

Auch zu den langsamen Medien zählen Laufwerke, die sich auf anderen Rechner z. B. im Netzwerk befinden. Auch hier kann die Übertragung der Daten über das Netzwerk zu lange dauern und zu Abbrüchen beim Brennen führen. Häufig unterstützen Brennerprogramme nicht den Gebrauch von Netzwerklaufwerken.

> Ein 100 MBit-Netzwerk dürfte die Daten in ausreichender Geschwindigkeit liefern.

Beim Brennen einer Daten-CD lässt sich die Kapazität der CD erhöhen, wenn Sie die Daten in komprimierter Form zur Verfügung stellen.

Kapitel 5
Die Daten-CD

Eine der Hauptaufgaben beim Brennen von eigenen CDs ist die Herstellung von CD-ROMs mit Daten, Informationen, Dateien und Programmen. Daneben wird der CD-Brenner auch häufig dazu verwendet, von bestehenden CD-ROMs Sicherungs- und sonstige Kopien herzustellen. Daten-CDs enthalten Texte, Bilder, PC-Programme oder Spiele.

Zur Erledigung dieser Aufgaben gibt es Brennersoftware, die mit dem CD-Brenner geliefert oder auf dem Markt käuflich erworben werden kann.

In diesem Kapitel werden die Programme WinOnCD und Easy CD Creator verwendet, um deren Grundfunktionen zu zeigen. Die meisten der anderen Programme aber verfügen über eine ähnliche Arbeitsweise, sodass der Wechsel zu einem dieser Programme kein Problem darstellen dürfte. Dazu kommt, dass die meisten Programme zur Erleichterung noch über einen Assistenten verfügen, der die eigentliche Arbeit erleichtert.

Folgende Aufgaben werden jetzt mit WinOnCD durchgeführt, wobei aber die Arbeit mit dem Programm Easy CD Creator ähnlich vonstatten gehen dürfte:

- Duplizieren einer kompletten CD mit Assistent
- Duplizieren einer kompletten CD ohne Assistent
- Bearbeiten des Datenlayouts
- Einstellen der Brennoptionen
- Die CD erstellen/brennen
- Daten an eine CD anfügen
- Löschen von Dateien auf einer CD
- Virenfreiheit beachten/herstellen

Wir weisen ausdrücklich nochmals darauf hin, dass beim Kopieren von CDs das Copyright zu beachten ist. Mehr dazu finden Sie im Kapitel *Vorarbeiten zum Brennen*.

Besonderheiten einer Daten-CD

Vor der Erstellung einer Daten-CD gibt es einige Vorarbeiten zu leisten bzw. einige Besonderheiten zu beachten.

In welchem Format soll die CD gebrannt werden: Joliet- oder ISO 9660-Format? Dabei ist zu beachten, dass bei Verwendung von langen Dateinamen (in Windows üblich) nur das Joliet-Format in Frage kommt. Aber Achtung: diese Joliet-CDs sind nicht auf allen Betriebssystemen lesbar. Wenn das notwendig ist, müssen Sie das ISO-Format anwenden. Haben Sie sich für das Format entschieden, sollten Sie auf jeden Fall sicherstellen, dass sich keine Viren auf Ihrer Festplatte befinden (mehr dazu im Kapitel *Vorarbeiten zum Brennen*). Haben Sie die CD erstellt, ist als Nachbearbeitung diese CD nochmals mit einem Antivirenprogramm auf Virenbefall zu testen.

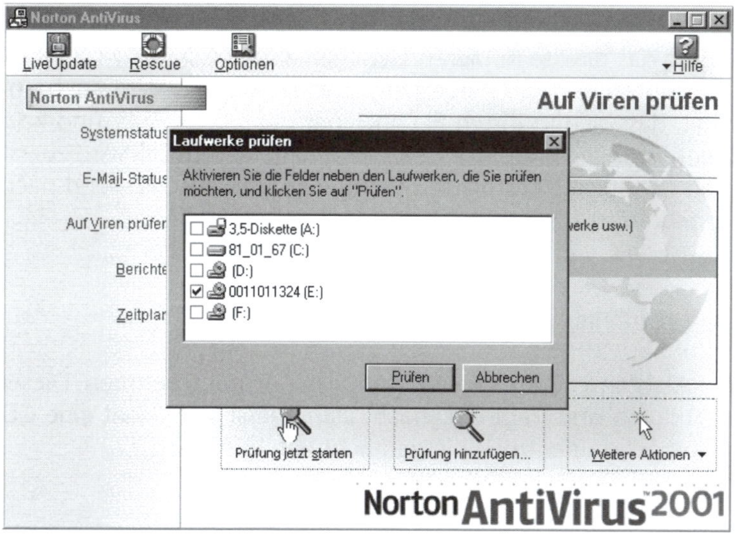

Abbildung 5.1 ▶ Prüfung der CD auf Virenbefall

Sinnvoll ist der Einsatz von zwei unterschiedlichen Antivirenprogrammen, da nicht jedes Programm auch jeden Virus erkennt.

Duplizieren einer Daten-CD mittels Assistent

Obwohl die Daten einer CD-ROM unlöschbar sind, kann es doch leicht passieren, dass eine CD zerstört wird. Da reicht schon ein Kratzer aus oder aber die CD zerbricht. Um hier vorzubeugen, lassen sich leicht und schnell mit einem CD-Brenner und z.B. WinOnCD eine vollständige Kopie herstellen. Die Kopie ist anschließend bis auf die äußerliche Beschriftung ein 100-prozentiges Duplikat und kann ebenso verwendet werden.

Programm-CDs dürfen nur mit Einverständnis des Programmautors kopiert werden, auch die Sicherungskopie ist nicht erlaubt, wenn nichts anderes in den Lizenzbestimmungen vermerkt ist.

Der Kopier- oder Dupliziervorgang kann durch einen Assistenten unterstützt werden, wobei der Assistent nichts anderes als ein Programmmodul ist und den Bediener Schritt für Schritt durch den Vorgang führt.

Mit der Kopierfunktion können Sie eine vollständige Kopie einer Daten- oder Audio-CD herstellen. Dabei unterstützen die Brennprogramme das direkte Kopieren zwischen einem CD-ROM-Laufwerk und einem CD-Brenner (beide Geräte sind im Rechner eingebaut). Dieser Vorgang wird auch on-the-fly genannt. Aber auch für den Fall, dass sich in Ihrem Rechner nur der CD-Brenner und kein zusätzliches CD-ROM-Laufwerk befindet, kann eine Kopie erstellt werden. In diesem Fall wird zuerst ein Abbild (Image) der zu kopierenden CD auf die Festplatte geschrieben und anschließend nach dem Einlegen des Rohlings die Kopie gebrannt.

Kopieren mittels WinOnCD

In WinOnCD können Sie die Hilfe eines Assistenten für einige Vorgänge in Anspruch nehmen. Dieser geht dann alle Schritte der Reihe nach durch und fragt ggf. nach. Damit lässt sich leicht eine CD kopieren, auch wenn man dies nicht so häufig oder noch nie gemacht hat.

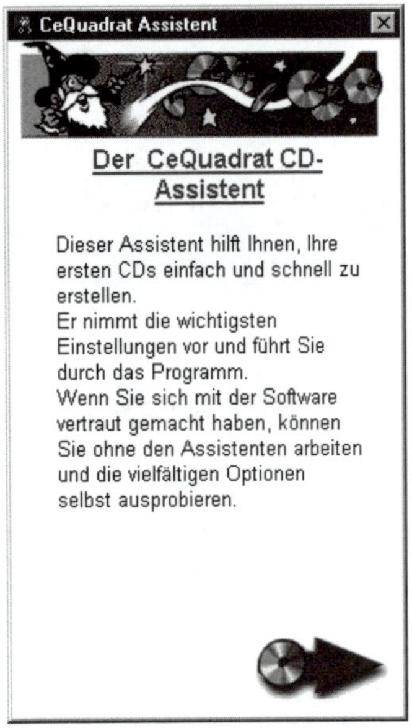

Abbildung 5.2 ▶ **Der Assistent in WinOnCD unterstützt das Brennen von CDs**

Benutzen Sie am Anfang einfach ein paar Mal den Assistenten um die einzelnen Schritte kennenzulernen. Die prägen sich dann schnell ein und später kann auf den Assistenten verzichtet werden.

Den Assistenten finden Sie über das Startmenü in der Programmgruppe *Programme>Roxio>WinOnCD* oder aber auch direkt in der Funktionsleiste in WinOnCD.

Der Assistent gibt Ihnen kurze Informationen, auf die Sie nur zu reagieren brauchen. Danach erfolgt meist eine Aktion in WinOnCD, z.B. die Dateiauswahl. Und wenn dies geschehen ist, kann der nächste Schritt durch einen Klick auf die kleine goldene CD im Assistentenfenster ausgeführt werden.

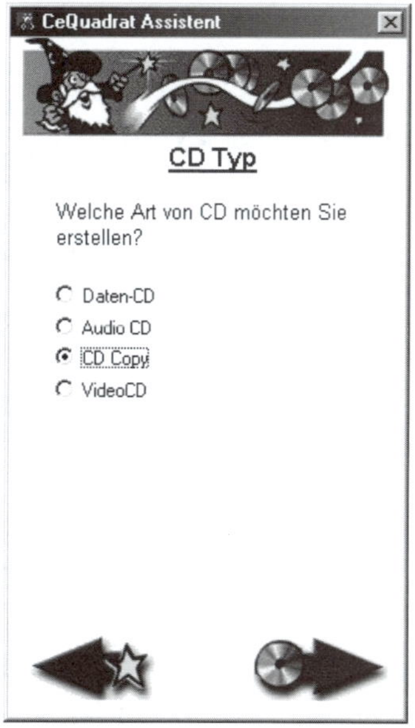

Abbildung 5.3 ▶ Der Assistent fragt, welche Art von CD erstellt werden soll

In diesem Kapitel soll zwar eine Daten-CD kopiert werden, aber trotzdem wählen Sie hier nicht diesen Auswahlpunkt. Dies liegt daran, dass WinOnCD über eine Funktion zum Kopieren von kompletten CDs verfügt, mit der sich sowohl Daten- als auch Audio-CDs kopieren lassen.

Markieren Sie daher den Auswahlpunkt *CD Copy*. Lassen Sie den Assistent mit dem nächsten Schritt fortfahren und klicken Sie auf die goldene CD unten rechts im Assistentenfenster.

Nun sucht der Assistent nach dem CD-Laufwerk und schlägt dieses dann auch vor.

Abbildung 5.4 ▶ Informationen über die Einstellungen

Wenn Sie dann den nächsten Schritt durch einen Klick auf die goldene CD aufgerufen haben, bietet der Assistent Ihnen die Möglichkeit, die Einstellungen zu verändern. Hierbei kann die Brenngeschwindigkeit des Brenners verändert werden. Außerdem können Sie festlegen, ob Sie den Brennvorgang erst simulieren möchten oder sofort ausführen lassen wollen. Die Frage, ob nach dem Kopiervorgang die CD abgeschlossen werden soll oder nicht, stellt sich in diesem Fall nicht, obwohl der Assistent hierüber informiert. Bei einer vollständigen Kopie wird die CD grundsätzlich abgeschlossen.

Im letzten Schritt fordert der Assistent Sie auf, die *Schreiben*-Schaltfläche anzuklicken. Damit startet dann der Vorgang mit dem Einlesen der zu kopierenden CD, gefolgt von dem Brennen der neuen CD.

In der *Abbildung 5.5* informiert Sie das Programm darüber, dass die Daten auf die Festplatte geschrieben werden. Sie können außerdem sehen, welcher Fertigstellungsgrad gerade erreicht ist. Die Restdauer ist zu diesem Zeitpunkt noch unbekannt. Der Schreibpuffer ist noch nicht gefüllt, da das Programm den eigentlichen Brennvorgang noch nicht gestartet hat und sich erst mit den Vorarbeiten beschäftigt.

Damit ist der Kopiervorgang beendet und Sie haben eine Kopie der CD erstellt.

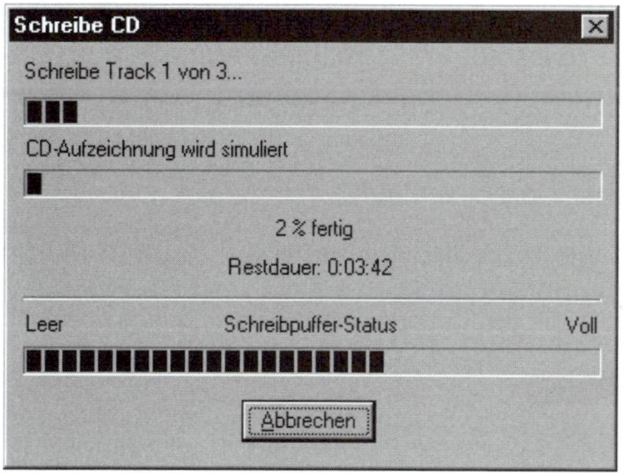

Abbildung 5.5 ▶ **Das Programm informiert über den Stand des Kopiervorgangs**

Kopieren mittels Easy CD Creator

In Easy CD Creator ist das Duplizieren einer kompletten CD so einfach, dass kein Assistent notwendig ist. Daher verzichten wir hier auf nähere Angaben. Wenn doch Fragen auftauchen, kann die Online-Hilfe (erreichbar über den Menüpunkt *Hilfe*) weiterhelfen.

Duplizieren einer Daten-CD ohne Assistent

Das Kopieren bzw. Duplizieren ist ein einfacher Vorgang, der auch recht schnell ohne Assistent durchgeführt werden kann. In den folgenden Absätzen wird daher auf den Assistenten verzichtet, was zu einer Zeiteinsparung führen kann. Dazu ist es notwendig, dass der Benutzer die einzelnen Schritte kennen und anwenden können muss.

Kopieren mittels WinOnCD

Dieser Vorgang wird hier ohne die Benutzung des Assistenten dargestellt. Wenn Sie den Ablauf noch nicht genau kennen, dann lesen Sie das vorherige Kapitel nochmals.

Mit der Kopierfunktion in WinOnCD können Sie eine vollständige Kopie einer Daten- oder Audio-CD herstellen. Dabei unterstützt WinOnCD das direkte Kopieren zwischen einem CD-ROM-Laufwerk und einem CD-Brenner (beide Geräte sind im Rechner eingebaut). Dieser Vorgang wird auch on-the-fly genannt. Aber auch für den Fall, dass sich in Ihrem Rechner nur der CD-Brenner und kein zusätzliches

CD-ROM-Laufwerk befindet, kann eine Kopie erstellt werden. In diesem Fall wird automatisch zuerst ein Abbild (Image) der zu kopierenden CD auf der Festplatte erstellt und anschließend nach dem Einlegen des Rohlings die Kopie gebrannt. WinOnCD kann selbst entscheiden, ob on-the-fly durchgeführt werden kann oder nicht.

Starten Sie WinOnCD und rufen Sie das Projektmenü über *Datei>Neu* auf.

Die zu kopierende CD sollten Sie vorher einlegen, und wenn Sie anschließend die Kopierfunktion starten, sehen Sie den Inhalt der CD im oberen Fenster von WinOnCD.

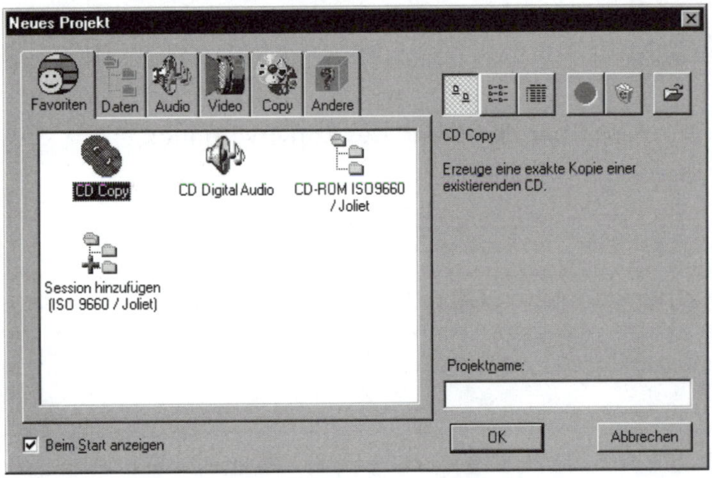

Abbildung 5.6 ▶ Das Menü von WinOnCD mit der Funktion *CD-Copy*

> Wenn die CD, von der Daten kopiert werden sollen, erst nach dem Start von WinOnCD eingelegt wird, warten Sie einige Sekunden, bis die Anzeige automatisch aktualisiert wird. Anschließend sehen Sie den Inhalt der CD im oberen Fenster. Ein Doppelklick auf das entsprechende Laufwerk beschleunigt den Vorgang.

Vor dem eigentlichen Brennen haben Sie in dem Programm WinOnCD noch die Möglichkeit, die Einstellungen anzupassen. So kann z.B. bestimmt werden, ob nur simuliert werden soll oder welchen Brenner Sie nehmen möchten. Dann startet der Brennvorgang durch den Klick auf die Schaltfläche *Schreiben*.

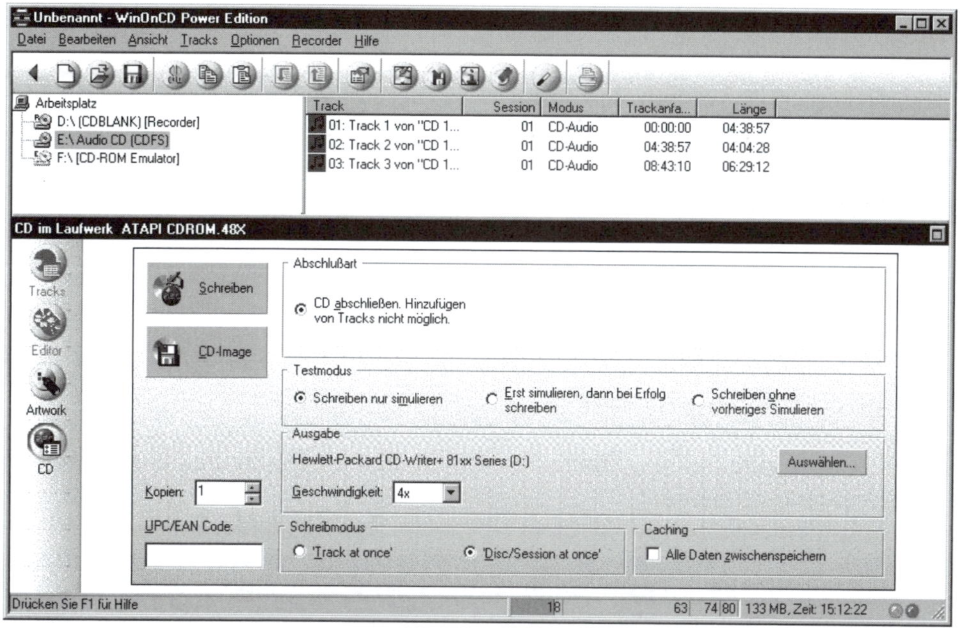

Abbildung 5.7 ▶ Anzeige der zu kopierenden CD, hier eine Audio-CD

Im Falle, dass Sie nur den CD-Brenner und kein CD-ROM-Laufwerk im Rechner haben, kann WinOnCD nicht on-the-fly kopieren, sondern muss alle Daten zuerst auf die Festplatte kopieren bzw. zwischenspeichern. Wenn dieser Vorgang abgeschlossen ist, werden Sie zum Wechseln der CD aufgefordert. Erst dann beginnt der eigentliche Brennvorgang.

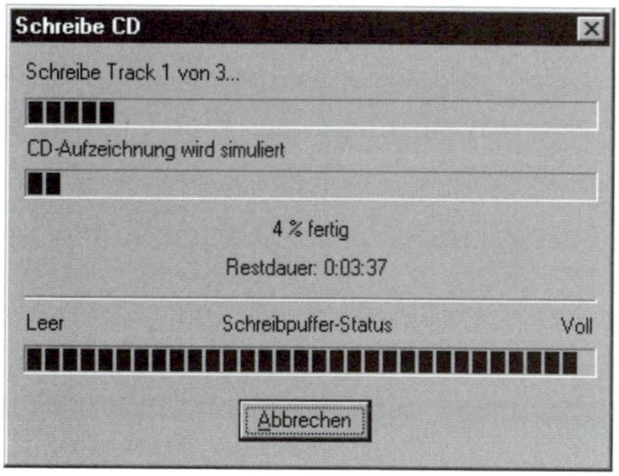

Abbildung 5.8 ▶ Anzeige der Fortschritts des Kopiervorgangs

Sie können jederzeit verfolgen, wie der Stand der Arbeit ist. Dies zeigt WinOnCD in einem Fenster an.

Wenn die CD vollständig kopiert ist, werden Sie informiert. Vorher sollten Sie auf keinen Fall das CD- oder Brenner-Laufwerk öffnen und auch nicht mit anderen Programmen auf dem Rechner arbeiten.

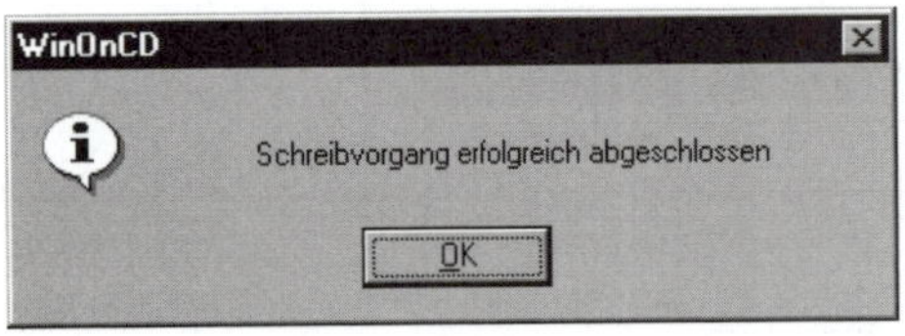

Abbildung 5.9 ▶ Ende des Kopiervorgangs

Anschließend wird die CD ausgeworfen bzw. die Lade geöffnet. Erst jetzt kann die CD entnommen werden und der Kopiervorgang ist beendet.

Wenn das Programm beendet wird, werden Sie gefragt, ob das Image abgespeichert werden soll. Dies ist nicht notwendig, weil es jederzeit wieder schnell von der CD eingelesen werden kann.

Kopieren mittels Easy CD Creator

Das Programm Easy CD Creator hat einige Funktionen wie z.B. das Kopieren einer kompletten CD aus dem eigentlichen Brennprogramm ausgelagert und bietet hierzu ein eigenes Programm an, das Sie im Startmenü finden: *Start>Programme>Adaptec>Eigenschaften.*

Zum Kopieren sind lediglich die beiden CDs in die Laufwerke einzulegen und auszuwählen, und schon kann der Kopiervorgang beginnen. Dabei kann das Programm natürlich auch eine CD kopieren, wenn nur der CD-Brenner im Rechner vorhanden ist.

Zuvor jedoch haben Sie auch in diesem Programm die Möglichkeit, Einstellungen für den Brennvorgang zu verändern. Sie finden diese über das Menü *Weitere Optionen.*

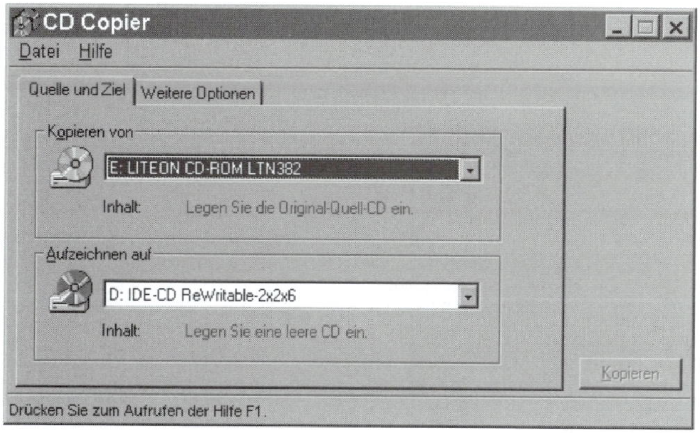

Abbildung 5.10 ▶ **Kopieren einer kompletten CD mit Easy CD Creator**

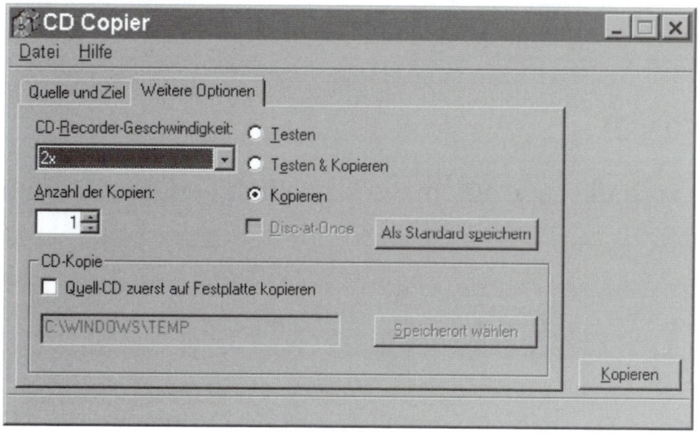

Abbildung 5.11 ▶ **Einstellungen für den Brennvorgang**

Wichtig sind hier die folgenden Einstellungen

- Brenngeschwindigkeit
- Brennart (Testen, Kopieren, Testen und Kopieren)
- Anzahl Kopien

Die Brenngeschwindigkeit ist normalerweise nicht zu verändern, lediglich bei Abbrüchen kann es sinnvoll sein, wenn man sich der nächst niedrigeren Geschwindigkeit bedient. Bei der Brennart ist das sofortige Brennen sinnvoll, weil dies Zeit spart. Erst im Falle von Abbrüchen sollte man zu der Test- oder Simulationsmöglichkeit greifen.

Mit einem Klick auf den Button *Kopieren* starten Sie den Vorgang, dessen Fortschritt in einem Fenster verfolgt werden kann.

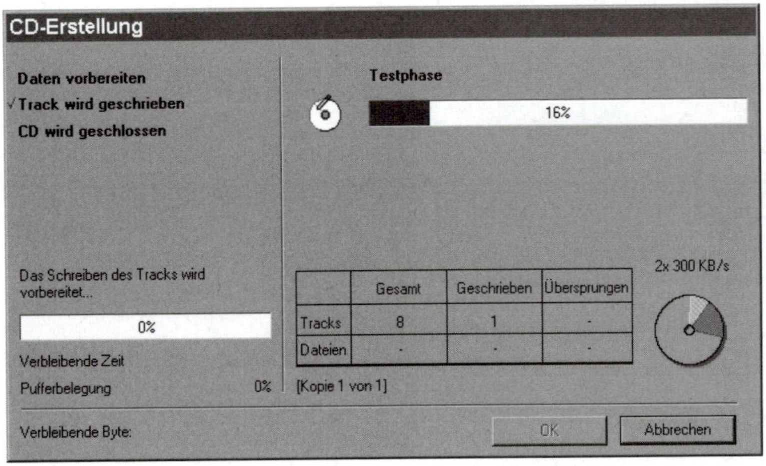

Abbildung 5.12 ▶ Anzeige des Brennvorgangs

Wenn der Brennvorgang abgeschlossen ist, wird die Lade automatisch geöffnet und die CD kann entnommen werden.

Ein Layout anlegen/bearbeiten

Neben der vollständigen Kopie einer CD können Sie auch einzelne Dateien und Ordner auf die CD brennen. Dazu bieten WinOnCD und auch Easy CD Creator ähnliche Möglichkeiten wie der Windows-Explorer.

Zum Beginn der Erstellung des Layouts oder Images, müssen Sie sich entscheiden, ob Sie einen leeren Rohling verwenden oder eine CD fortschreiben möchten. In der *Abbildung 5.13* soll ein neuer, leerer Rohling verwendet werden, andernfalls wählen Sie das Symbol *Session hinzufügen*.

Nun sind die Daten, Dateien und Ordner auszuwählen, die Sie auf die CD brennen möchten. Dazu wählen Sie im oberen linken Fenster von WinOnCD das entsprechende Laufwerk und den gewünschten Ordner aus.

Wenn Sie die gewünschte Datenquelle ausgewählt haben, erscheinen diese im oberen rechten Fenster (siehe *Abbildung 5.14*). Nun ziehen Sie einfach mit der Maus die gewünschten Ordner oder auch einzelne Dateien ins untere rechte Fenster.

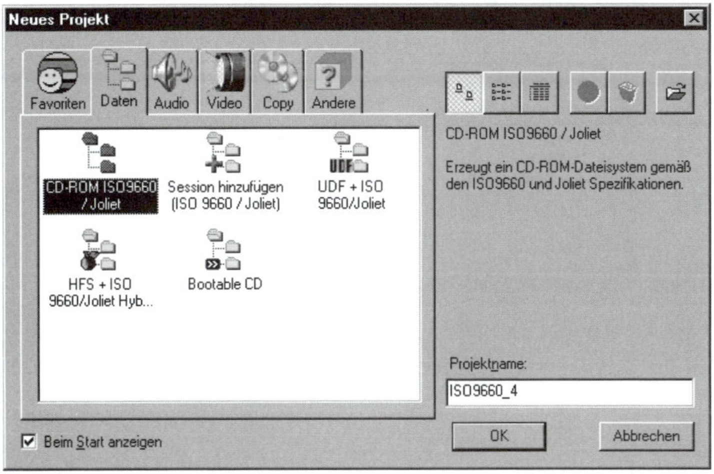

Abbildung 5.13 ▶ Wahl der Projektart in WinOnCD

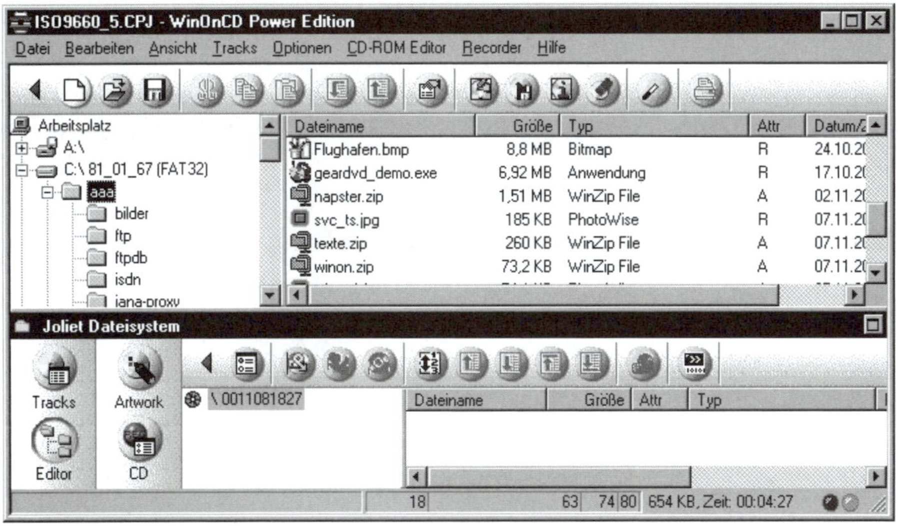

Abbildung 5.14 ▶ Die Dateiauswahl in WinOnCD

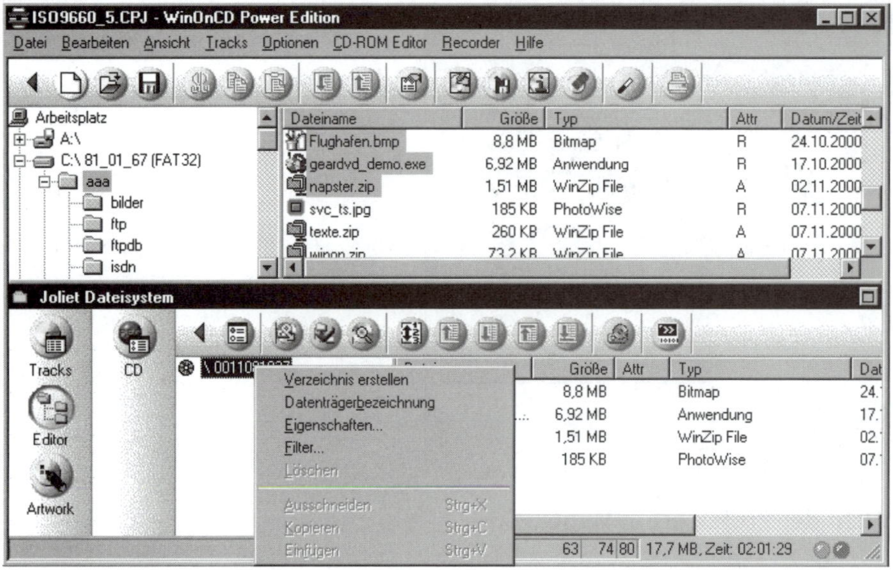

Abbildung 5.15 ▶ Der zukünftige Inhalt der CD im unteren Teil der Abbildung

Solange der Brennvorgang noch nicht eingeleitet ist, kann das Layout oder Image noch durch Hinzufügen oder Löschen angepasst und verändert werden. Auch das Erstellen von Ordnern (siehe *Abbildung 5.15*) ist möglich.

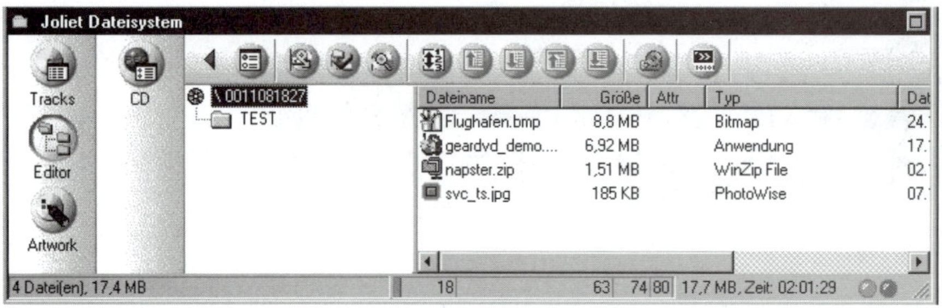

Abbildung 5.16 ▶ Anpassung des zukünftigen Images der CD

Normalerweise folgt nach Fertigstellung der Zusammenstellung des Layouts der Brennvorgang. Sie können vor oder nach dem Brennen das Layout für spätere Zwecke auf der Festplatte abspeichern und bei Bedarf wieder laden. Die Speicherung erfolgt über das *Datei*-Menü, wobei die Dateien Projektdateien heißen und die Endung **.cpj* tragen.

Ein Abspeichern des Layouts ist aber nicht notwendig, da es einfach und schnell von der CD wieder erstellt bzw. eingelesen werden kann.

Einstellen der Schreiboptionen

Nachdem Sie die Daten für den Brennvorgang zusammengestellt haben können Sie den Brennvorgang starten. Zuvor haben Sie jedoch noch die Möglichkeit, Einstellungen dafür vorzunehmen.

Sie finden diese Einstellungen z.B. in WinOnCD über das Symbol *CD* unten links in der *Abbildung 5.17*.

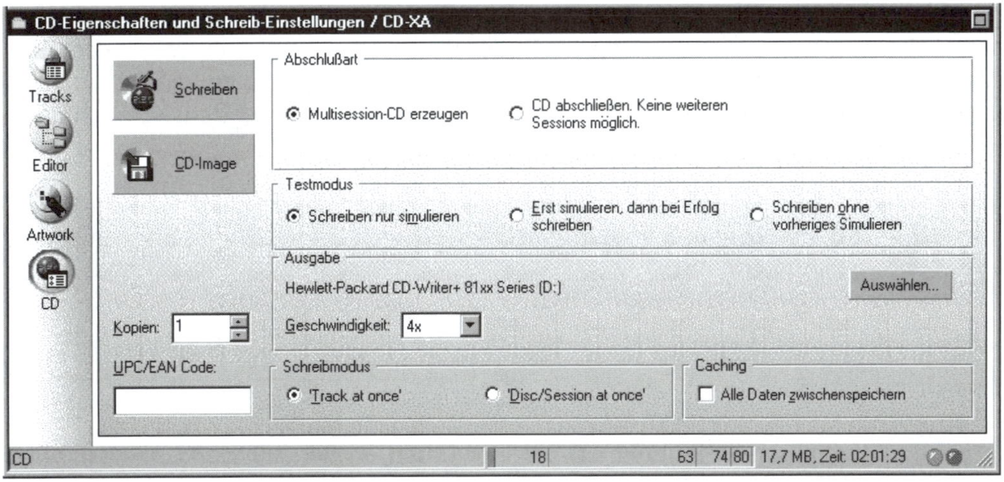

Abbildung 5.17 ▶ **Einstellen der Optionen in WinOnCD**

Normalerweise brauchen Sie die Einstellungen nicht verändern, aber bei Bedarf ist dies auf jeden Fall möglich. Wenn Sie z.B. in WinOnCD über die Projektauswahl (*Abbildung 5.6*) gegangen sind, dann brauchen die Einstellungen grundsätzlich nicht verändert zu werden .

Abschlussart

Bei der Abschlussart müssen Sie festlegen, ob später in weiteren Sitzungen noch Daten auf die CD geschrieben werden sollen (Multisession) oder nicht. Im letzten Fall ist die CD zu schließen. Das Anfügen von weiteren Daten hängt aber von dem noch freien verfügbaren Platz auf der CD ab.

> Eine Daten-CD ist auch im geöffneten Zustand im CD-ROM-Laufwerk lesbar.

Testmodus

Der Testmodus sagt aus, ob die CD gebrannt oder dieser Vorgang nur simuliert werden soll. Wenn Sie sicher sind und schon einige Brennvorgänge fehlerlos durchgeführt haben, reicht das Brennen ohne Simulation. Aber wenn nicht, stellen Sie einfach den Testmodus auf *Simulieren vor dem Brennen*. Wenn das Simulieren, manchmal auch Testen genannt, fehlerfrei durchläuft, wird automatisch der Brennvorgang begonnen. Im Falle des Abbruchs bei der Simulation ist der Rohling noch unbenutzt und auch unbeschädigt.

> Zum Üben ist der Testmodus genau richtig, es wird hier nämlich keine CD beschrieben bzw. keine Daten auf den Rohling gebrannt.

Ausgabe

Unter der Rubrik *Ausgabe* müssten Sie Ihren CD-Brenner sehen, in der *Abbildung 5.17* ist es ein Hewlett-Packard-Brenner. Falls Sie mehrere Brenner eingebaut haben, können Sie hier den gewünschten Brenner einstellen. Viel interessanter ist aber die Wahl der Schreibgeschwindigkeit, wobei normalerweise hier die maximale Geschwindigkeit eingestellt ist. Aber im Fehlerfall ist es eine gute Hilfe, wenn Sie diese herabsetzen können. Dann dauert zwar der Brennvorgang länger, jedoch ist die Gefahr von Abbrüchen geringer.

Sonstige Einstellungen

Die anderen Einstellungen werden i.d.R. nicht verändert, sind aber verstellbar:

- Anzahl der Kopien der zu brennenden CD
- Schreibmodus
- Caching

Die Daten-CD mit WinOnCD brennen

Haben Sie alle Daten für den Brennvorgang zusammengestellt (siehe vorherigen Abschnitt), kann das Brennen der Daten auf die CD oder auf den leeren Rohling beginnen.

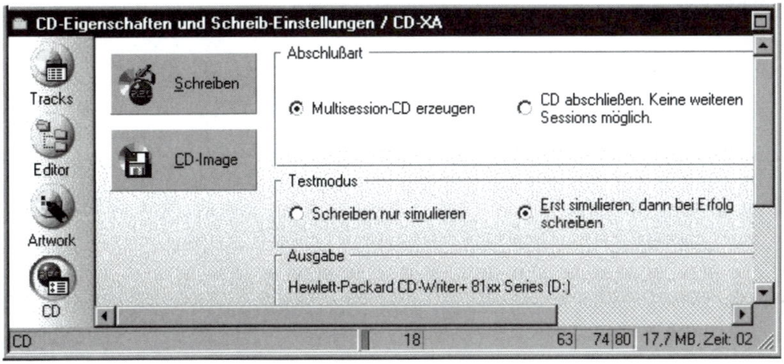

Abbildung 5.18 ▶ Start des Brennvorgangs in WinOnCD

Wenn Sie alle Einstellungen überprüft haben, können Sie den eigentlichen Brennvorgang starten. Hierzu klicken Sie auf den Button *Schreiben* (*Abbildung 5.18*).

Zum Brennvorgang gehören mehrere Schritte, die aber alle von der Software automatisch durchgeführt werden. So erfolgt die Simulation wenn gewünscht, es werden Lead-In, Daten und zum Schluss das Lead-Out geschrieben. Die einzelnen Schritte werden in der *Abbildung 5.19* angezeigt.

Auf jeden Fall sollten Sie den Vorgang nicht unterbrechen oder die CD zwischendurch entfernen. Der Brenner wird zwar nicht beschädigt, aber der Rohling oder die eingelegte CD könnten u.U. für den nächsten Gebrauch nicht mehr benutzbar sein.

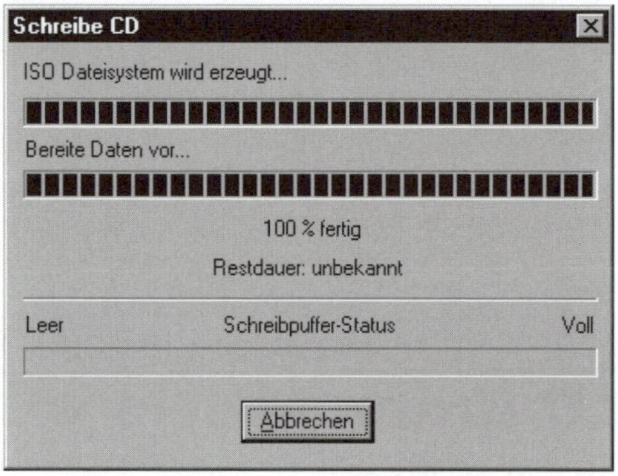

Abbildung 5.19 ▶ Der Brennvorgang startet gerade

Abbildung 5.20 ▶ Ende des Brennvorgangs

Wenn angezeigt wird, dass der Schreibvorgang erfolgreich abgeschlossen wurde, und Sie die Meldung bestätigt haben, öffnet sich der Schacht des Brenners automatisch. Nun kann die CD entnommen werden.

Öffnen Sie den Schacht des Brennerlaufwerks nicht mitten im Brennvorgang, weil sonst der Rohling eventuell für weitere Brennvorgänge unbrauchbar wird.

Eine Daten-CD mit Easy CD Creator brennen

Das Erstellen einer CD vollzieht sich in Easy CD Creator ähnlich wie in WinOnCD. Dementsprechend sieht auch das Hauptfenster dieses Programms aus.

Die Arbeit mit dieser Software ist mit der in WinOnCD identisch, daher verzichten wir auf eine detaillierte Darstellung an dieser Stelle.

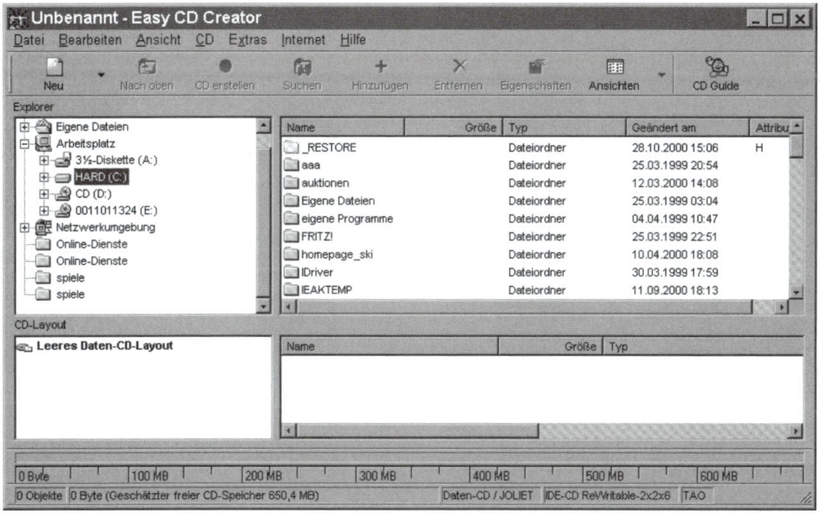

Abbildung 5.21 ▶ **Das Hauptfenster von Easy CD Creator**

Wenn Sie die Daten für die zu brennende CD zusammengestellt und mit der Maus ins untere Fenster gezogen haben, kann der Brennvorgang durch einen Klick auf den Button *CD erstellen* beginnen. Doch bevor es wirklich mit dem Brennen losgeht, können Sie noch die Eigenschaften verändern (*Abbildung 5.22*). Hier einige dieser Einstellungen:

- Brenngeschwindigkeit
- Optionen für die Erstellung
- Schreibmethode

Nun wird die CD erstellt und nach Fertigstellung die Lade mit der neuen CD automatisch geöffnet.

Auch Easy CD Creator verfügt über einen Assistenten. Sie finden diesen unter dem Namen *CD Guide* im Hilfemenü, wo sich diese Funktion ein- oder ausblenden lässt.

Der Unterschied zum Assistenten in WinOnCD liegt darin, dass der CD Guide nur begleitend aktiv wird und den Benutzer nicht durch das Programm führt.

Mit dem Programm Easy CD Creator erhalten Sie ein Programm namens Take Two, mit dem sich eine Sicherungskopie der gesamten Festplatte erstellen lässt. Ein ähnliches Programm finden Sie auch als Zugabe zu WinOnCD: Backmeup.

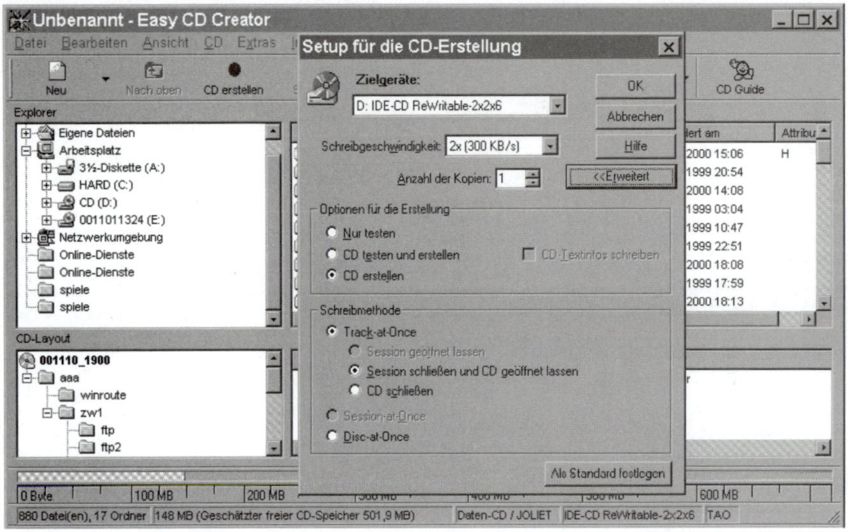

Abbildung 5.22 ▶ Die Eigenschaften in Easy CD Creator

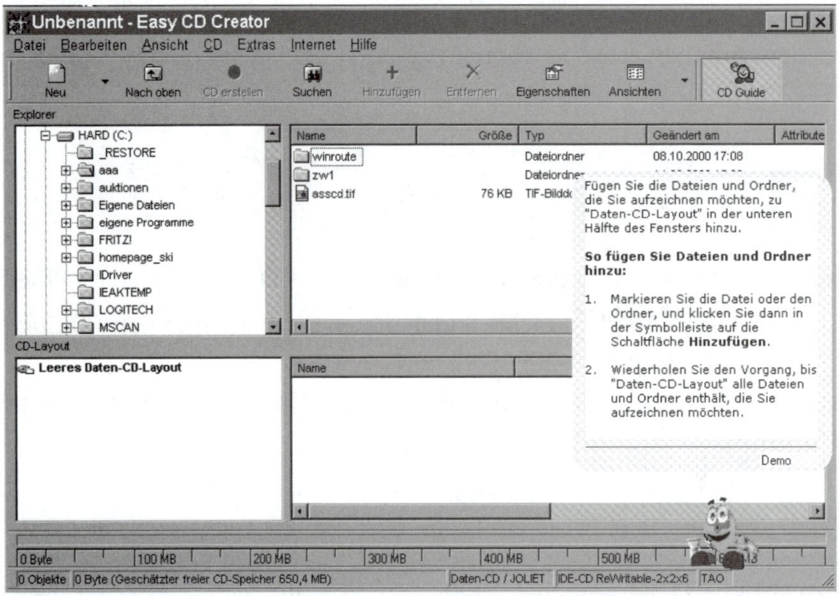

Abbildung 5.23 ▶ Der Assistent oder CD Guide in Easy CD Creator

Daten an eine Daten-CD mit WinOnCD anfügen

Haben Sie in einer vorherigen Sitzung ein CD gebrannt und nicht abgeschlossen, also eine Multisession-CD erzeugt, können Sie jederzeit weitere Daten anfügen, soweit der Platz auf der CD noch ausreicht.

Eine CD kann ganz normal verwendet werden, auch wenn sie noch nicht geschlossen ist.

Diesmal wird das Beispiel ohne den Assistent gezeigt. Starten Sie WinOnCD und klicken Sie auf *Datei>Neu.*

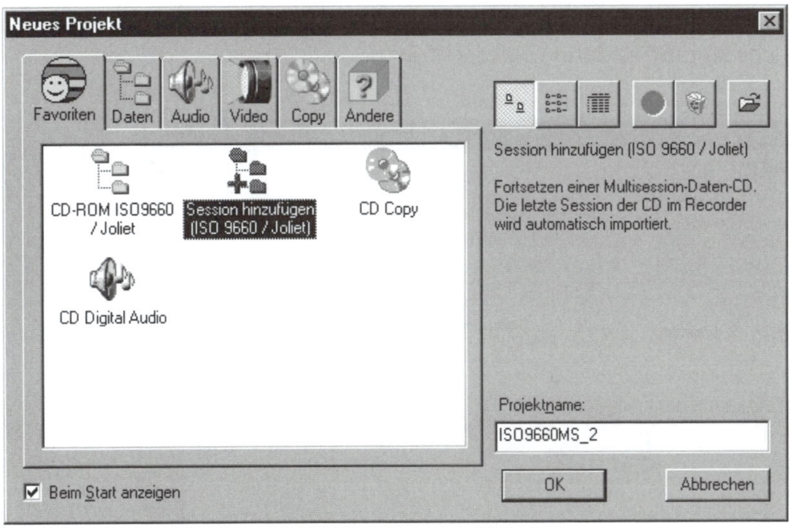

Abbildung 5.24 ▶ Start der Sitzung in WinOnCD

Wenn Sie WinOnCD wie in der *Abbildung 5.24* starten, also eine Daten-CD mit der Funktion *Session hinzufügen* beginnen, liest das Programm sofort das aktuelle Inhaltsverzeichnis der eingelegten CD ein und zeigt dieses im Layout-Fenster an. Hierbei handelt es sich um das untere Fenster in WinOnCD.

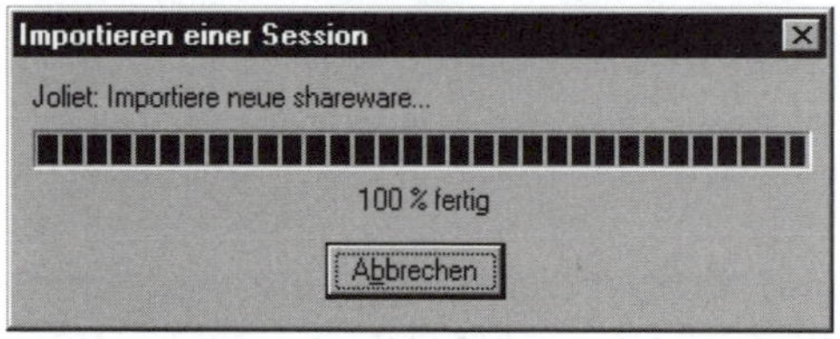

Abbildung 5.25 ▶ WinOnCD liest die Daten der CD ein

Jetzt können Sie die Verzeichnisse und/oder Dateien auswählen und per Drag & Drop in das unten stehende Fenster ziehen und an das angezeigte Inhaltsverzeichnis anfügen. Dieses Inhaltsverzeichnis stellt das Layout der zu brennenden CD dar und wird auch Layout genannt. Dabei werden die Dateien nicht wirklich kopiert, sondern Sie erstellen zu diesem Zeitpunkt erst das zukünftige Layout, also das Inhaltsverzeichnis der CD. Erst beim eigentlichen Brennvorgang werden die Dateien wirklich kopiert.

Aus diesem Layout-Fenster können Sie vor dem Brennvorgang auch Einträge entfernen. Dies geschieht einfach über die [Entf]-Taste oder durch einen Rechtsklick mit der Maus auf den zu löschenden Eintrag. Im Kontextmenü gibt es dann die Löschfunktion.

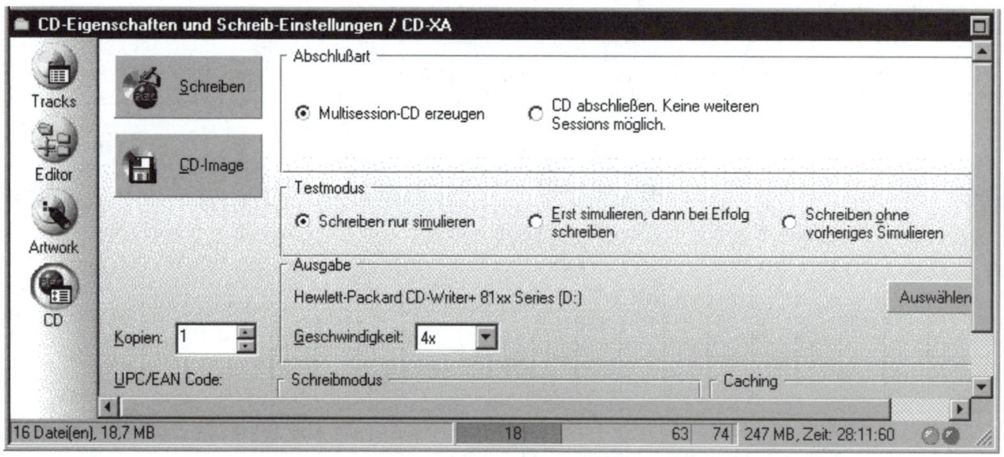

Abbildung 5.26 ▶ Die Einstellungen für den Brennvorgang

In der Praxis ist es sinnvoller, wenn nicht nur eine Datei hinzugefügt wird, sondern eine größere Menge. Dies liegt daran, dass beim Hinzufügen das alte Inhaltsverzeichnis auf der CD-ROM nicht mehr gilt, aber auch nicht gelöscht werden kann. Es wird einfach ein neues Inhaltsverzeichnis hinzugefügt, wobei immer das zuletzt geschriebene gilt. Jedes neue Inhaltsverzeichnis belegt natürlich Platz auf der CD, der dann nicht mehr für die eigentlichen Daten zur Verfügung steht.

Bevor die Daten nun auf die CD gebrannt werden, können Sie noch die Einstellungen anpassen, müssen es aber nicht. Die Einstellungen erreichen Sie durch einen Klick auf die Schaltfläche *CD*.

Bei den Einstellungen können Sie festlegen, ob die CD nun abgeschlossen oder weiter als Multisession-CD geöffnet bleiben soll. Weiterhin können Sie natürlich auch wieder entscheiden, ob der Vorgang nur simuliert oder wirklich durchgeführt werden soll.

Auf der *Abbildung 5.26* sehen Sie im linken unteren Bereich die tatsächliche Speicherbelegung der CD.

Der Klick auf die Schaltfläche *Schreiben* startet den Brennvorgang und die Daten werden an die auf der CD vorhandenen Daten angefügt. Der aktuelle Stand des Vorgangs wird grafisch angezeigt und kann verfolgt werden. Nach Abschluss des Brennvorgangs wird die Lade des Brennerlaufwerks geöffnet und die CD kann entnommen werden.

Löschen von Dateien auf einer CD-RW

Für die bisher gezeigten Beispiele wurde immer eine CD-R, also eine einmal beschreibbare CD verwendet.

Wenn der CD-Brenner aber die Verarbeitung von CD-RWs zulässt und Sie auch spezielle CD-RW-Rohlinge benutzen, können auf die CD gebrannte Daten auch wieder gelöscht werden.

Fast alle heute auf dem Markt befindlichen CD-Brenner sind auch in der Lage, CD-RWs zu verarbeiten.

In WinOnCD werden CD-RWs beim Brennen wie CD-Rs behandelt. So kann die CD als Multisession-CD mehrere Sessions aufnehmen. Auch ist es möglich, die CD weiterhin geöffnet (Multisession) zu lassen oder aber abzuschließen. Wenn Sie eine CD-RW abschließen, können Sie zwar keine Daten mehr anfügen, haben jedoch die Möglichkeit, die CD komplett zu löschen und damit auf Umwegen das Abschließen wieder aufzuheben.

Starten Sie WinOnCD und öffnen Sie eine neue Session: *Datei>Neu.*

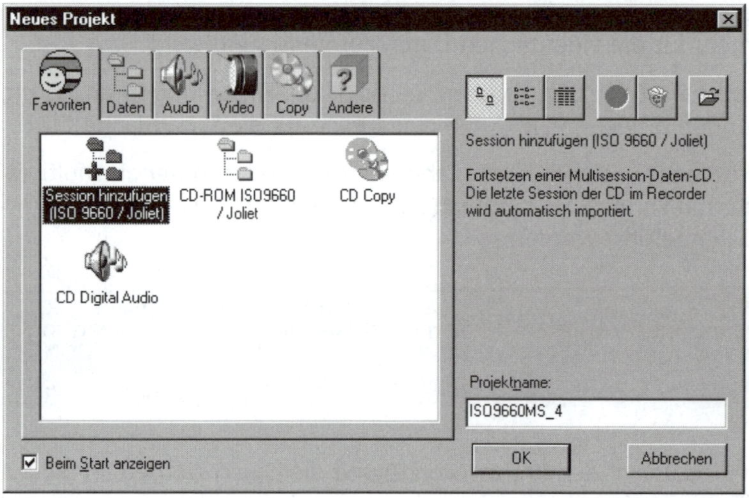

Abbildung 5.27 ▶ Eine neue Session zum Anfügen von Daten an die CD-RW-CD eröffnen

Nachdem Sie die Schaltfläche *Session hinzufügen* angeklickt haben, liest das Programm die bisherigen Daten bzw. das Inhaltsverzeichnis von der CD ein. Dies ist notwendig, denn es sollen ja Daten angefügt werden und zur Bildung des neuen Inhaltsverzeichnisses sind auch die Daten der bisherigen CD notwendig. Das eingelesene Inhaltsverzeichnis wird im Layout-Fenster angezeigt und bildet die Grundlage für den folgenden Vorgang. Alle Veränderungen, die Sie nun vornehmen, passieren im Layout-Fenster und bilden das neue Inhaltsverzeichnis der CD.

Erst wenn das Programm WinOnCD das komplette Inhaltsverzeichnis der CD eingelesen hat, können Sie fortfahren und Ordner oder Dateien löschen oder hinzufügen, wie es auch in den vorherigen Beispielen mit der CD-R gezeigt wurde.

Löschen von Daten einer CD-RW

Grundsätzlich unterscheidet sich die CD-RW von der CD-R dadurch, dass die Daten wieder gelöscht werden können. Damit kann so eine CD nach einem Brennvorgang weiter verwendet werden, auch wenn sie vorher abgeschlossen wurde.

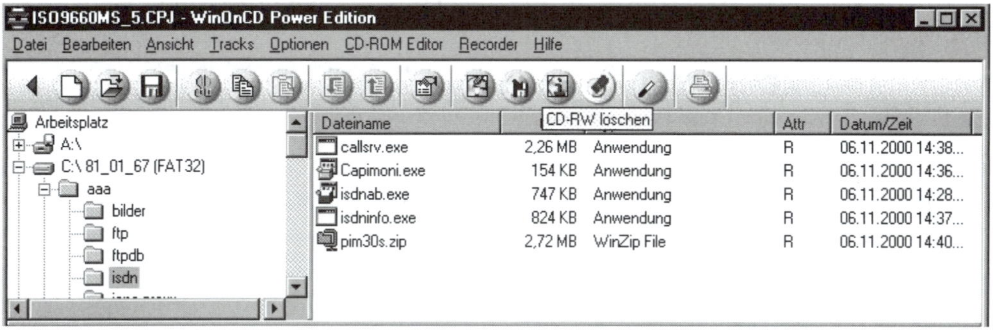

Abbildung 5.28 ▶ Behandeln einer CD-RW in WinOnCD

Die Löschfunktion finden Sie in der Funktionsleiste von WinOnCD (siehe Abbildung 5.28).

Grundsätzliches zum Löschen

Bei der Arbeit mit WinOnCD gibt es zwei Möglichkeiten, die Daten einer CD-RW zu löschen:

Schnelllöschung – Hier wird nur das Inhaltsverzeichnis (Table of Content, TOC) der CD gelöscht. Für WinOnCD sieht die CD anschließend wieder leer aus und kann wieder benutzt werden. Die Daten jedoch werden physikalisch erst mit den nächsten Daten tatsächlich überschrieben.

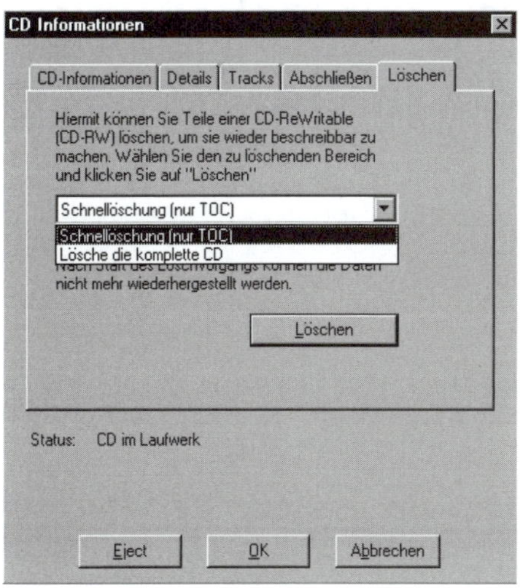

Abbildung 5.29 ▶ Löschen einer CD-RW in WinOnCD

Komplettlöschung – Die gesamte CD wird gelöscht, samt Inhaltsverzeichnis und Daten. Daher dauert dieser Vorgang ca. 40 Minuten.

Nicht möglich ist in WinOnCD das Löschen einzelner Dateien von der CD. Dazu sind nur Programme wie z. B. DirectCD in der Lage (siehe Kapitel *Brennen mittels Drag & Drop*).

Legen Sie die CD-RW in den Brenner ein, deren Daten gelöscht werden sollen. Starten Sie WinOnCD und klicken Sie auf die Schaltfläche *CD-RW löschen* in der Funktionsleiste.

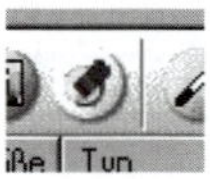

Abbildung 5.30 ▶ Der CD-RW-Lösch-Button in WinOnCD

Nachdem die Funktion aufgerufen wurde, stellen Sie ein, welche Art von Löschung (Schnelllöschung oder Komplettlöschung) Sie durchführen möchten. Das Ergebnis ist bei beiden Arten gleich: Nach der Löschung sind die Daten unwiderruflich verloren. Bei der Schnelllöschung wird zwar lediglich das Inhaltsverzeichnis (TOC) gelöscht, aber dadurch ist der Zugang auf die Daten dann auch nicht mehr möglich.

Löschen einer Datei von der CD

Um eine oder mehrere Dateien von der CD-RW zu löschen, gibt es mehrere Wege. Auf jeden Fall ist es nicht so einfach wie das Löschen einer Datei von der Festplatte oder Diskette. Es bleibt Ihnen nur die folgende Möglichkeit:

- Sie kopieren den Inhalt der CD auf die Festplatte und löschen dort die Dateien, die Sie von der CD entfernen wollen
- Sie löschen die CD komplett
- Sie brennen die Daten wieder zurück auf die CD

Kapitel 6
Die Musik-CD

Als 1980 die ersten CDs auf den Markt kamen, waren es Audio-CDs oder auch CD-DAs (Compact Disc Digital Audio) genannt. Erst später, als das Erstellen von CDs einfacher und billiger wurde, kamen die CD-ROMs auf den Markt. Und als auch diese Technik ausgereift war, folgten die CD-Rs und CD-RWs. Damit gab es die Möglichkeit, sich von Audio-CDs Kopien zu machen oder sich eigene Musik-CDs zu brennen.

Folgende Aufgaben werden in diesem Kapitel mit WinOnCD/Easy CD Creator durchgeführt:

- Duplizieren einer Musik-CD mit Assistent
- Duplizieren einer Musik-CD ohne Assistent
- Zusammenstellen von Musiktiteln
- Brennen der CD
- MP3- und WAV-Dateien erklären

Bedenken und beachten Sie aber beim Erstellen von Musik-CDs immer das Copyright des Interpreten (mehr dazu im Kapitel *Vorarbeiten zum Brennen*).

Besonderheiten einer Musik-CD

Eine Musik- oder Audio-CD enthält Musikstücke, die sich grundsätzlich auf einem CD-Player abspielen lassen. Als es dann für PCs CD-ROM-Laufwerke gab, konnten auch die Audio-CDs auf dem PC abgespielt werden. Viel mehr als das Abspielen war aber nicht möglich; lediglich Programme zur Erstellung von WAV-Dateien gestatteten die Aufnahme bzw. Veränderung der Musikstücke. Aber die Dateien wurden riesig groß und der Festplattenplatz war recht teuer. Mit dem Aufkommen von CD-Brennern und der vermehrten Verbreitung des Internets kam das Platz sparende Format MP3 dazu.

Erst mit den CD-Brennern und der Brennersoftware gibt es die Möglichkeit, ganze CDs zu kopieren. Auch eigene CDs aus einzelnen Titeln mehrerer CDs lassen sich so zusammenstellen.

Zum Erstellen von Audio-CDs können CD-Rs und auch CD-RWs verwendet werden, aber beachten Sie, dass CD-Player nicht in der Lage sind, CD-RWs abzuspielen.

Um ganz sicher zu gehen, dass keine Lese- und Schreibfehler auftreten, sollten Sie die Schreibgeschwindigkeit nicht auf den maximalen Wert einstellen.

Sie finden als Einstellung der Geschwindigkeit häufig den Wert, den das Gerät auch maximal unterstützt. Durch das Herabsetzen der Geschwindigkeit dauert der Brennvorgang natürlich länger.

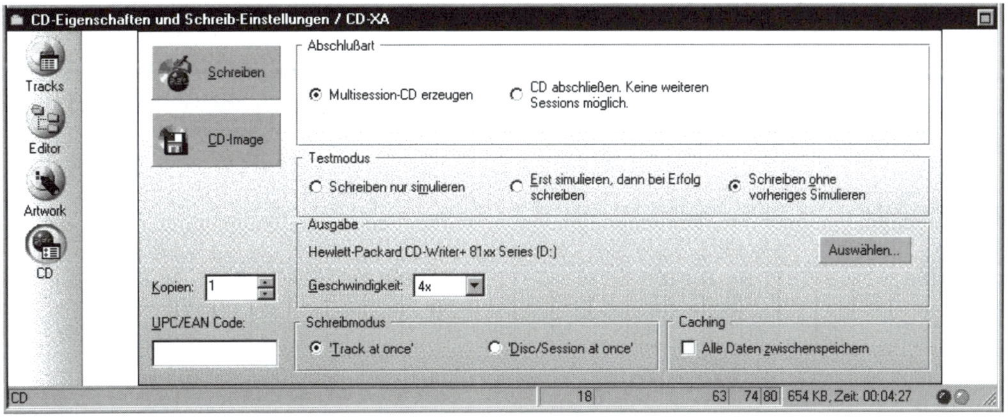

Abbildung 6.1 ▶ Einstellen der Geschwindigkeit für den Brennvorgang

Nach dem Einlegen einer Musik-CD in das CD-ROM-Laufwerk wird sofort der CD-Player im PC gestartet und dieser beginnt sofort mit der Wiedergabe. Dies ist für das Brennen sehr hinderlich und störend.

So deaktivieren Sie die automatische Wiedergabe:

- Doppelklicken Sie auf das Symbol *Arbeitsplatz*.
- Klicken Sie im Menü *Ansicht* auf *Ordneroptionen* und dann auf die Registerkarte *Dateitypen*.
- Klicken Sie auf *Audio-CD* und dann auf *Bearbeiten*.
- Klicken Sie unter *Vorgänge* auf *Wiedergeben* und dann auf *Als Standard*.

Sie können die automatische Wiedergabe vorübergehend deaktivieren, indem Sie die ⇧-Taste drücken, während Sie eine Audio-CD einlegen.

Track at Once oder Disc at Once

Audio-CDs lassen sich auf zwei Arten herstellen. Eine Art ist Disc at Once, bei der alle zu brennenden Daten in einem Durchgang auf die CD geschrieben werden. So lässt sich eine komplette CD kopieren oder es können mehrere Titel oder Tracks von der Festplatte auf die CD gebrannt werden.

Mittels CD-Copy kann nur eine komplette CD dupliziert werden. Möchten Sie aber mehrere Titel/Tracks von unterschiedlichen CDs auf eine CD brennen, ohne diese auf der Festplatte zwischenzuspeichern, müssen Sie nach der Track at Once-Methode arbeiten.

Bei der Track at Once-Methode werden zwischen den einzelnen Tracks Pausen eingebaut, die beim Abspielen der CD auf dem CD-Player u.U. als Knackgeräusche zu hören sind. Trotzdem ist dieser Modus flexibler als Disc at Once, da die Quell-CD gewechselt werden kann und die CD sich in mehreren Schritten brennen lässt. Erst am Schluss ist die CD abzuschließen, kann aber vorher nicht von einem CD-Player gelesen werden.

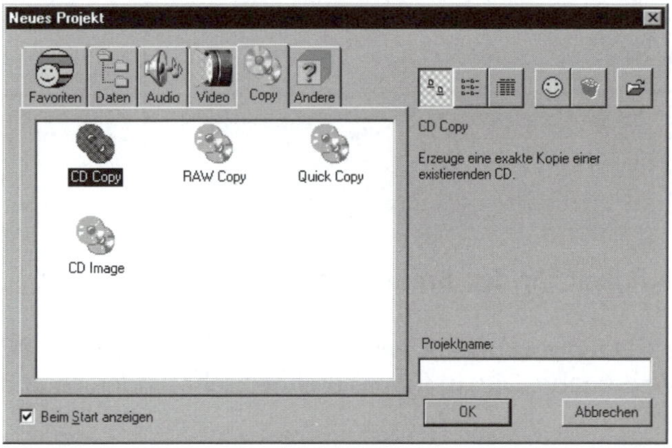

Abbildung 6.2 ▶ Kopieren einer kompletten CD-DA (Audio- oder Musik-CD)

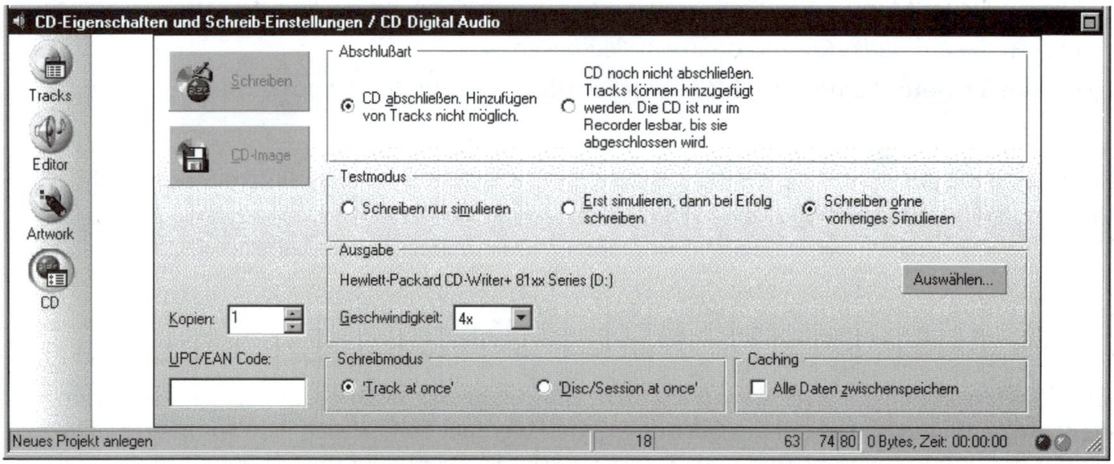

Abbildung 6.3 ▶ Die Wahl des Schreibmodus

Im unteren Teil des Einstellungsfensters (*Abbildung 6.3*) sehen Sie die Möglichkeit zur Einstellung des Schreibmodus. Dabei wählen Sie zwischen *Track* oder *Disc/Session at Once*.

Duplizieren einer Musik-CD mit dem Assistent

Sie können sich das Brennen erleichtern, indem Sie sich von einem Assistent helfen lassen, wobei der Assistent natürlich nur eine Funktion des Brennprogramms ist. Mit dieser Hilfe lassen sich lange und komplizierte Vorgänge durchführen, ohne dabei auch nur einen Schritt auszulassen bzw. Fehler bei der CD-Erstellung zu machen. Dabei nimmt der Assistent Ihnen die Arbeit nicht ab, sondern gibt nur Hilfestellung durch Texte oder Hinweise auf dem Bildschirm.

Der Brennvorgang lässt sich verkürzen, wenn Sie einen schnellen Rechner verwenden und sich neben dem CD-ROM- auch noch ein CD-Brenner im Rechnergehäuse befindet.

Duplizieren mit WinOnCD

Beim Duplizieren einer CD in WinOnCD ist es egal, ob Sie eine Musik-CD oder eine Daten-CD kopieren möchten. Für beide Fälle wird die Funktion *CD-Copy* verwendet. Diesen Vorgang können Sie im Kapitel *Die Daten-CD* nachlesen.

Kopieren mit Easy CD Creator

Auch in Easy CD Creator ist das Duplizieren einer kompletten CD so einfach, dass kein Assistent notwendig ist. Daher verzichten wir hier auf nähere Angaben. Wenn doch Fragen auftauchen, kann die Online-Hilfe (erreichbar über den Menüpunkt *Hilfe*) weiterhelfen.

Duplizieren einer Musik-CD ohne Assistent

Auch ohne den Assistent lässt sich mit ein wenig Übung und Praxis eine CD kopieren. Meist spart dies gegenüber der Arbeit mit dem Assistenten auch noch Zeit.

Kopieren mit WinOnCD

Über *Datei>Neu* starten Sie den Kopiervorgang.

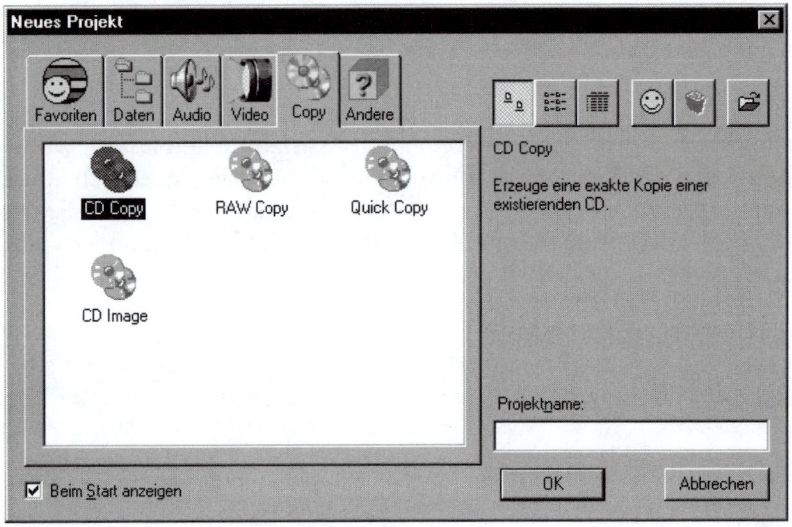

Abbildung 6.4 ▶ Start des Kopierens einer Musik-CD

Zum Start ist nicht der Menüpunkt *Audio*, sondern der Menüpunkt *Copy* auszuwählen, denn es soll ja eine komplette CD kopiert werden. Der weitere Vorgang entspricht dem des Kopierens einer Daten-CD (siehe Kapitel *Die Daten-CD*).

Kopieren mittels CD Easy Creator

Das Programm Easy CD Creator hat einige Funktionen wie z.B. das Kopieren einer kompletten CD aus dem eigentlichen Brennprogramm ausgelagert und bietet hierzu ein eigenes Programm an, das Sie im Startmenü finden: *Start>Programme>Adaptec>Eigenschaften.*

Beim Kopieren einer Audio- und Daten-CD gibt es auch in Easy CD Creator keinen Unterscheid. Daher entnehmen Sie weitere Infos hierzu dem Kapitel *Die Daten-CD*.

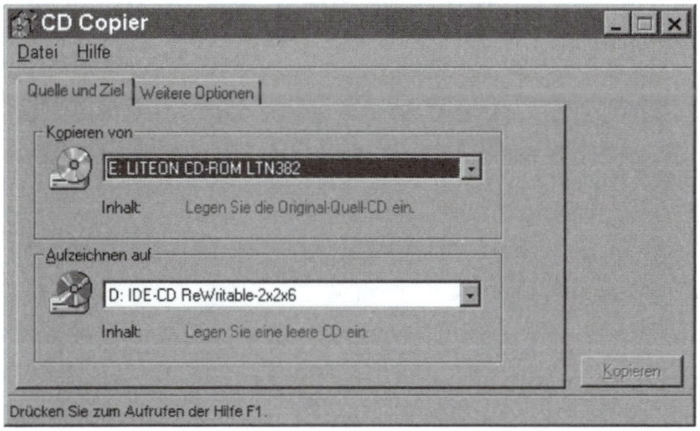

Abbildung 6.5 ▶ **Kopieren einer kompletten CD mit Easy CD Creator**

Zusammenstellung von Musiktiteln für eine CD

Wenn Sie Musiktitel von einer oder mehreren CDs auf eine CD brennen möchten, dann kann das mit WinOnCD und mit Easy CD Creator in einem Schritt durchgeführt erfolgen.

Legen Sie die erste Audio-CD ein, von der Sie einen oder mehrere Titel übernehmen möchten. Dann starten Sie WinOnCD und wählen im linken oberen Fenster das CD-ROM-Laufwerk aus, in dem sich die Audio-CD befindet.

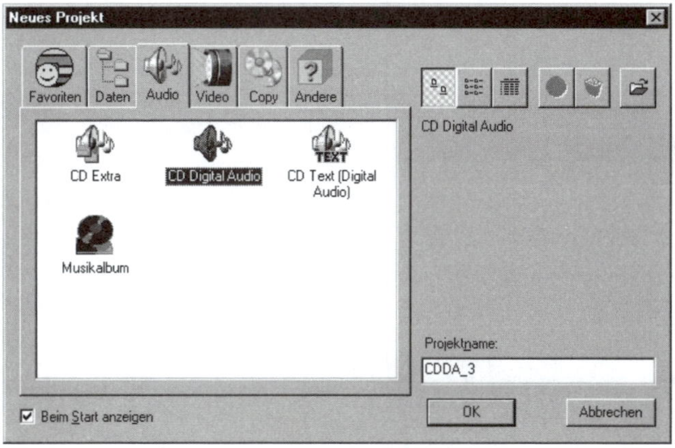

Abbildung 6.6 ▶ **Start des Zusammenstellens einer Audio-CD**

Starten Sie den Vorgang über *Datei>Neu* und wählen Sie den Menüpunkt *Audio* und anschließend das *Icon CD Digital Audio* aus.

Anschließend sehen Sie den Hauptbildschirm von WinOnCD mit der Anzeige der eingelegten Audio-CD im oberen Teil. Sollte WinOnCD die eingelegte Musik-CD noch nicht kennen, erhalten Sie eine Meldung, die Sie aber ignorieren können.

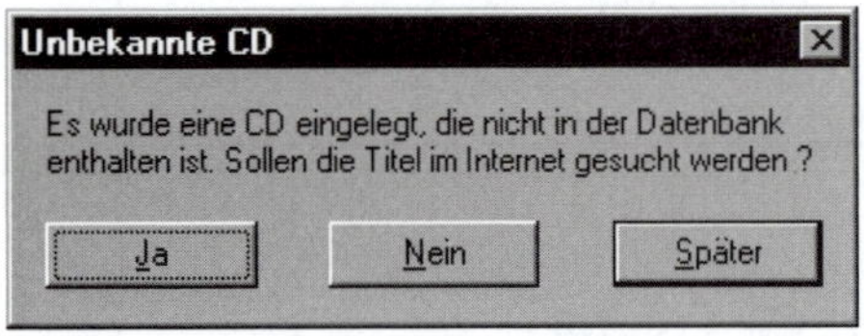

Abbildung 6.7 ▶ Speicherung der Audio-CD-Daten durch WinOnCD

WinOnCD kann die Daten einer Musik-CD (Titel, etc.) und der einzelnen Titel im Internet suchen und anschließend ablegen und benutzen. Wenn Sie dies nicht wünschen, erhalten die Titel automatisch durch WinOnCD eindeutige Namen, z.B. Track 1. Das Suchen im Internet kann natürlich abgelehnt werden.

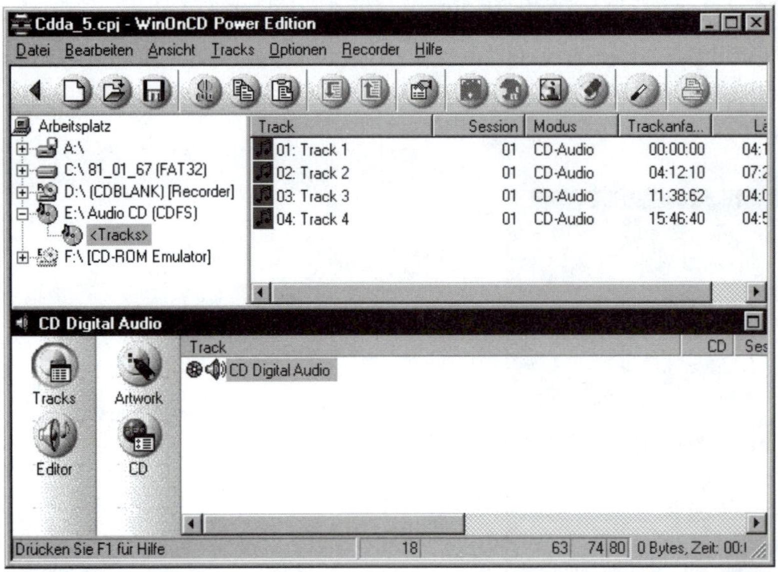

Abbildung 6.8 ▶ WinOnCD ist gestartet und hat bereits alle Tracks der Audio-CD eingelesen

Durch Rechtsklick auf den einzelnen Eintrag im unteren rechten Fenster lassen sich die Eigenschaften wie z.B. der Name des Titels anzeigen und verändern.

Falls die Tracks nicht im oberen rechten Fenster zu sehen sind, klicken Sie doppelt auf den Eintrag des CD-ROM-Laufwerks. Wenn dann der Begriff Tracks erscheint, klicken Sie doppelt auf diesen Eintrag. Anschließend liest WinOnCD alle Tracks der Audio-CD ein und zeigt sie im rechten Fenster (wie in der *Abbildung 6.8*).

Nun ziehen Sie per Drag & Drop die gewünschten Titel/Tracks in das untere Fenster. Auf diese Art und Weise kopieren Sie alle gewünschten Tracks ins untere Fenster, wobei hierbei aber lediglich das zukünftige Inhaltsverzeichnis entsteht und noch kein Musikstück kopiert wird. Sollen nun weitere Titel einer anderen Audio-CD kopiert werden, wechseln Sie einfach die Musik-CD. Anschließend klicken Sie wieder den Eintrag *Tracks* im oberen linken Fenster doppelt an, damit alle Tracks dieser zweiten Musik-CD eingelesen und angezeigt werden.

Auch von dieser CD kopieren Sie per Drag & Drop die gewünschten Titel aus dem oberen Fenster (*Tracks*) in das untere Fenster (*CD Digital Audio*).

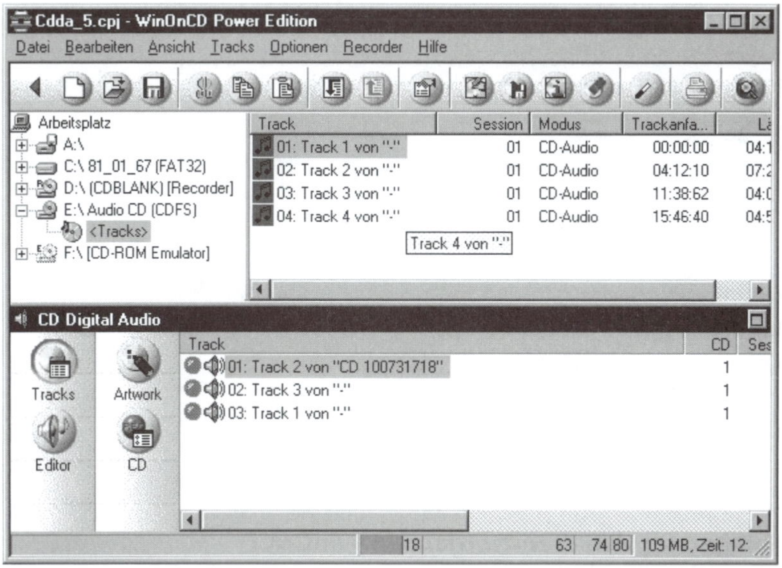

Abbildung 6.9 ▶ **Die Liste der ausgewählten Musiktitel**

In der Liste der *Abbildung 6.9* sehen Sie die ausgewählten Titel, wobei Sie auch erkennen können, dass sie von unterschiedlichen Musik-CDs stammen (unterschiedliche Nummern/Namen).

Wenn Sie nun Titel von einer weiteren CD kopieren möchten, wiederholen Sie den Vorgang.

Bevor Sie die neue CD brennen können, sollten Sie noch die Einstellungen kontrollieren (siehe folgender Absatz).

Benötigen Sie mehr als eine Kopie, lassen WinOnCD und Easy CD Creator die Erstellung von mehr als einer Kopie zu (*Brennoptionen*).

Erstellen einer Musik-CD mit WinOnCD

Haben Sie alle gewünschten Titel von einer oder mehreren Audio-CDs ausgewählt und im unteren Teil von WinOnCD im Layoutfenster abgelegt, kann der eigentliche Brennvorgang eingeleitet werden. Zuvor jedoch können Sie die dazu notwendigen Einstellungen anpassen oder kontrollieren.

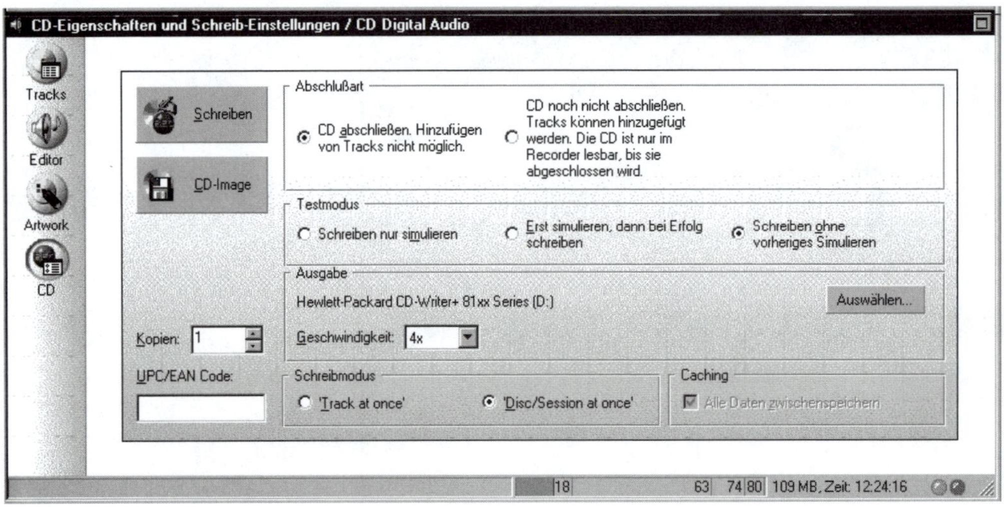

Abbildung 6.10 ▶ Die Einstellungen für den Brennvorgang in WinOnCD

Über die Schaltfläche *CD* (siehe *Abbildung 6.10*) rufen Sie das Fenster zur Kontrolle der Einstellungen auf.

Folgende Einstellungen sind vorhanden:

- Abschlussart
- Testmodus
- Ausgabe
- Schreibmodus
- Anzahl Kopien

Mit der Abschlussart legen Sie fest, ob die CD abgeschlossen oder noch für weitere Schreibvorgänge geöffnet bleiben soll. Weiter können Sie bestimmen, ob simuliert, sofort gebrannt oder beides gleichzeitig durchgeführt werden soll. Die dritte wichtige Einstellung legt die Brenngeschwindigkeit fest, wobei diese lediglich verändert und herabgesetzt werden muss, wenn es bei vorherigen Brennvorgängen zu Abbrüchen kam.

Der Schreibmodus ist bereits auf *Disc/Session at Once* gestellt und sollte auch so bleiben. Andernfalls laufen Sie Gefahr, dass zwischen den einzelnen Musikstücken Pausen eingelegt werden.

Nachdem Sie die Einstellungen kontrolliert oder angepasst haben, können Sie den Brennvorgang starten, indem Sie die Schaltfläche *Schreiben* (*Abbildung 6.10*) anklicken. Falls Sie Titel von unterschiedlichen Audio-CDs verwenden, müssen Sie nach Aufforderung die entsprechende Audio-CD einlegen.

Abbildung 6.11 ▶ Aufforderung zum Einlegen einer Audio-CD

Nun wird die CD gebrannt und nach Fertigstellung öffnet das Programm die Lade des Brenners automatisch.

Damit haben Sie nun eine neue Audio-CD erstellt, die im CD-ROM-Laufwerk und im CD-Player abgespielt werden kann. Bedenken Sie aber, dass der der CD-Player diese nicht lesen kann, wenn die CD noch nicht geschlossen ist (siehe Abbildung 6.10).

Beachten Sie das Copyright beim Kopieren von Musikstücken (mehr dazu im Kapitel *Vorarbeiten zum Brennen*).

Erstellen einer Musik-CD mit Easy CD Creator

In Easy CD Creator vollzieht sich der Vorgang ähnlich wie in WinOnCD und zur Unterstützung steht hier anstatt eines Assistenten ein CD Guide im Hilfemenü zur Verfügung.

Starten Sie nun das Brennprogramm Easy CD Creator über das Startmenü mit *Start>Programme> Adaptec Easy CD Creator>Create CD.*

Dieses kleine Auswahlprogramm (*Abbildung 6.12*) dient lediglich als Vorprogramm und ruft selbst erst das eigentliche Brennprogramm auf. Wenn Sie es sofort starten möchten, finden Sie es über den Weg *Start>Programme>Adaptec Easy CD Creator>Eigenschaften>Easy CD Creator.*

Abbildung 6.12 ▶ Auswahl der zu bearbeitenden Art

Rufen Sie das Programm direkt auf, müssen Sie noch entscheiden, welche Art von CD Sie erstellen möchten. Dies erreichen Sie über den folgenden Weg:

Datei>Neues CD-Layout

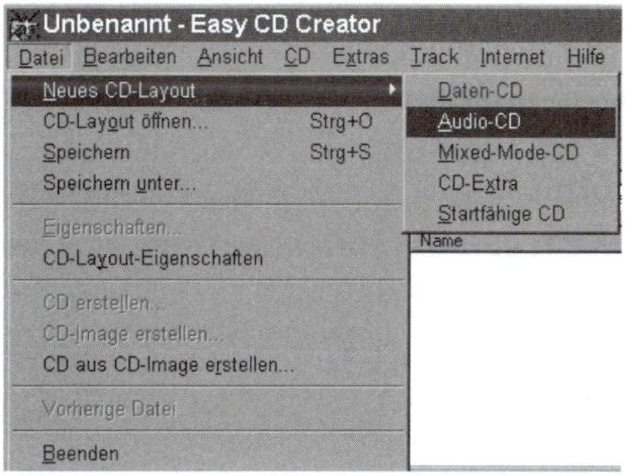

Abbildung 6.13 ▶ Auswahl der zu brennenden CD-Art

Da in diesem Beispiel eine Audio-CD zusammengestellt und gebrannt werden soll, ist der Menüpunkt *Audio-CD* auszuwählen.

Abbildung 6.14 ▶ Der Hauptbildschirm von Easy CD Creator

Nach der Auswahl der CD-Art sehen Sie in der *Abbildung 6.14* bereits die einzelnen Titel einer Musik-CD, weil sich die CD bereits beim Start des Programms im Laufwerk befand.

Nun sind die Musikstücke auszuwählen, die auf die neue CD gebrannt werden sollen. Dazu klicken Sie doppelt auf das CD-Laufwerk, in dem sich die Audio-CD mit den zu kopierenden Titeln befindet, falls noch nicht geschehen und Sie die einzelnen Musiktitel noch nicht im oberen rechten Fenster sehen.

Nachdem alle Tracks der Musik-CD eingelesen und im oberen Fenster angezeigt wurden, können Sie die den oder die gewünschten Titel über Drag & Drop in das Layout-Fenster (unten rechts) ziehen.

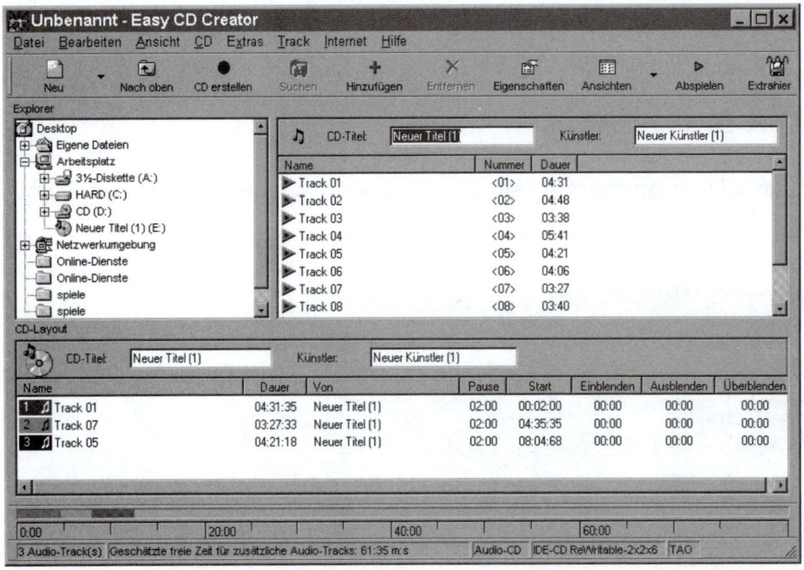

Abbildung 6.15 ▶ Einlesen aller Musiktitel der eingelegten Musik-CD

Wenn Sie noch weitere Titel einer anderen CD verwenden möchten, so wechseln Sie einfach die eingelegte Musik-CD gegen eine andere aus und wiederholen Sie den obigen Vorgang.

Im unteren Teil der *Abbildung 6.15* sehen Sie neben den ausgewählten Titeln auch die aktuelle Belegung, wobei jeder Titel mit einer anderen Farbe dargestellt wird. Auch haben Sie hier noch die Möglichkeit, sich einzelnen Titel anzuhören. Dies kann durch einen Doppelklick auf den gewünschten Eintrag geschehen.

Nach Übernahme der gewünschten Musiktitel in das Layoutfenster kann der Brennvorgang gestartet werden.

Durch Klick auf die Schaltfläche *CD erstellen* in der Funktionsleiste wird der Brennvorgang gestartet. Bevor dieser jedoch beginnt, sollten Sie die Einstellungen noch überprüfen und ggf. anpassen.

Abbildung 6.16 ▶ Abspielen eines Titels

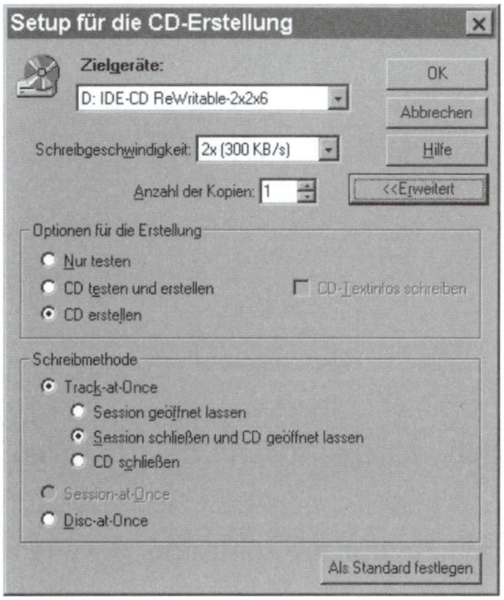

Abbildung 6.17 ▶ Einstellen der Brenneigenschaften

Neben der Auswahl des Brenners können Sie noch Einstellungen für den Brennvorgang und die Schreibmethode verändern.

Nur testen – Hierbei wird geprüft, ob das Brennen der CD möglich ist. Dazu wird so getan, als ob die Daten auf die CD gebrannt werden, wobei aber der Laser abgeschaltet ist. Ansonsten läuft der Vorgang genauso ab wie beim späteren Brennvorgang. Diese Option ist nur durchzuführen, wenn Sie zuvor die Konfiguration des Brenners verändert haben oder wenn Fehler aufgetreten sind.

CD testen und anlegen – Diese Option sollten Sie wählen, wenn Sie sich nicht ganz sicher sind, ob alles mit der Konfiguration in Ordnung ist. Zuerst wird der Brennvorgang simuliert. Erst wenn dieser Vorgang ohne Probleme durchläuft, wird der Brennvorgang automatisch gestartet. Andernfalls bricht das Programm den Vorgang nach dem Simulieren ab.

CD anlegen – Wählen Sie diese Option, wenn Sie zuvor schon den Simulationsvorgang durchgeführt oder aber vorher schon erfolgreich CDs gebrannt haben.

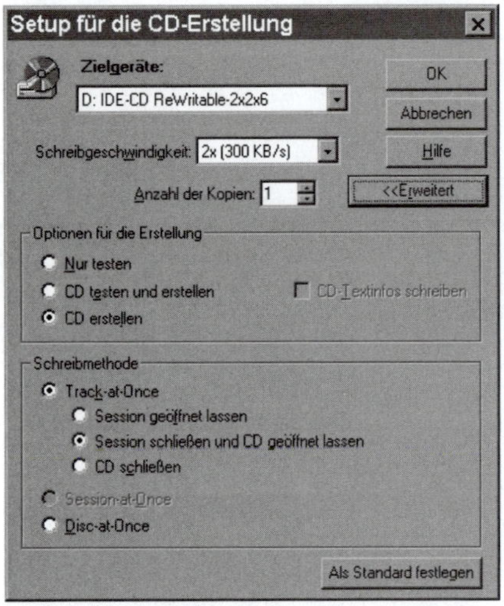

Abbildung 6.18 ▶ Abschlusseinstellungen festlegen

Da die CD nicht komplett kopiert wird und später vielleicht noch weitere Titel auf die CD sollen, wird die Einstellung *Track at Once* gewählt.

Eine wichtige Entscheidung ist der Abschlussmodus. Hierbei legen Sie fest, ob später noch weitere Titel auf die CD gebrannt werden sollen oder nicht.

CD schließen – Hiermit schließen Sie die CD. Anschließend können Sie keine weiteren Musiktitel mehr auf diese CD kopieren. Dafür ist die CD aber auf CD-Playern lesbar.

Durch Klick auf die *OK*-Schaltfläche startet der Brennvorgang.

Die CD wird nun erstellt und der Vorgang lässt sich auf der Anzeige verfolgen. Falls Sie Daten von unterschiedlichen CDs ausgewählt haben, werden Sie aufgefordert, die entsprechende Musik-CD einzulegen.

Befindet sich in Ihrem Rechner neben dem CD-Brenner kein CD-ROM-Laufwerk, fordert das Brennprogramm Sie auf, die Musik-CD gegen einen Rohling auszutauschen.

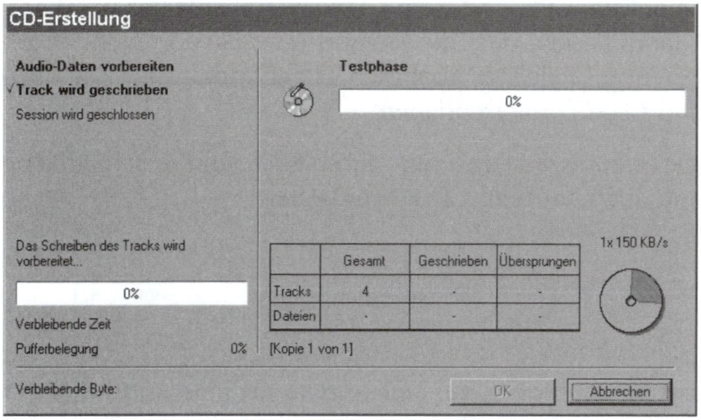

Abbildung 6.19 ▶ **Der Brennvorgang beginnt**

Mit einem CD-ROM- und CD-Brenner in einem Rechner lässt sich einfacher und schneller arbeiten. Heutige Rechner lassen einen derartigen Einbau und Betrieb ohne Probleme zu.

Wechseln Sie auf keinen Fall die CD unaufgefordert, denn dies führt zum Abbruch des Brennvorgangs und der Rohling ist eventuell unbrauchbar.

Wenn alle Daten auf die CD gebrannt sind, ist der Vorgang abgeschlossen und die Lade des Brenners wird geöffnet. Nun kann die CD entnommen werden.

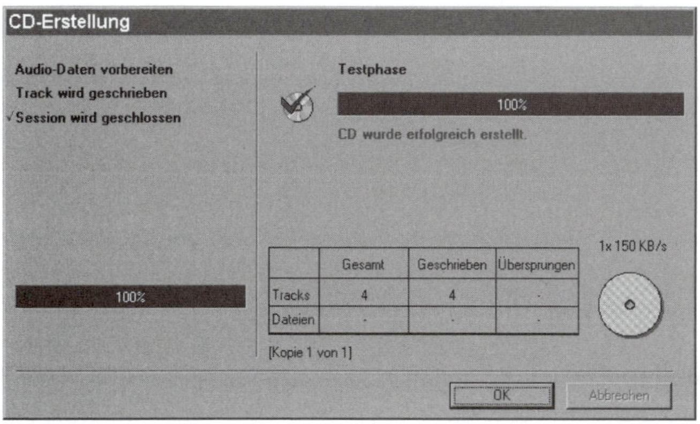

Abbildung 6.20 ▶ **Der Brennvorgang ist abgeschlossen**

Damit haben Sie eine Audio-CD erstellt, die auf dem PC und dem CD-Player abspielbar ist. Wenn sie nicht auf dem CD-Player läuft, kann es daran liegen, dass die Sitzung oder Session nicht abgeschlossen ist. In diesem Fall können Sie die Sitzung schließen, aber die CD geöffnet lassen. Die dazu notwendigen Funktionen finden Sie im Menü *CD>CD-Informationen.*

Die Daten der CD werden eingelesen und die Sitzung lässt sich nun durch Klick auf die Schaltfläche *Session schließen* schließen. Damit ist sie dann auch auf dem CD-Player lesbar.

Eine Musik-CD mit Profi CD Brenner erstellen

Neben der 1:1-Kopie einer Audio-CD können Sie auch noch auf eine andere Art eine Audio-CD mit Profi CD Brenner erstellen. So lassen sich ein oder mehrere Titel einer Musik-CD für den Brennvorgang auswählen. Und wenn Sie dann noch Titel einer zweiten oder dritten Musik-CD auf die neue CD kopieren möchten, geht das auch.

Zuerst benötigen Sie eine virtuelle CD, die Sie per Rechtsklick auf dem Desktop erstellen. Hierbei handelt es sich um einen bestimmten Bereich auf Ihrer Festplatte, in dem die Daten gesammelt werden, bevor sie auf die CD gebrannt werden. Den Zeitpunkt des Brennens legen Sie auf jeden Fall fest. Auch wenn Sie über einen Brenner und ein CD-ROM-Laufwerk in Ihrem Rechner verfügen, werden die Daten trotzdem auf der virtuellen CD auf der Festplatte abgelegt.

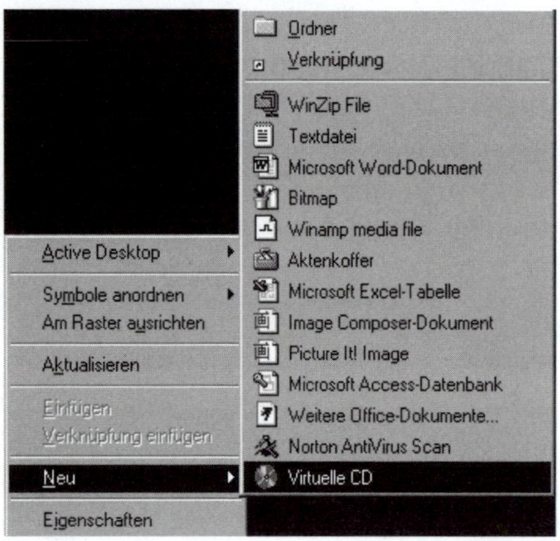

Abbildung 6.21 ▶ Erstellung einer virtuellen CD

Über die Funktionen *Neu>Virtuelle CD* erstellen Sie die virtuelle CD auf Ihrem Rechner bzw. auf dem Desktop. Diese Funktion wird durch einen Rechtsklick auf eine freie Stelle des Desktops aufgerufen. Nach dem Rechtsklick erhalten Sie ein Kontextmenü mit der Funktion *Neu*.

Abbildung 6.22 ▶ Die virtuelle CD auf dem Desktop

Nach dem Aufruf der Funktion *Neu* erhalten Sie ein weiteres Kontextmenü als Ausgangsbasis zur Erstellung der Audio-CD. Hier finden Sie die gleichnamige Funktion zur Erstellung der virtuellen CD.

Das Anlegen geht sehr schnell, denn es wird nur ein Symbol angelegt. Auf dieses Symbol ziehen Sie später mit der Maus die zu kopierenden Dateien.

Der nächste Schritt zur Erstellung einer Audio-CD erfordert wieder einen Rechtsklick auf das soeben erstellte Symbol der virtuellen CD. Wie unter Windows üblich, erscheint nun wieder ein Kontextmenü mit einer Reihe von Funktionen.

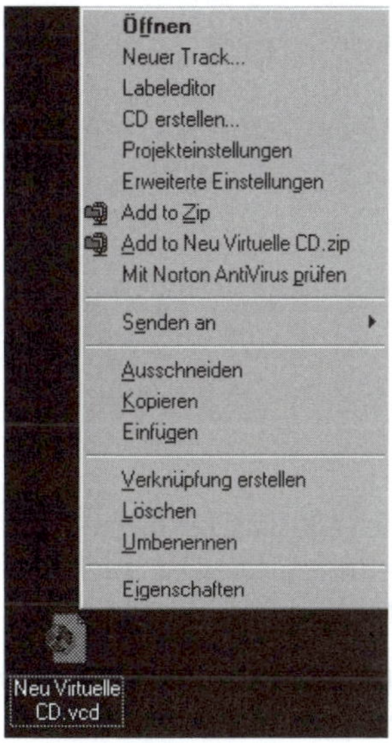

Abbildung 6.23 ▶ Das Kontextmenü der virtuellen CD

Über die Funktion *Neuer Track* startet der Vorgang zur Erstellung einer Audio-CD, wobei die Musikstücke aus unterschiedlichen Quellen stammen können. Zuvor aber werden Sie gefragt, welche Art von Tracks Sie erstellen wollen. In diesem Fall soll eine Audio-CD erstellt werden. Daher ist der Punkt *Audio-Track* auszuwählen.

Der nächste Schritt legt fest, woher die Daten kommen sollen. Dabei ist noch nicht ein Laufwerk oder ein Verzeichnis gemeint, sondern die Art der Quelle.

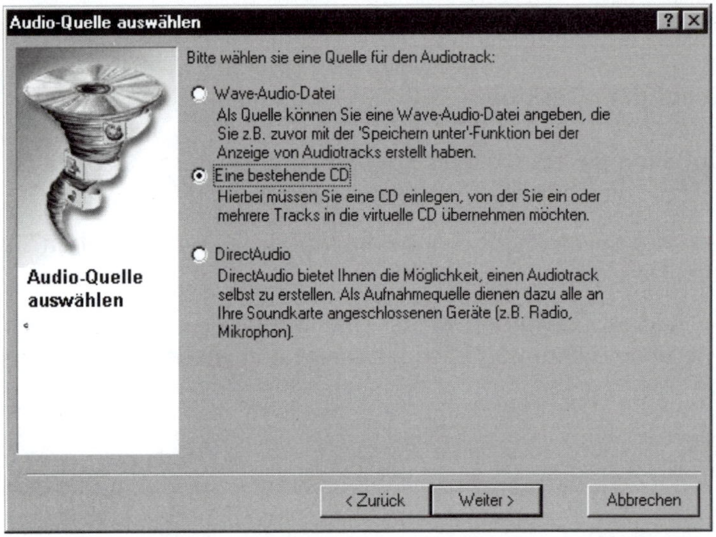

Abbildung 6.24 ▶ Bestimmung der Quelle für die Audio-CD

Musikdaten können Sie aus drei verschiedenen Quellen verwenden:

- WAV-/Audio-Datei: vorhandene WAV-Dateien verwenden
- DirectAudio: Selbsterstellung der Musiktracks
- Eine bestehende CD: Tracks einer Musik-CD verwenden

In dem folgenden Beispiel soll eine Audio-CD mit Titeln einer oder mehrerer Musik-CDs entstehen. Dazu muss das Programm wissen, in welchem Laufwerk sich diese CD befindet. Dies ist auch der Fall, wenn Sie nur ein Laufwerk, nämlich den CD-Brenner, im Rechner betreiben.

Wo oder in welchem Laufwerk sich diese Musik-CD befindet, ist also die nächste Frage. Nachdem Sie das Laufwerk und Verzeichnis bestimmt haben, liest das Programm von diesem CD-Laufwerk die Daten ein und zeigt die Tracks an.

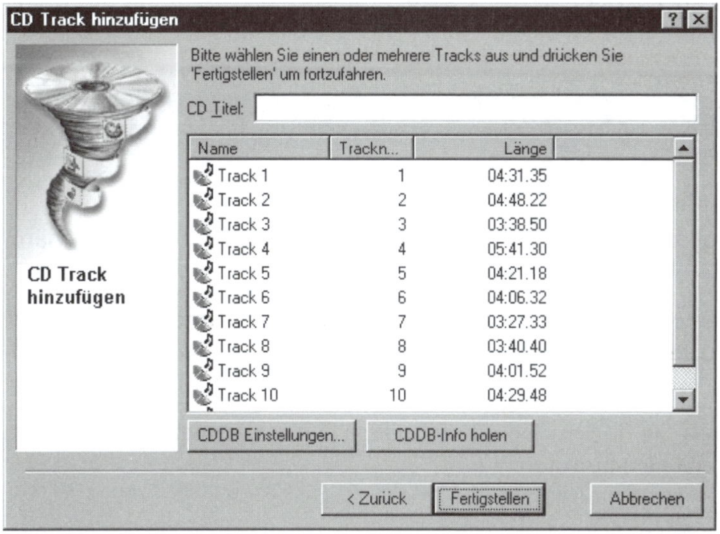

Abbildung 6.25 ▶ Alle Tracks der eingelegten Musik-CD

Wählen Sie den oder die gewünschten Tracks durch Markieren aus und klicken Sie auf die Schaltfläche *Fertig stellen*.

Jetzt werden Sie nach dem Laufwerk bzw. Verzeichnis gefragt, wo die Daten auf der Festplatte zwischengespeichert werden sollen. Anschließend liest das Programm die Daten ein und speichert sie auf der Festplatte als WAV-Datei ab.

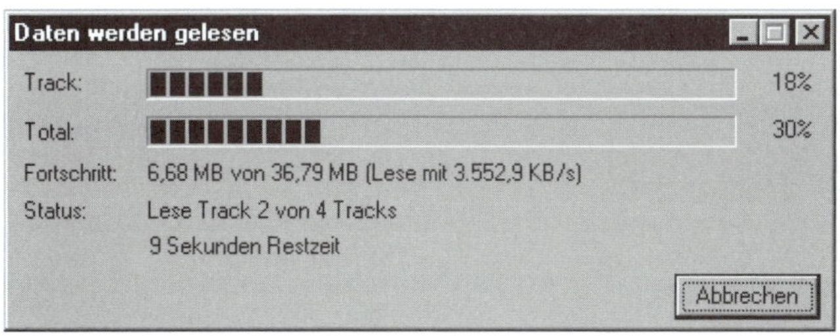

Abbildung 6.26 ▶ Einlesen der Audiodaten von der Quelle, hier eine Musik-CD

Auf diese Weise können Sie weitere Daten hinzufügen, wobei Sie auch zwischendurch die Datenquelle wechseln können. Damit lassen sich auf die zu erstellende CD WAV-Dateien und eigene

Musikstücke ablegen. Stellen Sie aber ausreichend Festplattenplatz zur Verfügung, denn die Tracks verbrauchen sehr viel Platz.

WAV-Dateien belegen mehr Platz als MP3-Musikdateien.

Wenn alle Titel auf der virtuellen CD gesammelt sind, können Sie sich dem nächsten Schritt, nämlich dem Brennen widmen.

Zuvor sollten Sie aber nachsehen, wie viele Tracks sich auf der virtuellen CD befinden. Klicken Sie die virtuelle CD per Rechtsklick an und sehen Sie sich die Eigenschaften und die erweiterten Einstellungen an.

Den eigentlichen Brennvorgang starten Sie, indem Sie die virtuelle CD mit der rechten Maustaste anklicken und dann die Funktion *CD erstellen* aufrufen.

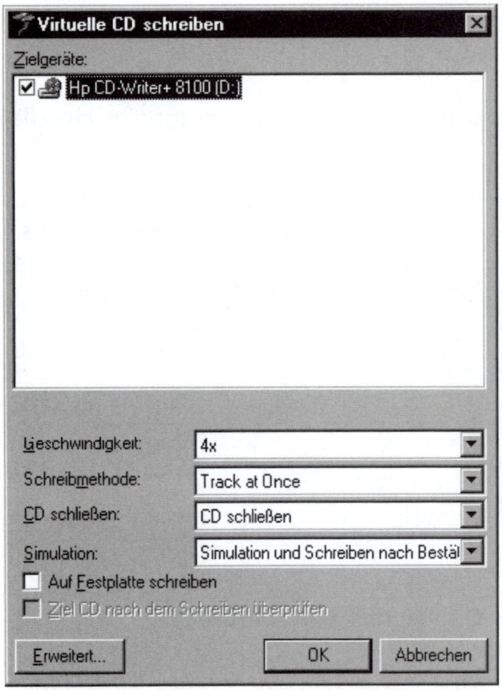

Abbildung 6.27 ▶ Die Einstellungen für den Brennvorgang

Nun haben Sie Gelegenheit, die Einstellungen anzupassen, bevor die Daten auf die CD geschrieben werden. Dabei haben Sie die Wahl zwischen folgenden Einstellungen:

- Die Auswahl des Ziels
- Brenngeschwindigkeit
- Schreibmethode
- Abschlussart
- Testmodus

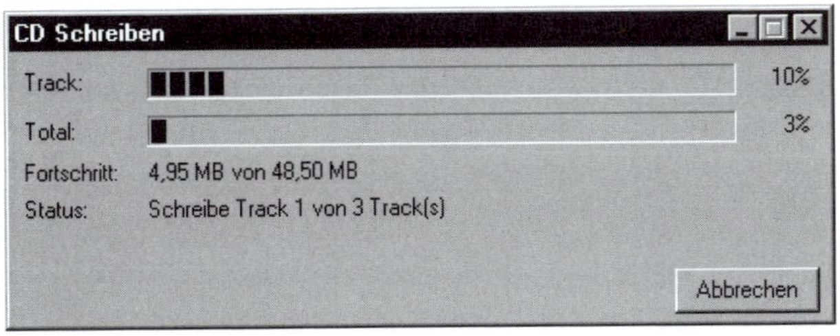

Abbildung 6.28 ▶ Der Brennvorgang läuft

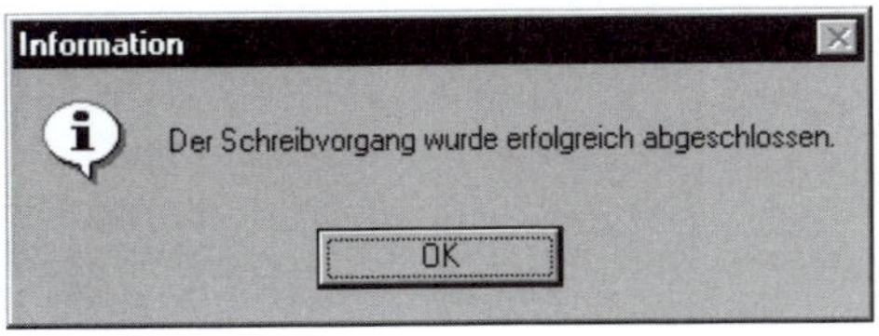

Abbildung 6.29 ▶ Das Ende des Brennvorgangs

Nachdem die Daten auf die CD gebrannt wurden, ist der Vorgang abgeschlossen. Damit ist die Audio-CD erstellt und kann benutzt werden, auch in einem CD-Player.

MP3/WAV-Dateien auf CD brennen

Auf der Audio-CD sind die Musikstücke in Tracks abgelegt. Um sie auf dem PC abzuspeichern und hier auch noch platzsparend abzulegen, müssen sie ins WAV-Format überführt werden. Dieser Vorgang nennt sich auch Digital Audio Extraction.

Bei dem MP3-Format ist es anders, hier sind meist andere Programme nötig, die aus Audio-CD-Tracks oder aus WAV-Dateien MP3-Dateien erstellen können.

Das Programm in der *Abbildung 6.31* erstellt direkt aus den Musik-Tracks der Audio-CD die kleinen MP3-Dateien. Dabei bedient sich aber auch dieses Programm der Zwischenspeicherung der Tracks ins WAV-Format. Erst anschließend macht das Programm daraus die MP3-Dateien. Der Benutzer bekommt von diesem Vorgang wenig mit. Sie sollten aber darauf achten, dass sich nach Abschluss der Umformatierung in dem angegebenen Verzeichnis keine ungewollten WAV-Dateien befinden. Diese sind sehr groß und beanspruchen viel Festplattenplatz.

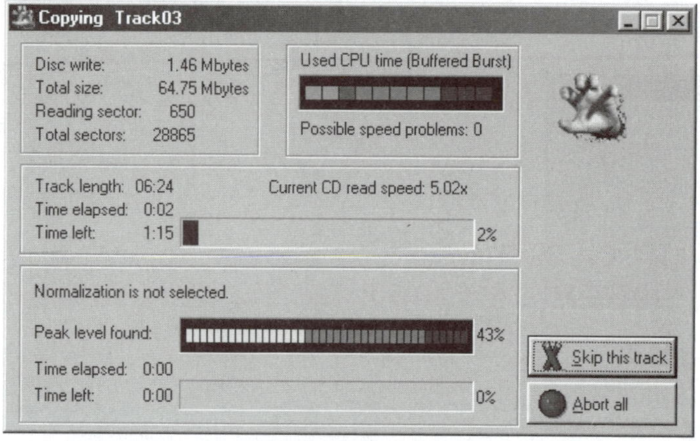

Abbildung 6.30 ▶ Umwandeln eines Musiktitels ins WAV-Format

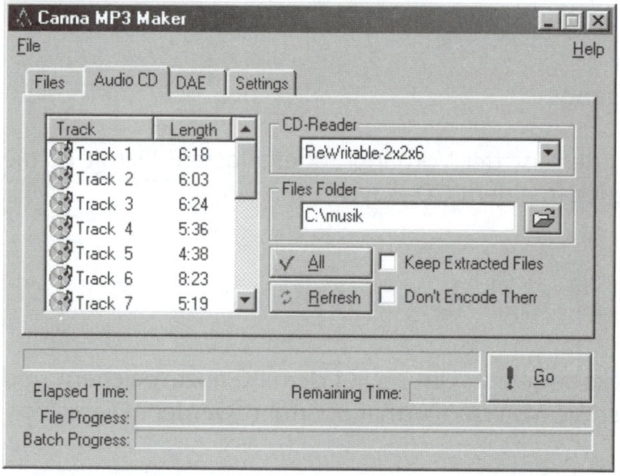

Abbildung 6.31 ▶ Umwandeln von Tracks einer Musik-CD in MP3-Dateien

Wenn Sie nun WAV- oder MP3-Dateien erstellt haben, lassen sich diese wie Datendateien auf eine CD brennen, die dann aber nicht mehr in einem CD-Player lauffähig ist.

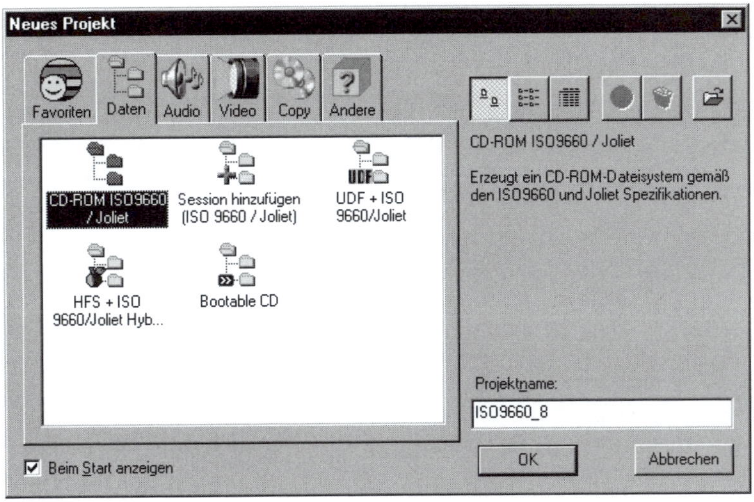

Abbildung 6.32 ▶ Erstellen einer Daten-CD aus Musik-Dateien

Haben Sie MP3-Dateien erstellt, sind diese grundsätzlich nicht auf einem CD-Player abspielbar, es sei denn, Sie haben einen speziellen Player, der auch dieses Format kennt. Solche Player gibt es vereinzelt und sind meist recht teuer.

Bei WAV-Dateien ist es anders. Wenn Sie hier bei der Erstellung einer CD-ROM einige Punkte beachten, ist die CD auch auf einem CD-Player lauffähig. Beim Start des Kopier- und Erstellungsvorgangs ist in diesem Fall die CD-Art Audio-CD auszuwählen.

Ob Sie die richtige Einstellung gewählt haben, erkennen Sie auch daran, dass sich im unteren Fenster von z.B. WinOnCD der Hinweis auf die Audio-CD befindet (*Abbildung 6.34*), wenn Sie die Ansicht *Tracks* gewählt haben.

Nun brauchen Sie nur noch im oberen Teil von WinOnCD (*Abbildung 6.34*) die WAV-Dateien auf der Festplatte oder auf einem CD-ROM-Laufwerk suchen und ins Layout-Fenster zu ziehen.

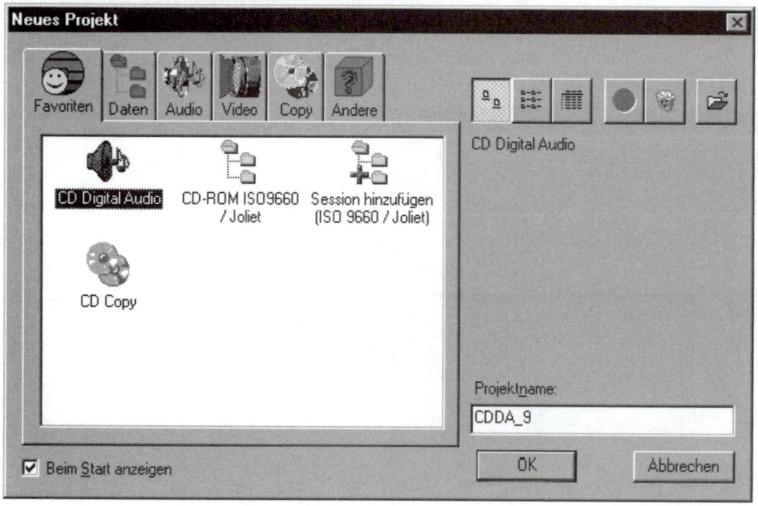

Abbildung 6.33 ▶ Erstellung einer Audio-CD aus WAV-Dateien

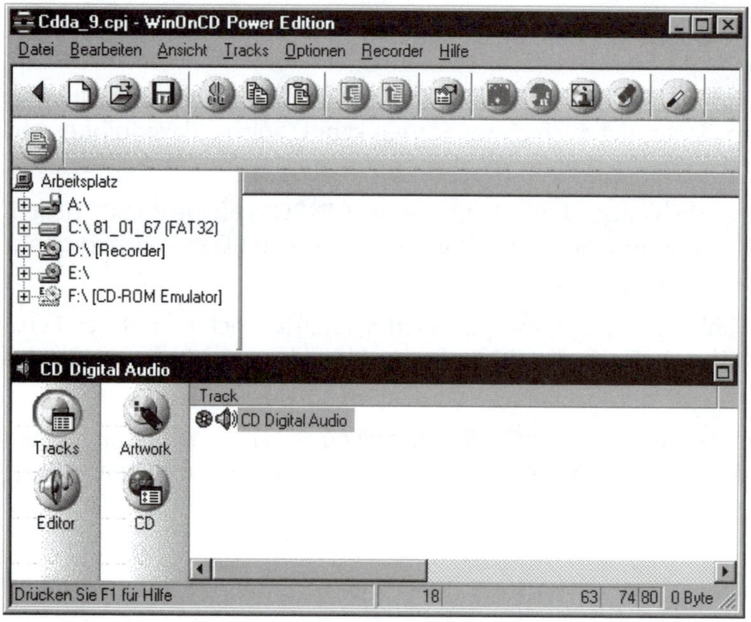

Abbildung 6.34 ▶ Start der Erstellung einer Audio-CD

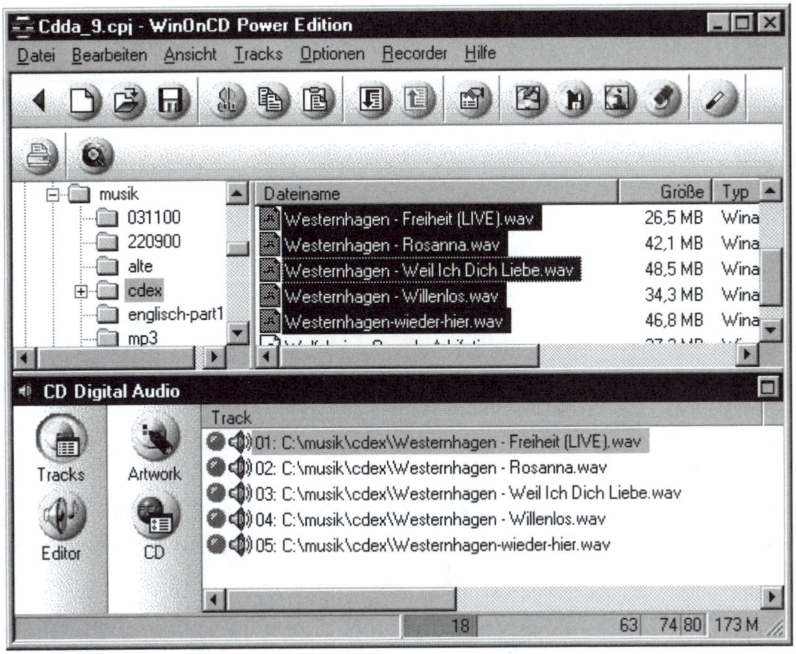

Abbildung 6.35 ▶ Anzeige des Layouts der zu erstellenden Audio-CD

Haben Sie alle zu brennenden Titel ins Layout übernommen, kann der Brennvorgang gestartet werden. Beachten Sie, dass in den Einstellungen festgelegt ist, dass die CD geschlossen werden soll.

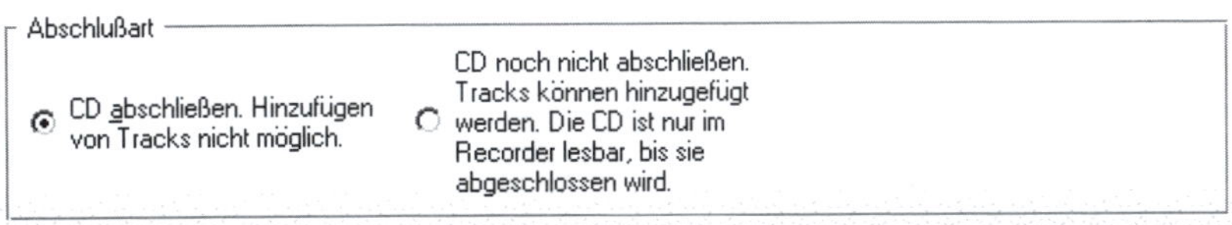

Abbildung 6.36 ▶ Einstellung *CD schließen* in WinOnCD

Sollte die CD nicht geschlossen werden, ist sie auf einem CD-Player auch nicht abspielbar.

Wenn Sie sich die CD mit dem Explorer oder in WinOnCD ansehen, dann werden Sie sehen, dass die WAV-Dateien auch als Tracks dargestellt werden.

Abbildung 6.37 ▶ Der MP3-Player Winamp

Mit einem Rechtsklick in die Kopfzeile von Winamp erreichen Sie ein Kontextmenü, in dem Sie den Menüpunkt *Options* finden. Wenn Sie diesen Menüpunkt anklicken, erhalten Sie ein weiteres Fenster, in dem Sie die Funktion *Preferences* sehen und aufrufen können.

In dem *Preferences*-Fenster finden Sie unter dem Punkt *Plug-Ins* den Menüpunkt *Output*. Nach dem Anklicken dieses Punkts sehen Sie im rechten Fenster einige Plug-Ins, wobei Sie den *Disk-Writer* auswählen müssen, wenn Sie aus den geladenen Musik-MP3-Dateien WAV-Dateien machen möchten.

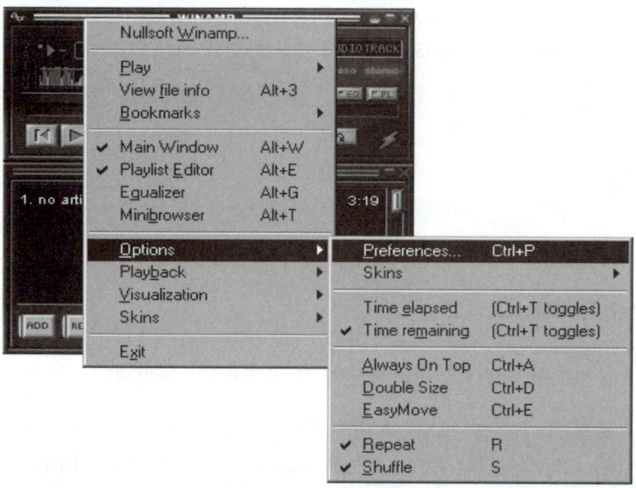

Abbildung 6.38 ▶ Die Einstellungen in Winamp

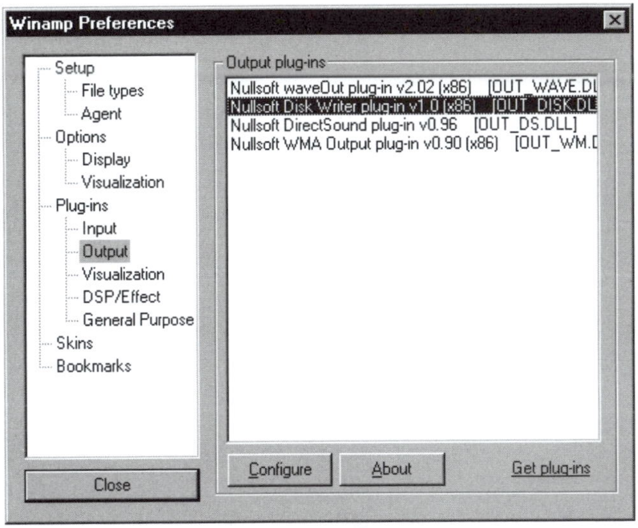

Abbildung 6.39 ▶ **Auswählen von Plug-Ins in Winamp**

Bedenken Sie, dass Sie diese Einstellung wieder zurückstellen müssen, damit Winamp wieder Musikdateien abspielen können soll.

Wollen Sie eine reine MP3-CD brennen, ist zu beachten, dass diese CD mit Musikdateien im MP3-Format nicht von herkömmlichen CD-Playern abgespielt werden können. Auf dem Markt gibt es aber schon solche Geräte, die unabhängig vom PC neben den herkömmlichen Musik-CDs auch MP3-CDs abspielen können. Bei der Erstellung einer solchen MP3-CD sind jedoch einige Punkte zu beachten:

- Alle MP3-Dateien müssen sich im Rootverzeichnis der CD befinden, Unterverzeichnisse sind nicht erlaubt. Befinden sich trotzdem Unterordner auf der CD, spielen manche Geräte die CDs nicht ab.
- Die Reihenfolge der Titel ist dem Player zwar egal, aber es erleichtert das spätere Abspielen, weil die Play-Liste dann nicht immer umständlich neu sortiert werden muss.

Auf einer CD können Sie MP3-Musiktitel mit einer Länge von bis zu zwölf Stunden abspeichern, was ungefähr ca. 100 Titeln entspricht.

Mit dem Programm Easy CD Creator erhalten Sie einen Sound Editor, mit dem Sie WAV-Dateien erstellen und bearbeiten können.

Kapitel 7
Andere CD-Formate

Wer sich mit CD-Brennen beschäftigt, wird schnell feststellen, dass es neben der Musik-CD und der CD-ROM noch eine Vielzahl von anderen Formaten gibt, die aber meist in der Praxis keine große Rolle spielen. Trotzdem finden Sie hier der Vollständigkeit halber Erklärungen zu diesen Formaten:

- CD-ROM
- CD-R, CD-RW
- Audio-CD/CD-DA
- Mixed Mode-CD
- CD-Extra
- CD-Text
- Video-CD
- Photo-CD
- DVD

Einige dieser Formate sind veraltet, einige aber so neu, dass sie sich noch nicht auf dem Markt durchgesetzt haben. Andere haben sich aber auch nicht durchsetzen können und werden hier aus Gründen der Vollständigkeit dennoch erwähnt.

Meist können Sie einer CD rein äußerlich nicht unbedingt ansehen, was auf ihr in welchem Format gespeichert ist. Deswegen sollten Sie auf jeden Fall auf Beschreibungen achten. Legen Sie nicht einfach eine unbekannte CD in den CD-Player, denn dies kann den Lautsprechern schaden.

Alle diese Formatierungen sind in den so genannten Rainbow-Books beschrieben. Hier sind die einzelnen Formate in bestimmte Arbeitsmappen eingeteilt, wobei diese über unterschiedliche Farben verfügen, z.B. Blue Book.

Audio-CD

Die ersten CDs auf dem Markt waren Audio-CDs, die die alte Langspielplatte und auch die Single abgelöst haben. Diese Audio-CD wird auch CD-Digital Audio oder CD-DA genannt und kann von jedem CD-Player, jedem CD-ROM-Laufwerk und jedem CD-Brenner abgespielt werden. CD-Brenner sind in der Lage, diese Audio-CD zu erstellen, sei es als komplette Kopie oder als zusammengestellte Musik-CD.

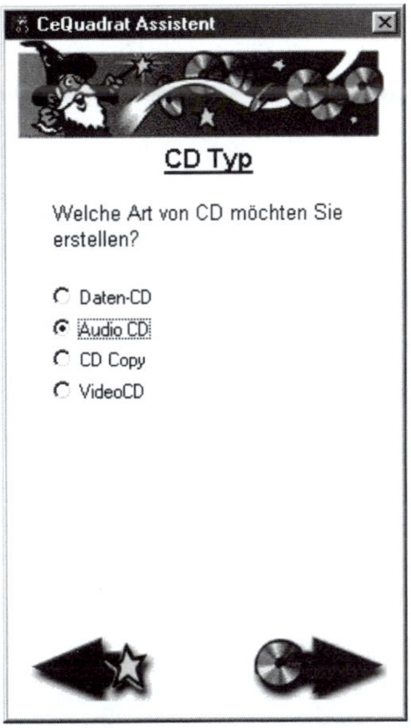

Abbildung 7.1 ▶ **Auswahl des CD-Typs im Brennerprogramm**

Boot-CD

Mit einer Boot-CD können Sie Ihren Rechner im Notfall starten. Normalerweise wird der Rechner mit dem Betriebssystem von der Festplatte oder Diskette gestartet, aber mit einer Boot-CD kann dies auch vom CD-Laufwerk aus geschehen. Dazu muss die CD entsprechend vorbereitet werden und einen Systemordner enthalten, in dem sich die notwendigen Dateien befinden.

Damit das Brennprogramm nun diesen Systemordnern und die notwendigen Dateien auf die Daten-CD kopiert, müssen Sie dies gesondert auswählen. Beachten Sie aber, dass nicht jedes Brennprogramm diese Funktion unterstützt. Das Programm WinOnCD ist hierzu in der Lage.

Neben den Besonderheiten bei der CD-Erstellung muss das Booten eines PCs vom CD-Laufwerk aus im BIOS eingestellt werden. Die Einstellungen des BIOS erreichen Sie, indem Sie nach dem Einschalten des Rechners eine bestimmte Tastenkombination oder eine bestimmte Taste drücken. Meist handelt es sich hierbei um das Drücken der [Entf]-Taste während des Einschaltvorgangs.

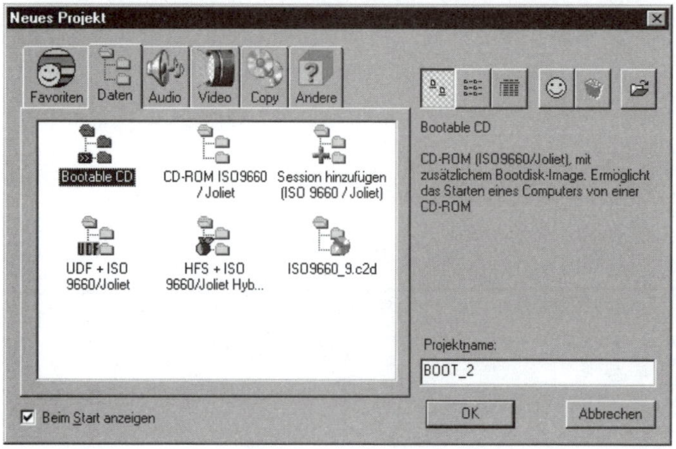

Abbildung 7.2 ▶ Erstellen einer Bootable CD in WinOnCD

In WinOnCD und in dem zugehörigen Handbuch finden Sie Funktionen und Informationen zum Thema Boot-CD.

Bridge-CD

Bei diesem Format handelt es sich um eine spezielle Form der CD-ROM/XA, auf der auch Computerdaten mit dem Dateisystem ISO 9660 abgelegt sind. Diese Computerdaten können vom CD-I-Player mit speziellen Programmen gelesen und angezeigt werden. Ein Beispiel für eine Bridge-CD ist eine Video-CD oder die bekannte Photo-CD. Es müssen jedoch verschiedene Applikationen für die verschiedenen Betriebssysteme vorhanden sein. Alle Datentracks der Bridge-CD müssen im Modus 2 vorliegen.

CD-Extra

Mit der CD-Extra (vorher CD-Plus genannt) sollen die Nachteile der Mixed Mode-CD beseitigt werden. Dieser derzeit neueste Standard ist im so genannten Blue Book beschrieben. Anders als bei den Mixed Mode-CDs ist der Datentrack bei der CD-Extra nicht der erste Track, sondern er befindet sich hinter dem Audiotrack. Dadurch wird er von CD-Playern nicht erkannt und die CD ist ohne Probleme abspielbar. Es besteht auch keine Gefahr von Zerstörung der Lautsprecher oder anderer Teile.

Bei der CD-Extra, früher auch CD Plus genannt, wird der Datentrack in einer eigenen Session abgelegt, damit der CD-Player diesen Track nicht finden kann. Damit findet der Player nur die Musiktitel, die er auch abspielen kann.

Aber Achtung, es gibt auch multisessionfähige CD-ROM-Laufwerke, die mit der CD-Extra nicht zurecht kommen. Sie finden als ersten Track einen Audiotrack und gehen davon aus, dass es sich dann um eine Audio-CD handeln muss. Damit können Sie dann den hinten liegenden Datentrack nicht finden und verarbeiten.

Eine CD-Extra muss auf jeden Fall die folgenden drei Datengruppen enthalten:

- CD-Extra-spezifische Informationen
- Einen Datentrack (ISO 9660)
- Einen oder mehrere Audiotracks

Um eine CD-Extra zu erstellen, finden Sie in WinOnCD Hilfe und Unterstützung. Starten Sie WinOnCD und wählen Sie im Menü *Neues Projekt* das Symbol *CD-Extra* aus. Sie finden diese Funktion über die Registerkarte *Audio*.

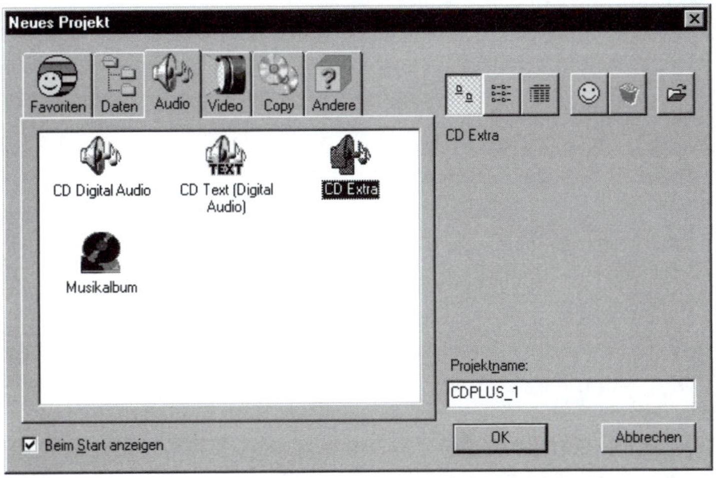

Abbildung 7.3 ▶ Start der Erstellung einer CD-Extra in WinOnCD

Sofort nach dem Start der Funktion erkennen Sie leicht im Layout-Fenster von WinOnCD, dass es sich hier um ein besonderes Format handelt. In der Anzeige im unteren Teil des WinOnCD-Bildschirms können Sie an der grünen Belegungsleiste erkennen, dass bereits Platz für 36 MByte reserviert wurde.

Das Layout-Fenster zeigt drei unterschiedliche Datengruppen. Die erste Datengruppe *CD-Extra* dient zur Ablage spezieller Informationen zu diesem CD-Format. Die Musikdaten werden in der Datengruppe *CD Digital Audio* und die Daten in dem Daten-Track ISO 9660 abgelegt.

Um die Musikstücke in den Audiobereich zu bekommen, werden diese wie bei der Erstellung einer Musik-CD übernommen. Dabei lassen sich WAV-Dateien von der Festplatte oder Audio-Tracks von einer oder mehreren Musik-CDs auswählen und übernehmen.

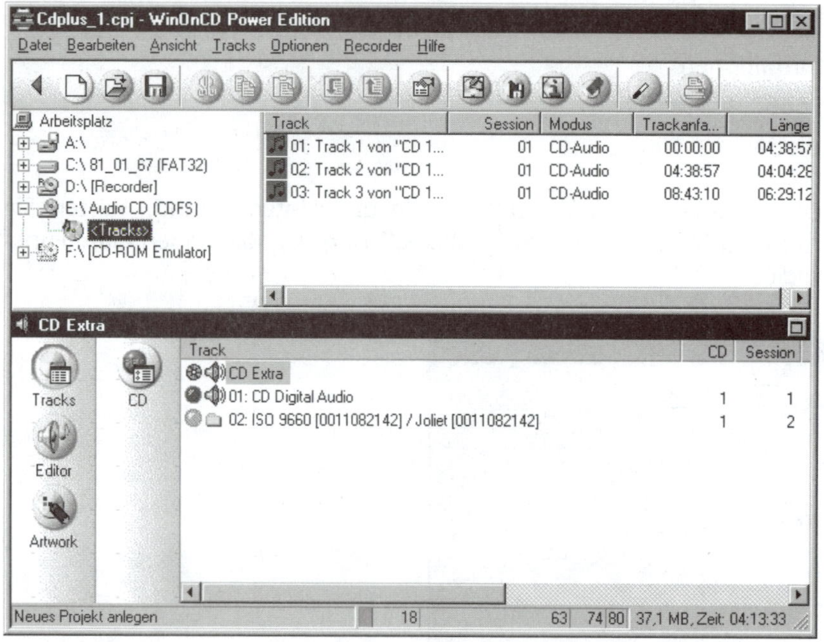

Abbildung 7.4 ▶ WinOnCD zeigt auf dem Hauptbildschirm die ersten Vorbereitungen für die CD-Extra

Legen Sie zuerst die Musik-CD in das CD-Laufwerk oder in den CD-Brenner. Anschließend klicken Sie doppelt auf das betreffende Laufwerk im oberen linken Fenster von WinOnCD (siehe Abbildung 7.5). Anschließend werden die Tracks von der CD eingelesen und im oberen rechten Fenster angezeigt.

Nun markieren Sie den oder die gewünschten Musiktitel (Tracks) im oberen linken Fenster von WinOnCD und ziehen diese auf den Eintrag *CD Digital Audio* im Layout-Fenster. Wiederholen Sie den Vorgang für alle Titel, die Sie auf die CD-Extra gebrannt haben möchten. Natürlich können Sie auch WAV-Dateien von der Festplatte auf die gleiche Art ins Layout übernehmen.

Nachdem Sie die Audiodaten ausgewählt und ins Layout übernommen haben, können nun die Computerdaten ausgewählt werden. Klicken Sie dazu auf den Eintrag *ISO 9660* im Layout-Fenster. Anschließend erscheinen im Layout-Fenster einige Ordner. Nun können Sie Datendateien wie gewohnt hinzufügen (siehe Kapitel *Die Daten-CD*).

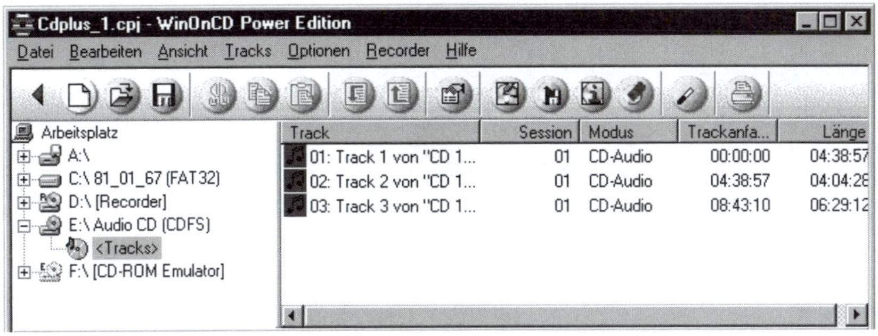

Abbildung 7.5 ▶ **Anzeige der Audio-Tracks der eingelegten Musik-CD**

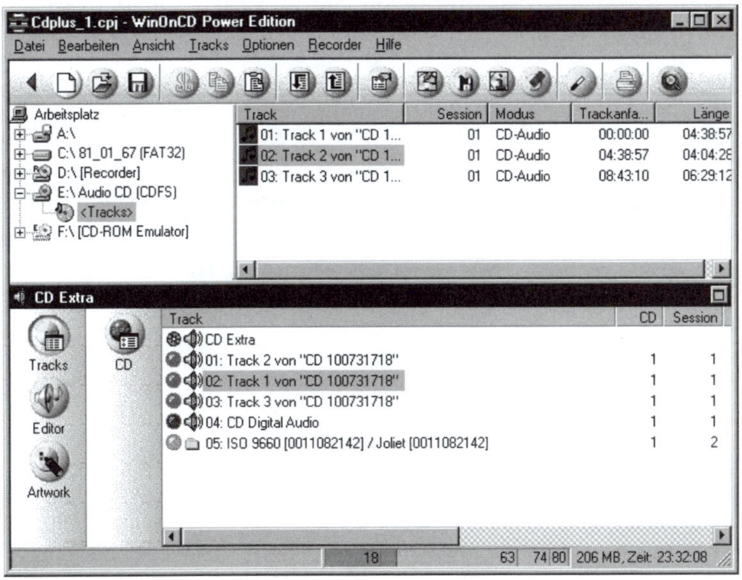

Abbildung 7.6 ▶ **Das Layout-Fenster von WinOnCD zeigt die übernommenen Titel**

Zur Eingabe der CD-Extra-spezifischen Informationen markieren Sie den Eintrag *CD-Extra* im Layout-Fenster. Klicken Sie anschließend auf die Schaltfläche *Editor*.

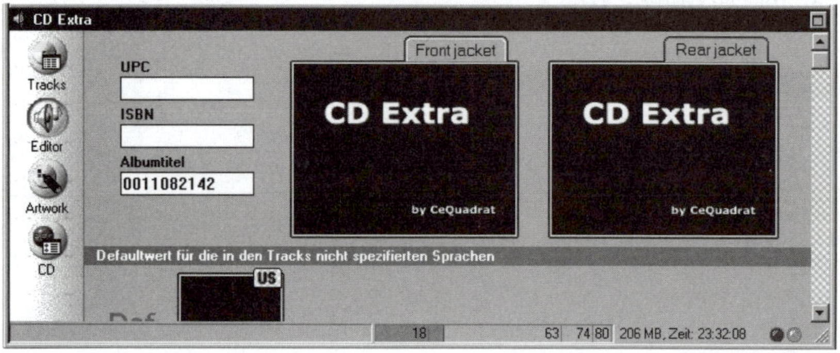

Abbildung 7.7 ▶ Eingabe der CD-Extra spezifischen Daten in WinOnCD

Diese Einstellungen und Informationen gelten für die gesamte CD. Sie können für die CD je ein Bild für die Vorder- und Rückseite festlegen. Dazu wählen Sie im oberen Fenster BMP-Grafikdateien aus und ziehen diese per Drag & Drop ins untere Fenster.

Als weitere Daten können Sie eine UPC- oder eine ISBN-Nummer eintragen. Auch die Eingabe eines Albumtitels ist möglich.

Nun können Sie die CD erstellen, wobei Sie aber auch hier vorher die Einstellungen kontrollieren sollten. Klicken Sie dazu auf die Schaltfläche *CD*, um in das Einstellungsfenster zu gelangen.

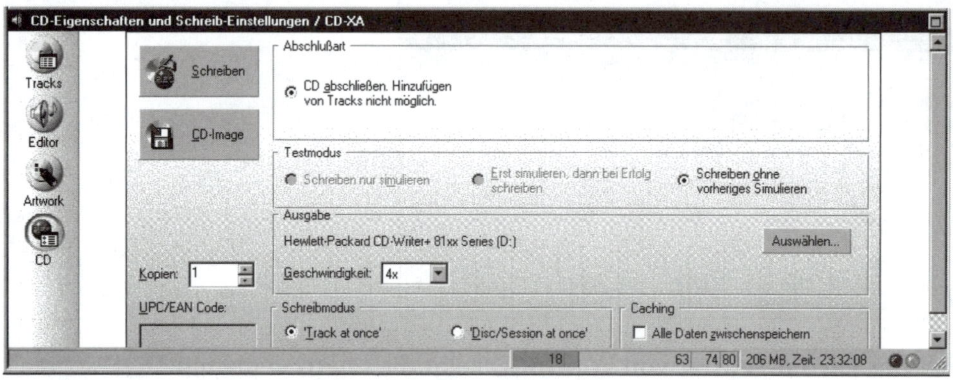

Abbildung 7.8 ▶ Die Einstellungen für die CD-Extra

Bei den Einstellungen für die CD-Extra sind nicht alle sonst üblichen Parameter veränderbar. So lässt sich hier keine Multisession-CD erstellen, sondern die CD ist sofort abzuschließen. Auch gibt es hier keinen Testmodus. Lediglich die Brenngeschwindigkeit kann bei Bedarf verändert werden.

CD-I

Dieser Standard existiert schon seit 1987 und gleicht der CD-ROM/XA, wobei es auch Sektoren der Form 1 und 2 gibt und eine Verschachtelung von Dateien möglich ist. Das Format erlaubt die Ablage von Audio- und Video-Daten, die nur auf speziellen CD-I-Playern abgespielt werden können. CDs für Spielekonsolen sind in diesem Format abgespeichert.

Bei der CD-I-Ready handelt es sich um eine normale Audio-CD mit zusätzlichen Möglichkeiten, die jedoch nur auf den speziellen CD-I-Playern genutzt werden können. So lassen sich z. B. Indexe auf der CD festlegen, zu denen der Player dann springen kann.

Ein CD-I-Player benötigt zum Abspielen der CD ein besonderes Programm, um eine Video-CD abzuspielen. Diese Software muss sich auf der Video-CD befinden und von Ihnen bei der Erstellung einer CD-I zusätzlich zum Video auf die CD gebrannt werden. Sie finden dieses Programm, auch CD-I-Applikationsprogramm genannt, z. B. beim Programm WinOnCD.

CD-ROM/XA (CD-Read Only Memory/Extended Architecture)

Hinter dieser Abkürzung verbirgt sich eine Mischung aus der CD-I und einer CD-ROM Mode 2. Hierbei handelt es sich um einen Standard für Multimedia-CDs, die Audio-, Video- und Computerdaten enthalten. Dabei wird zwischen unterschiedlichen Größen der Sektoren unterschieden, wobei das Format Modus 2 2.048 Byte pro Block für Computerdaten und im Modus 1 2.324 Byte für Audio- und Videodaten abgespeichert werden.

CD-Plus

Dieses Format wurde inzwischen in CD-Extra umbenannt.

CD-Recordable (CD-R, CD-RW)

Für das Schreiben auf optischen Speichermedien wurden verschiedene Methoden entwickelt. Man unterscheidet derzeit zwischen zwei Arten von CDs. Auf den so genannten Worm-Medien (Write Once – Read Many) kann nur ein einziges Mal geschrieben werden. Dagegen erlauben MO-Medien (Magneto Optical) das Wiederbeschreiben, also das Schreiben, Verändern und Löschen.

Eine Worm-Disc, die dem CD-Standard entspricht, kann in einem normalen CD-Player oder CD-Laufwerk abgespielt werden. Die CD kann nur einmal beschrieben werden, wobei dieser Vorgang aber in mehreren Sessions erfolgen kann. Jede dieser Session verfügt über ein Lead-In, einen Datenbereich und ein Lead-Out. Zu jeder Session gehört auch ein Inhaltsverzeichnis, das im Lead-In geschrieben wird. Das letzte Lead-In enthält das ergänzende Inhaltsverzeichnis.

Neben den CD-Rs gibt es auch noch eine andere Art von optischen Speichermedien, nämlich die Magneto optischen Discs, auch MO genannt. Die Herstellung unterscheidet sich grundsätzlich von der einer CD.

Auf dem Markt gibt es sehr viele verschiedene MO-Formate, die untereinander nicht kompatibel sind. Daher wurde der Standard CD-MO geschaffen. Eine CD-MO kann wegen der unterschiedlichen Speichertechnologien nicht auf CD-ROM-Laufwerken und CD-Playern gelesen werden.

Erst 1997 kam dann die CD-RW auf den Markt, aber auch sie konnte anfänglich nicht von CD-ROM-Laufwerken gelesen werden. Dies hat sich mittlerweile geändert, aber so richtig läuft die CD-RW noch nicht. Zum einen kann diese CD genau wie eine CD-R gebrannt werden, dazu lässt sie sich aber auch komplett löschen. Mittels spezieller Software kann heute schon diese CD-RW fast wie eine Festplatte benutzt werden.

Das neuste Format CD-E hat auch eine Speicherkapazität von 680 MByte, dafür kann sie aber häufiger wiederverwendet werden. Lag der Wert bei der CD-RW noch bei 1000, soll eine CD-E theoretisch bis zu einer Million Mal wiederverwendet werden. Aber in diesem Punkt gibt es bei der praktischen Umsetzung noch Probleme. Außerdem verlangt dieser Standard nach neuen Laufwerken, weil sie das ISO 9660-Dateisystem verändert hat.

CD-Text

Die Firmen Sony und Philips haben den Standard Audio-Format um das Feature CD-Text erweitert. Entsprechende CD-Player mit einem CD-Text-Decoder können dann diese Informationen wie Titel, Interpret und Songtitel anzeigen. Aber bisher gibt es nur wenige Recorder, die dieses Format unterstützen.

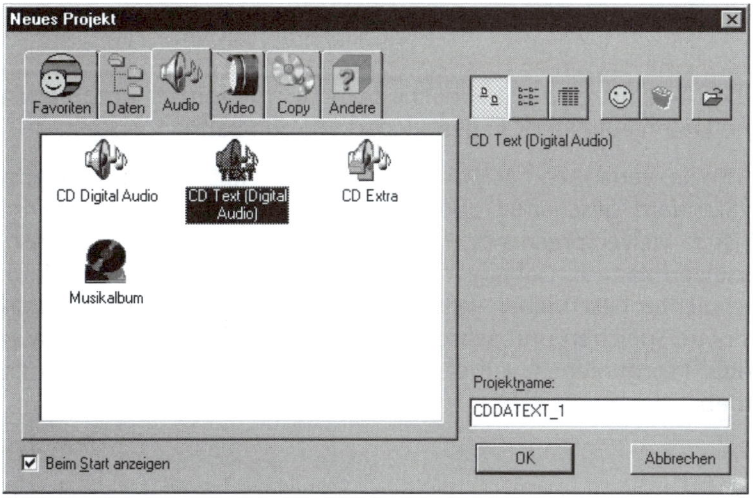

Abbildung 7.9 ▶ Erstellen von CD-Text in WinOnCD

In WinOnCD können Sie Daten eingeben, wenn Sie *Editor* (*Abbildung 7.10*) anklicken.

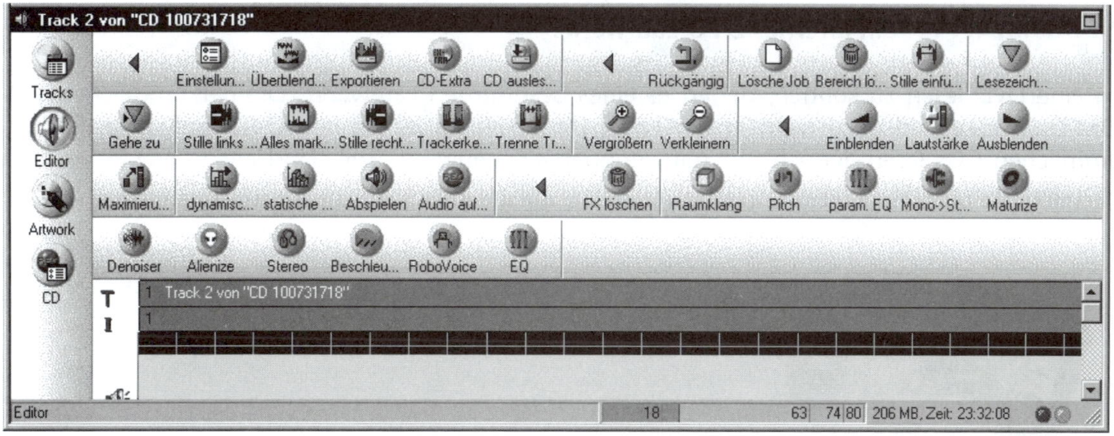

Abbildung 7.10 ▶ Eingabe von Daten als CD-Text

DVD

Eine DVD, Digital Versatile (vielseitig) Disc, ist eine CD-ähnliche Scheibe, die mittels eines neuen Verfahrens, bei dem bis zu 17 GByte Daten auf einer CD gespeichert werden können, erstellt.

Viele Anwendungen wie z.B. Multimedia, verlangen nach immer mehr Kapazitäten auf den Datenträgern. Daher wurde ein neuer Standard geschaffen und als DVD oder Digital Versatile Disc bezeichnet. Dieser neue Standard ist so vielversprechend, dass er die Videokassette, die Laserdisc, die CD-ROM und die Audio-CD ersetzen könnte. Dabei verfügt die DVD über die gleichen Maße wie eine normale CD, kann aber viel dichter beschrieben werden. Dadurch steigt die Speicherkapazität auf 5 bis 17 GByte. Durch das neue Speicher- und Schreibverfahren sind aber auch neue Laufwerke notwendig. Wie bei der CD-ROM sorgt hier ein verbessertes Fehlerkorrekturverfahren für den reibungslosen und fehlerfreien Betrieb.

Abbildung 7.11 ▶ Ein internes DVD-Laufwerk

Um eine DVD lesen zu können, bedarf es eines bestimmten Laufwerks. Die herkömmlichen CD-ROM-Laufwerke sind dazu nicht in der Lage. Umgekehrt aber können DVD-Laufwerke die herkömmlichen CDs lesen, jedoch nur mit geringerer Geschwindigkeit. Und auch DVD-Player sind schon auf dem Markt zu haben.

Abbildung 7.12 ▶ Das Speichermedium DVD

DVD-R oder DVD-RAM wird es in Zukunft auch geben, jedoch gibt es derzeit hierzu noch keinen Standard. Außerdem behindern noch einige Gründe den Erfolg der DVD: Ländercodes sorgen dafür, dass Videos für ein bestimmtes Land nur in diesem abgespielt werden können. Und auch der Kopierschutz und die fehlende Kompatibilität zur CD-R und CD-RW schreckt noch viele vom Kauf ab.

Mehr zu diesem Format finden Sie im Kapitel *Die DVD*.

Mixed Mode-CD

Durch die Mischung von Daten und Musik auf einer CD kann es beim Abspielen auf CD-Playern zu Problemen kommen. Einige CD-Player erkennen keine Datentracks und versuchen diese abzuspielen. Dies ist nicht ungefährlich und kann zu Problemen und Schäden an der Anlage und den Lautsprechern führen. Zur Vorbeugung sollte die Lautstärke gering eingestellt werden.

Und auch beim Abspielen solcher CDs auf dem PC verläuft nicht alles normal. Die CD wird nicht automatisch nach dem Einlegen abgespielt. Dazu muss der Audio-CD-Player manuell gestartet werden. Dies liegt daran, dass der erste Track kein Musik- sondern ein Datentrack ist.

Eine Mixed Mode-CD besteht aus einem oder mehreren Datentracks, die immer am Anfang der CD stehen müssen. Mixed Mode-CDs lassen sich auf jedem Standard-CD-ROM-Laufwerk lesen, auch auf älteren CD-ROM-Laufwerken, die keine Multisession-CDs verarbeiten können. Da die Audio- und die Informationsdaten in einer einzigen Sitzung aufgezeichnet werden, ist kein Multisession-CD-ROM-Laufwerk erforderlich.

CD-Player versuchen meist die Datentracks auf einer Mixed Mode-CD abzuspielen, was schwerwiegende Folgen haben kann. Dabei werden die Daten als sehr lautes und kratzendes Geräusch abgespielt, wodurch die Lautsprecher beschädigt werden können. Neuere CD-Player übergehen oder blenden den Datentrack aus, ältere Modelle jedoch nicht.

Entgegen einer Mixed Mode-CD ist bei einer CD-Extra zuerst der Audiotrack und anschließend der Datentrack abgelegt. Damit besteht nicht die Gefahr von Zerstörungen (Lautsprecher), wenn die CD von CD-Playern abgespielt wird.

Probleme können beim Kopieren einer Mixed Mode-CD auftreten, wenn der CD-Brenner nicht in der Lage ist, das Disk at Once-Verfahren durchzuführen. Wenn es zu Brennfehlern kommt, müssen die Daten- und Audiotracks getrennt auf die Festplatte übernommen und dann auch getrennt gebrannt werden.

Mode 1/Mode 2

Häufig werden die normalen CD-ROMs auch als Mode 1-CDs und CD-ROM/XAs als Mode 2 bezeichnet.

Photo-CD

Das Format Photo-CD wurde von der Firma Kodak eingeführt. Auf dieser CD können Sie Bilddateien ablegen, die nur auf einem Computer gelesen werden können. Bei diesem Format handelt es sich eine Multisession-Bridge-CD.

Nicht jedes Brennprogramm ist in der Lage, Photo-CDs zu erstellen. Aber trotz der Fähigkeit kann es immer noch passieren, dass Photo-CD-Abspielgeräte diese so erstellten Photo-CDs nicht verarbeiten können, weil hierzu das spezielle Kodak-Format notwendig ist. Das Programm Easy CD Creator ist zur Erstellung von Photo-CDs in der Lage.

Zum Erstellen von Bildern für eine Photo-CD muss das betreffende Programm den speziellen Algorithmus kennen, den aber die Firma Kodak nicht allen Herstellern zur Verfügung stellt.

Grundsätzlich ist das Erstellen einer Photo-CD mit Ihren Bildern oder Dias in vielen Fotogeschäften möglich. Sie geben einfach Ihren Film ab und bestellen neben den Bildern auch eine Photo-CD. Sie können, obwohl technisch möglich, selbst keine Photo-CD erstellen. Ihre Brennersoftware ist dazu nicht in der Lage, weil der Hersteller der Software dieses Format aus rechtlichen Gründen nicht benutzen darf. Kodak, der Inhaber der Rechte an dem Photo-CD-Format, behält sich das Recht vor, nur selbst die Photo-CDs zu erstellen.

Vorbereitende Maßnahmen

Alle für die Photo-CD vorgesehenen Bilder müssen als Datei vorliegen. Scannen Sie die Bilder ein oder verwenden Sie zur Aufnahme eine digitale Kamera. Speichern Sie aber alle Bilder in einem gleichen Format auf Ihrer Festplatte ab. Bei der Ablage auf der Festplatte sollten Sie die Bilder in Verzeichnissen ordnen. Auch bei der Namensvergabe der Dateien sind sinnvolle Namen zu empfehlen, die auf den Inhalt hindeuten. Dies erleichtert den späteren Zugriff. Hier ein Beispiel für die Ordnung auf der Festplatte:

◆ *Ausflug 20.12.99*	Verzeichnisname
◆ Rathaus.pcx	Bilddatei
◆ Waldweg.pcx	Bilddatei
◆ Gasthaus.pcx	Bilddatei

Einen Bilderkatalog anlegen

Um später einen schnellen Überblick über den Inhalt der CD zu erhalten, sollten Sie sich einen Katalog ausdrucken und mit der CD aufheben. Hierfür gibt es Grafikprogramme zu kaufen, aber auch der Shareware-Markt bietet hier ein tolles Programm: Paint Shop Pro. Dieses Programm finden Sie im Internet oder auf diversen Shareware-CDs z.B. in Computerzeitschriften. Es kann frei verwendet werden und besitzt nur geringe Einschränkungen, die durch Bezahlung einer geringen Registrierungsgebühr aufgehoben werden können.

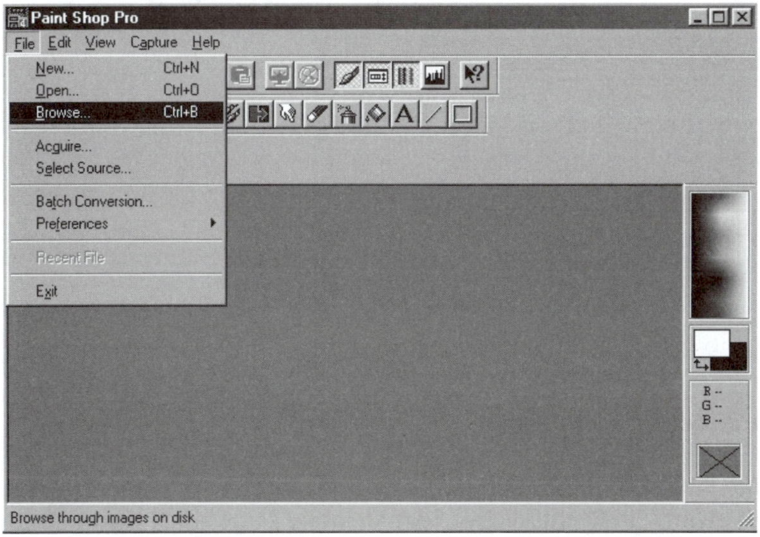

Abbildung 7.13 ▶ Aufruf von Paint Shop Pro und Start der Katalogerstellung

Rufen Sie die Funktion *Browse* (*File*-Menü) auf und wechseln Sie in den Ordner, in dem sich Ihre Bilddateien befinden.

Nachdem Sie Ihre Bilddateien ausgewählt haben (siehe *Abbildung 7.14*) klicken Sie auf die Schaltfläche *Select*. Nun werden alle Bilder im Kleinformat mit dem zugehörigen Dateinamen angezeigt.

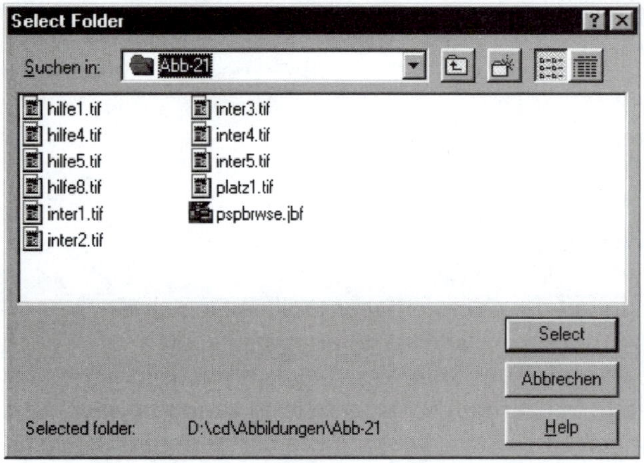

Abbildung 7.14 ▶ Auswahl der Bilddateien

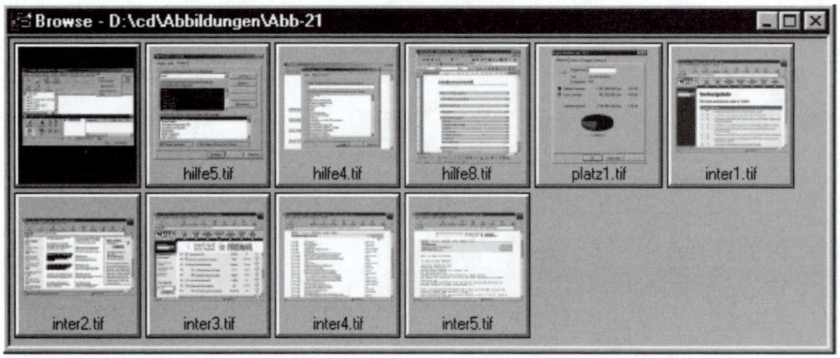

Abbildung 7.15 ▶ Anzeige der Bilder im Kleinformat

Ein Doppelklick auf das gewünschte Bild zeigt dieses dann in der Originalgröße an, wobei aber die ursprüngliche Darstellung erhalten bleibt. Ein Rechtsklick auf ein Kleinbild zeigt Ihnen die Informationen zu dem markierten Bild. Hierbei handelt es sich um Daten wie Maße oder Größe.

Wenn Sie ein Bild ausgewählt und im Großformat mit dem Programm PSP (Paint Shop Pro) angezeigt haben, können Sie es mit den Funktionen von PSP auch verändern.

Um nun den Katalog auszudrucken, rufen Sie zuerst die Funktion *Print Preview* im *File*-Menü auf.

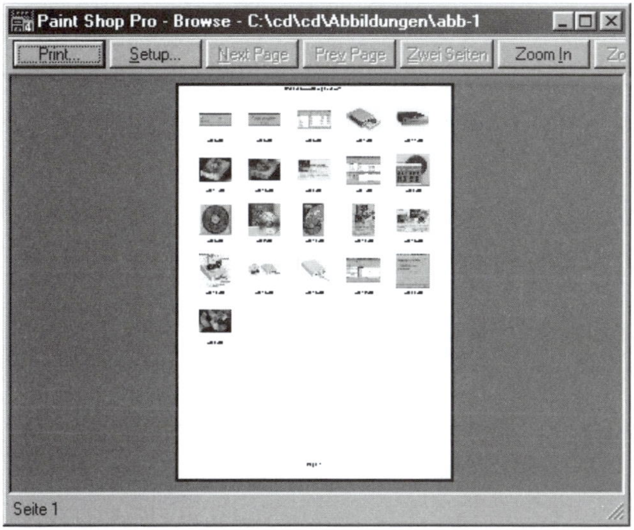

Abbildung 7.16 ▶ Anzeige des zu druckenden Katalogs

Sie sehen in der *Abbildung 7.16* alle ausgewählten Bilder auf einer Seite, die über den Klick auf die Schaltfläche *Print* ausgedruckt werden können.

Brennen der CD

Zum Brennen der CD kann jedes beliebige Brennerprogramm wie z.B. WinOnCD verwendet werden. Dies ist möglich, weil es sich hier nicht um eine Original-Photo-CD handelt, sondern lediglich um eine CD mit Bildern oder Bilddateien. Dabei handelt es sich nicht um eine Photo-, sondern um eine Daten-CD.

Weitere Informationen zur Erstellung einer Daten-CD finden Sie im Kapitel *Die Daten-CD*.

Denken Sie daran, dass es sich bei dem gezeigten Beispiel lediglich um die Erstellung einer CD mit Ihren Bildern handelt, wobei die CD einer Photo-CD ähnlich ist, aber im eigentlichen Sinne keine ist.

Mit dem Programm Easy CD Creator erhalten Sie u.a. ein Programm namens PhotoRelay, mit dem Sie digitale Fotos bearbeiten können. Mit einem zweiten beigefügten Programm lassen sich Fotos retuschieren und z.B. rote Augen entfernen.

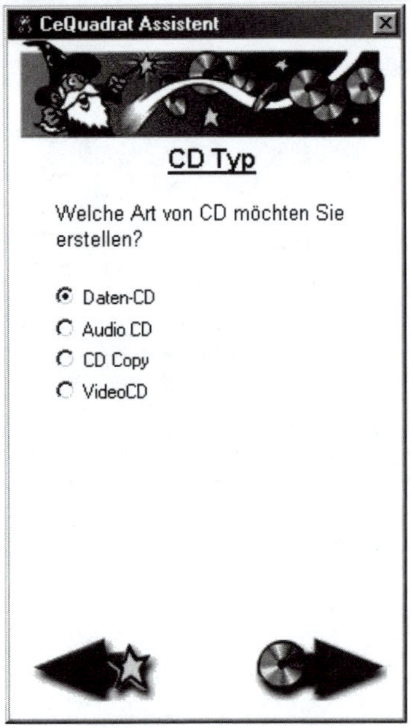

Abbildung 7.17 ▶ Erstellung der CD (Bild-CD) mit den ausgewählten Bildern

Picture-CD

Neben der Photo-CD gibt es ein weiteres Format von der Firma Kodak, wobei es sich hier eigentlich nur um eine einfache Daten-CD handelt. Auf diese CD können Sie Ihre eigenen Fotos von Ihrem Fotografen ablegen lassen. Zum Anzeigen wird ein Anzeigeprogramm mitgeliefert.

Video-CD

Bei einer Video-CD handelt es sich um eine CD-I Bridge CD, die einen Video-CD-spezifischen Teil, einen Datenteil und einen oder mehrere MPEG-Videotracks enthält.

Um eine Video-CD zu erstellen, müssen die Videos im MPEG- oder AVI-Format auf der Festplatte vorliegen. Dabei tragen diese Dateien die Erweiterungen **.mpg* und **.avi*. Denken Sie daran, dass solche Dateien meist sehr viel Festplattenplatz benötigen.

Zur Erstellung von Video-CDs können Sie normale Brennerprogramme wie z. B. WinOnCD benutzen (siehe folgendes Beispiel). Auch ist ein MPEG-Encoder in WinOnCD enthalten, mit dem Sie aus AVI-Dateien MPEG-Files erstellen können.

Eine Video-CD enthält MPEG full-motion Videosequenzen in einem speziellen Format. Solche CDs lassen sich mit MPC3-Computern, CD-I-Playern oder mit speziellen Video-CD-Playern abspielen. Unter WinOnCD können neben den MPEG- auch AVI-Dateien für die Erstellung einer Video-CD benutzt werden, wobei WinOnCD diese dann selbst in das MPEG-Format umwandelt.

In WinOnCD erstellen Sie eine Video-CD über den Menüpunkt *Datei>Neu>Video-CD*.

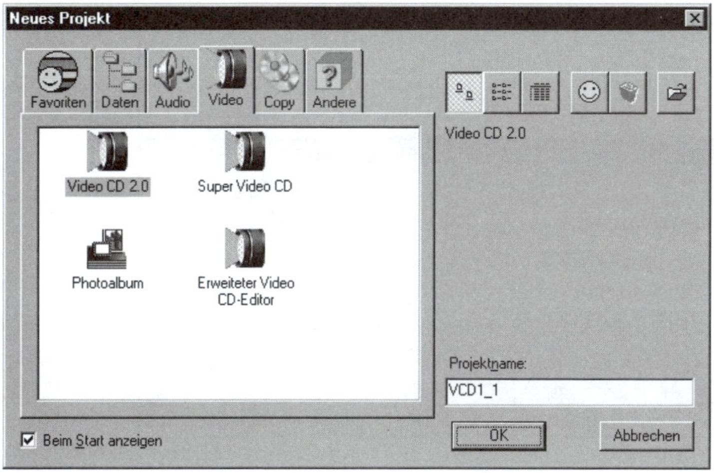

Abbildung 7.18 ▶ Start der Erstellung einer Video-CD in WinOnCD

Nachdem Sie die Funktion zur Erstellung einer Video-CD aufgerufen haben, erhalten Sie den Startbildschirm von WinOnCD bereits mit einigen Vorbelegungen.

Der erste Track einer Video-CD muss immer Video-CD spezifische Daten enthalten. Hier ist z. B. auch das CD-I-Applikationsprogramm zum Abspielen der CD abzulegen. Diese Aufgabe übernimmt das Programm WinOnCD für Sie.

Den Datenteil (ISO 9660) können Sie wie eine normale Daten-CD erstellen (siehe Kapitel *Die Daten-CD*).

Zur Übernahme von Videos wählen Sie sie wie gewohnt im oberen Teil von WinOnCD aus und ziehen sie dann per Drag & Drop ins untere Fenster (siehe *Abbildung 7.19*).

Bevor die AVI-Videodatei ins Layout übernommen werden kann, muss WinOnCD diese in eine MPEG-Video-Datei umwandeln. Dieser Vorgang kann je nach Größe der AVI-Datei schon einige Minuten dauern. Grob gerechnet dauert die Konvertierung z.B. von einem zwei Minuten langen Film ungefähr 30 Minuten.

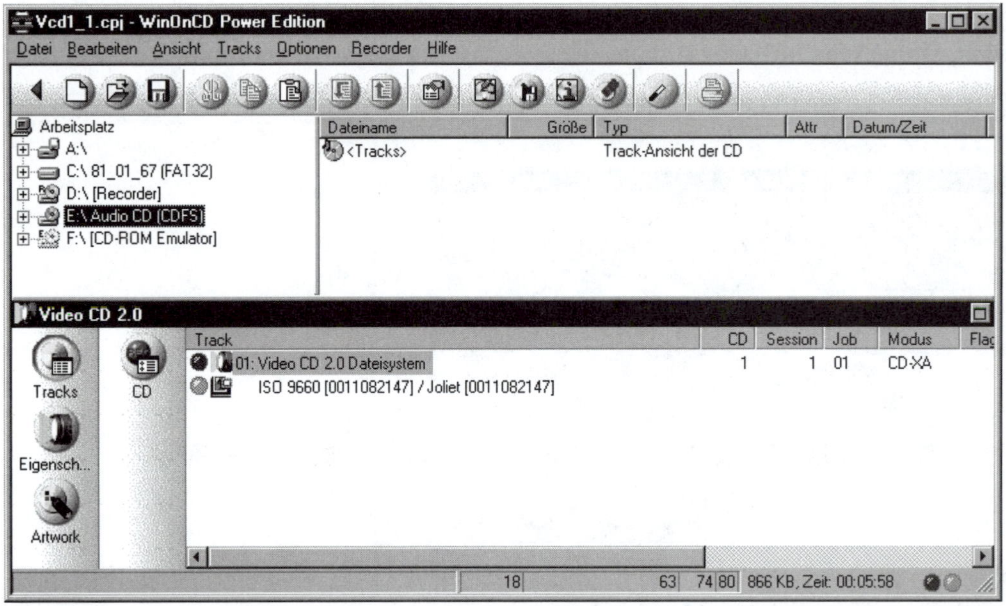

Abbildung 7.19 ▶ **Der WinOnCD-Hauptbildschirm zur Erstellung einer Video-CD**

Abbildung 7.20 ▶ **Übernahme einer AVI-Datei ins Layout-Fenster**

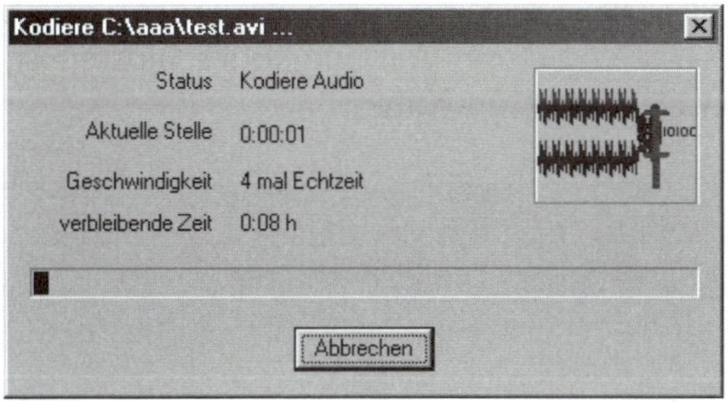

Abbildung 7.21 ▶ Umwandlung einer AVI- in eine MPEG-Datei durch WinOnCD

Ziehen Sie nun alle Videodateien ins Layout-Fenster und beachten Sie dabei die Anzeige im unteren Teil von WinOnCD, die Ihnen Auskunft über den bereits belegten Speicherplatz gibt.

Bevor Sie nun den Brennvorgang starten, sollten Sie auf jeden Fall noch die Einstellungen kontrollieren. Diese erhalten Sie, indem Sie auf die Schaltfläche *CD* im unteren Fenster von WinOnCD klicken.

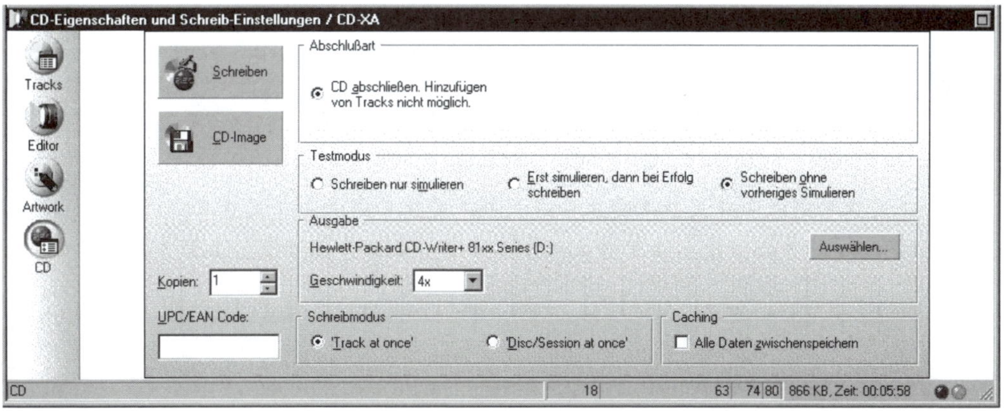

Abbildung 7.22 ▶ Einstellungen für den Brennvorgang einer Video-CD vornehmen

Die Einstellungen, die Sie für die Erstellung einer Video-CD vornehmen können, unterscheiden sich kaum von denen einer Daten- oder Audio-CD. Lediglich bei der Abschlussart haben Sie keine Wahl, denn eine Video-CD wird immer sofort abgeschlossen.

Wählen Sie bei der Art des Brennens bei der Video-CD-Erstellung immer die Variante, bei der zuerst simuliert und erst dann der Brennvorgang gestartet wird.

Haben Sie alle Einstellungen vorgenommen oder zumindest geprüft, kann der Brennvorgang durch einen Klick auf die Schaltfläche *Schreiben* gestartet werden. Wenn dieser Vorgang abgeschlossen ist, erhalten Sie eine Meldung auf dem Bildschirm und die CD wird ausgeworfen.

In WinOnCD 3.8 gibt es eine zusätzlich Funktion Super Video CD, mit der CDs erstellt werden können, die neben Video-Tracks auch MPEG-Diashows und Audio-Tracks enthalten.

Kapitel 8
Brennen mittels Drag & Drop

Daten und Dateien werden auf einem PC von einem Laufwerk auf ein anderes heute meist per Kopieren oder mit der Maus über die Drag & Drop-Technik übertragen. Dabei bedeutet das nichts anderes, als dass die Dateien einfach per Mausklick von einem Fenster in ein anderes »gezogen« werden.

Beim Beschreiben von CDs ist es bisher üblich, dass die Daten durch besondere Brennersoftware auf den Rohling übertragen und dort eingebrannt werden. Mit so genannten Direkt-Schreibprogrammen lassen sich jedoch heute schon CD-Rs oder CD-RW-Rohlinge so behandeln, als ob sie eine Festplatte oder eine Diskette wären. Dazu ist lediglich ein Treiber notwendig, damit Windows diese Art des Schreibens, auch Packet Writing genannt, zulässt und unterstützt.

Aber Achtung: Dieses Verfahren ist leider noch nicht ganz ausgereift und es kann leicht passieren, dass Ihre so erstellte CD nicht mehr lesbar ist. Aus diesem Grunde sollten Sie zumindest am Anfang der CD keine wichtigen Daten anvertrauen oder regelmäßig davon eine Kopie erstellen (CD-Copy).

Besonderheiten und Unterschiede

Das Packet Writing-Verfahren unterstützt ausschließlich die Daten-CDs und schließt CD-DAs (Audio-CD) und Video-CDs aus.

Für dieses Brennverfahren sollten Sie CD-RW-Rohlinge verwenden, weil sich nur hier die Daten wirklich löschen lassen. Wenn Sie eine CD-R verwenden, können Sie diese zwar löschen, aber die Dateien belegen trotzdem weiter den Speicherplatz.

Um den CD-Rohling nun wie eine Diskette zu benutzen, ist dieser vorher zu formatieren. Hierzu wird das Format bzw. das Dateisystem Universal Disc Format (UDF) verwendet.

Bei Anwendung von Packet Writing sind folgende Voraussetzungen zu erfüllen:

- Der CD-Brenner muss Fixed Packet Writing oder Variable Packet Writing unterstützen (heutige Geräte unterstützen es)
- Einen Treiber als Vermittler zwischen CD-Brenner und Betriebssystem (wird automatisch mit dem Programm Easy CD Creator installiert)
- Direct-Writing-Software wie z. B. DirectCD

Im Folgenden wird zur Darstellung dieses Verfahrens das Programm DirectCD benutzt, wobei es aber stellvertretend für alle anderen Programme steht, die auch dieses Verfahren anbieten.

Das Programm DirectCD kann von der Easy CD Creator-Programm-CD oder neuerdings auch von der WinOnCD-Programm-CD installiert werden. Es wird bei jedem Windows-Start automatisch geladen und wartet im Hintergrund.

Arbeiten mit DirectCD

Das von der Firma Roxio (früher Cequadrat und Adaptec) gelieferte Programm DirectCD wird von einigen Herstellern als Beigabe zum Brenner mitgeliefert, kann aber auch im Softwarehandel erworben werden.

Formatieren eines Rohlings

Bevor Sie eine CD-R- oder eine CD-RW-CD für den Datenzugriff via DirectCD verwenden können, ist der Rohling zu formatieren. Dieser Vorgang ähnelt der Benutzung von Festplatten oder Disketten, dauert jedoch hier ein wenig länger.

Rufen Sie DirectCD auf. Sie finden es im Startmenü unter *Start>Programme>Adaptec DirectCD>Adaptec DirectCD.*

Dieses Programm wird nur benötigt, wenn Sie eine neue CD formatieren möchten. Danach kann die CD mit dem Windows-Explorer benutzt werden. Lediglich für den CD-RW-Rohling gibt es ein weiteres Zusatzprogramm zum Löschen von Dateien.

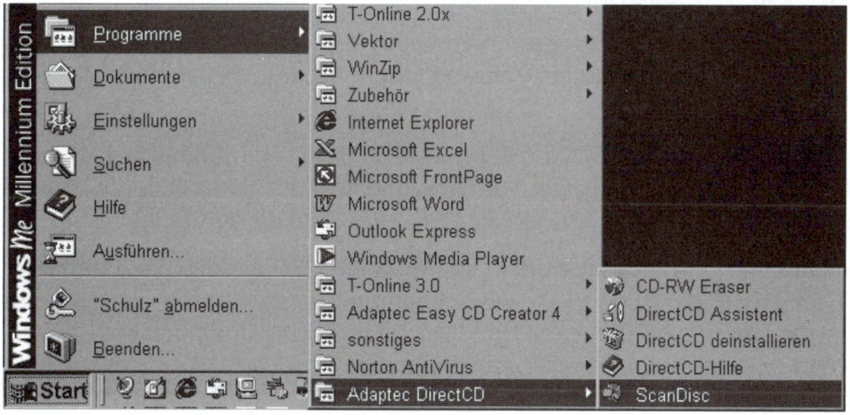

Abbildung 8.1 ▶ Starten von DirectCD

Wenn Sie nach der Begrüßung durch den Assistenten fortfahren, ermittelt dieser die Laufwerksinformationen Ihres CD-Brenners.

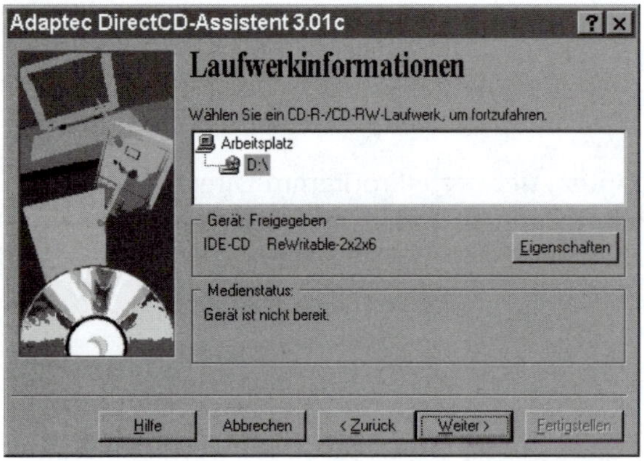

Abbildung 8.2 ▶ Die Laufwerksinformationen des CD-Brenners

Neben der Geschwindigkeit des CD-Brenners hat der Assistent den betreffenden Laufwerksbuchstaben und den Type der eingelegten CD ermittelt.

Die Vergabe von Laufwerksbuchstaben hängt ganz von der Anzahl Laufwerke in Ihrem Rechner ab. In der Abbildung wurde dem CD-Brenner der Buchstabe D zugeordnet.

Der nächste Schritt des Assistenten ist die Vorstufe zur Formatierung, nach der die CD wie eine Diskette unter dem betreffenden Laufwerksbuchstaben verwendet wird.

Derzeit ist die Formatierung nur mit speziellen Programmen wie z.B. DirectCD und nicht mit dem Windows-Formatbefehl möglich. Auch dauert so ein Vorgang länger als das Formatieren z.B. einer Festplatte.

Eine Formatiervorgang dauert etwa zwischen 50 und 90 Minuten. Dafür aber finden auf so einer CD bis zu 650 MByte Daten Platz. Den Fortgang der Formatierung können Sie am Bildschirm verfolgen. Wenn der Vorgang abgeschlossen ist, verfügen Sie über eine formatierte CD.

Die so vorbereitete CD kann fast wie eine Festplatte oder Diskette verwendet werden. Dies trifft aber nur für das Kopieren von Dateien auf die CD und für das Suchen und Lesen von Dateien zu. Beim Löschen weicht der Vorgang ab, denn eine CD-R kann nur gelesen werden. Und auch bei der Verwendung einer CD-RW bedarf es eines besonderen Löschverfahrens.

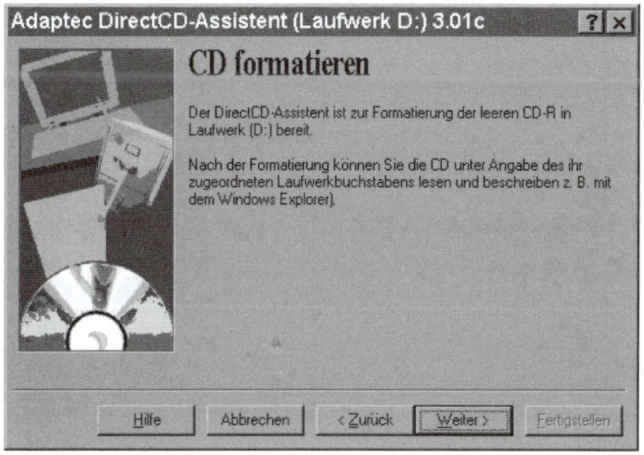

Abbildung 8.3 ▶ Der Formatierungsvorgang startet

Abbildung 8.4 ▶ Der Formatiervorgang ist beendet

Die CD ist nun formatiert und kann mit den üblichen Dateibearbeitungs- oder Anwendungsprogrammen benutzt werden.

Benutzen einer CD mit DirectCD

Nachdem Sie die CD formatiert haben, können Sie Daten auf unterschiedliche Art und Weise darauf speichern:

- Dateien aus dem Windows-Explorer per Drag & Drop auf die CD ziehen
- Speichern mit der Funktion *Senden an*
- Speichern aus Windows-Anwendungen heraus
- Copy und andere DOS-Befehle

Rufen Sie den Windows-Explorer auf und markieren Sie das Laufwerk des CD-Brenners. Sie können nun ebenso wie mit normalen Laufwerken verfahren wie z.B. einen Ordner anlegen oder Daten kopieren.

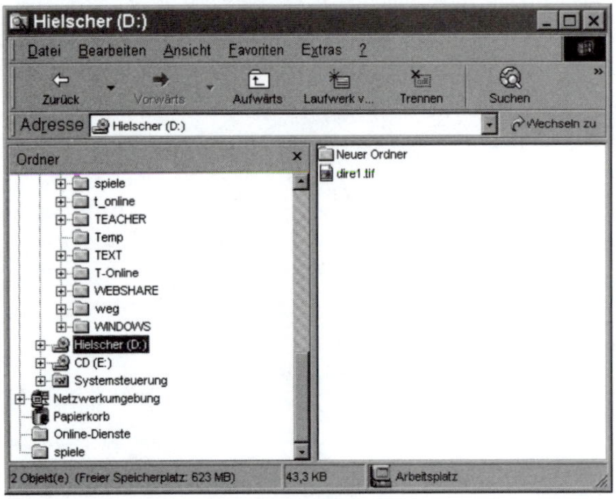

Abbildung 8.5 ▶ Anlegen eines neuen Ordners auf der CD

Um nun Dateien auf die CD zu kopieren, können Sie das CD-Laufwerk, wie die anderen Laufwerke auch, auf unterschiedliche Arten ansprechen. So können Sie Dateien oder Verzeichnisse einfach per Drag & Drop auf das CD-Laufwerk verschieben bzw. ziehen.

In der *Abbildung 8.6* wird ein Verzeichnis *Ideen* per Maus und Drag & Drop auf das *Laufwerk D:* kopiert, wobei hiermit der CD-Brenner gemeint ist.

Wer häufig mit dem Windows-Explorer arbeitet, wird die Arbeit mit dem Rechtsklick zu schätzen gelernt haben. Markieren Sie die Datei, die auf die CD kopiert werden soll, durch einen Rechtsklick mit der Maus.

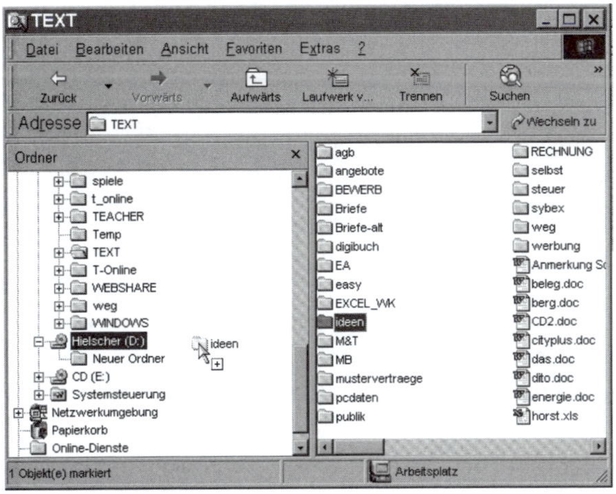

Abbildung 8.6 ▶ Kopieren eines kompletten Ordners per Drag & Drop

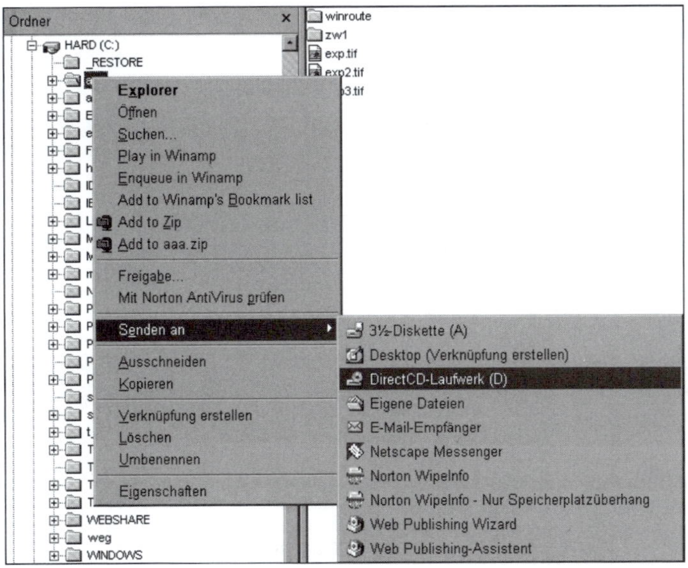

Abbildung 8.7 ▶ Kopieren per Rechtsklick und Senden an

Im Kontextmenü, das Sie nach dem Rechtsklick erhalten, befindet sich die Funktion *Senden an*. Wenn Sie den Mauszeiger auf dieser Funktion platzieren, öffnet sich das Untermenü, in dem Sie die neue Funktion sehen: *DirectCD-Laufwerk (D).*

Im Beispiel ist dem CD-Laufwerk der Laufwerksbuchstabe D zugeordnet.

Nachdem Sie die Funktion DirectCD-Laufwerk per Mausklick aufgerufen haben, wird die Datei an dieses Laufwerk gesendet.

Eine andere Art, eine Datei auf die CD abzulegen, ist das Speichern aus einer Anwendung heraus. Wählen Sie in diesem Fall die meist vorhandene Funktion *Speichern unter* in Ihrer Anwendung aus. Eine Anwendung ist dabei ein Programm wie z.B. Word oder Excel. Anschließend wählen Sie das betreffende Laufwerk der CD aus und speichern dann die Datei auf der CD. Dieser Vorgang verläuft genauso ab, als ob Sie die Daten des Anwendungsprogramms auf die Festplatte oder auf die Diskette speichern.

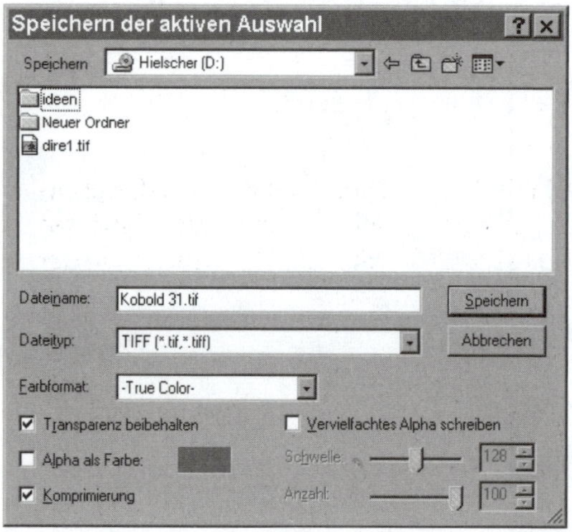

Abbildung 8.8 ▶ Speichern einer Grafikdatei auf der CD

Das Grafikprogramm speichert eine Datei auf der CD, die im Laufwerk *D:* liegt.

Auch aus einer DOS-Box können Sie das CD-Laufwerk einfach ansprechen, z.B. mit dem Copy-Befehl.

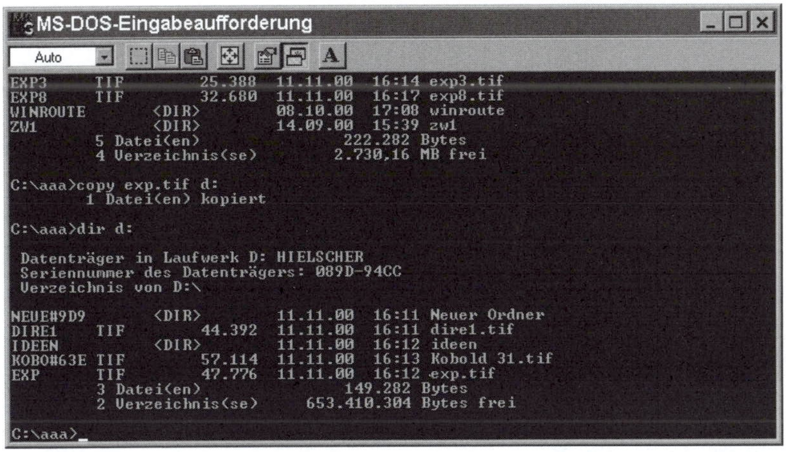

Abbildung 8.9 ▶ Kopieren einer Datei aus der DOS-Box auf das CD-Laufwerk

Im Beispiel wurde die Datei *exp.pcx* auf das Laufwerk D: kopiert. Anschließend zeigt ein DIR-Befehl den Inhalt von Laufwerk *D:* an.

Für die Arbeit mit DirectCD können Sie entweder eine CD-RW oder aber auch eine CD-R benutzen. Dabei unterscheidet sich die Arbeit mit den beiden Typen nicht voneinander. Nur das Löschen kann auf einer CD-R nicht funktionieren. Durch Löschen wird der Platz nicht wieder freigegeben und so kann es nach einiger Zeit dazu führen, dass kein freier Platz mehr vorhanden ist, obwohl sich auf der CD keine einzige Datei befindet.

Löschen einer CD-R/CD-RW

Löschen von Dateien auf einer CD-R funktioniert, jedoch werden die Dateien nur aus dem Inhaltsverzeichnis entfernt. Damit sind sie nicht mehr zu sehen, belegen aber weiterhin Platz auf der CD. Außerdem erhöht sich der frei werdende Platz nicht.

Dagegen können Sie die Daten einer CD-RW löschen, z.B. mit dem Windows-Explorer.

Wählen Sie das DirectCD-Laufwerk und markieren Sie die zu löschende Datei. Mittels Rechtsklick und Aufruf der Löschfunktion oder einfach per Taste [Entf] kann die Datei gelöscht werden.

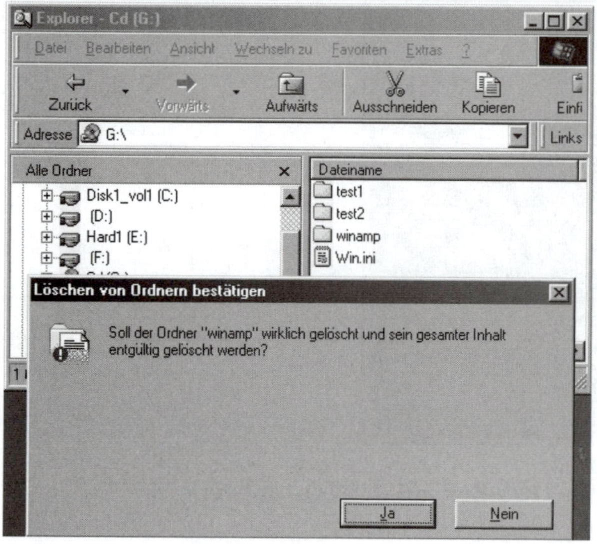

Abbildung 8.10 ▶ Löschen einer Datei von der CD

Bei der Verwendung einer CD-RW ist die Datei aus dem Inhaltsverzeichnis verschwunden. Um die Daten wirklich von der CD zu löschen, bedarf es eines Zusatzprogramms. Mit DirectCD wurde der CD-RW-Eraser mitgeliefert und installiert.

Auch dieser Vorgang braucht ein paar Minuten, also ein wenig Geduld.

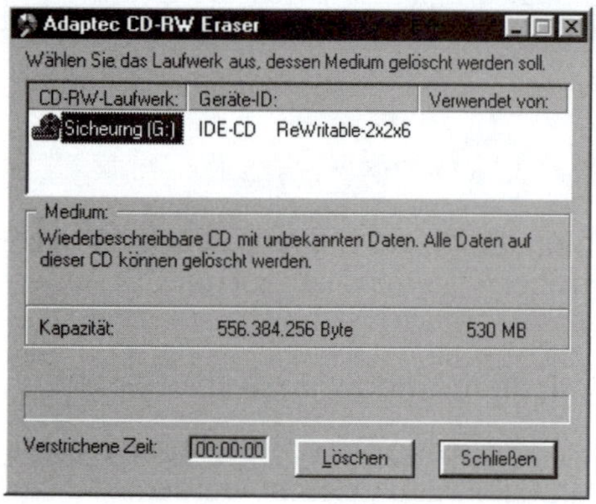

Abbildung 8.11 ▶ Mit dem Programm CD-RW kann eine CD-RW komplett gelöscht werden

Auswurf der CD

Da die DirectCD-CD genauso benutzt wird wie z.B. eine Diskette, kann es passieren, dass sich die CD für eine Dateioperation nicht mehr im Laufwerk befindet. Damit es keine Datenverluste gibt, sollte die CD nicht ohne Voranmeldung entnommen werden.

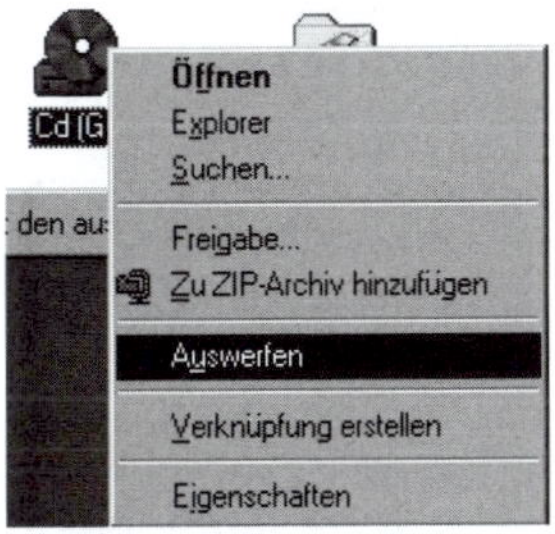

Abbildung 8.12 ▶ Auswerfen der DirectCD aus dem CD-Laufwerk

Wenn Sie auf das CD-Symbol im Arbeitsplatz oder im Windows-Explorer mit der rechten Maustaste klicken, erhalten Sie ein Kontextmenü mit einer Auswurf-Funktion.

Nach einer Komplettlöschung mit dem Zusatzprogramm CD-RW-Eraser wird die CD automatisch ausgeworfen. Natürlich können Sie auch die Auswurftaste am CD-Laufwerk verwenden, aber achten Sie in allen Fällen auf Hinweise auf dem Bildschirm.

Reparieren einer nicht lesbaren CD

Erhalten Sie nach dem Einlegen eines leeren Rohlings kein Fenster zwecks Formatierung angezeigt, kann es sein, dass die CD ein unlesbares Format hat. Für diesen Fall verfügt DirectCD über ein Programm, mit dem die CD überprüft und ggf. korrigiert werden kann. Das Programm ScanDisc kann die CD möglicherweise reparieren und wiederherstellen. Sie finden das Programm im Startmenü unter *Start>Programme>Adaptec DirectCD>Adaptec ScanDisc.*

Abbildung 8.13 ▶ ScanDisc kann defekte CDs überprüfen und ggf. reparieren

Das Programm ScanDisc kann eine CD untersuchen und auf Wunsch die Fehler korrigieren, wenn dies möglich ist.

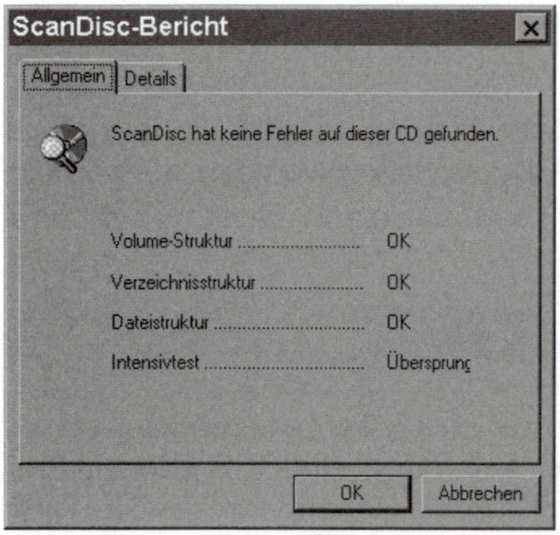

Abbildung 8.14 ▶ Das Ergebnis einer Überprüfung der CD mit ScanDisc

Nicht immer ist eine erfolgreiche Reparatur möglich. In diesem Fall sind alle Daten verloren und u.U. ist auch die CD unbrauchbar.

Kapitel 9
Die DVD

Neben der CD drängt verstärkt die DVD auf den Markt, wobei hier im Moment die DVD-Videos und die DVD-Player im Vordergrund stehen. Dabei dominieren derzeit noch die DVD-Player für den Heimbereich, aber auch der Markt der DVD-Player für den PC (DVD-ROM) nimmt zusehends zu. DVD-Recorder oder -Brenner sind derzeit noch nicht für den Privatgebrauch erschwinglich und kaum auf dem Markt zu finden, werden aber in kürzester Zeit CD-ROM und CD-Brenner vom Markt verdrängt haben.

Grundsätzliches zur DVD

DVD steht für Digital Versatile Disc (vielseitige Disk) oder etwas geläufiger auch als Digital Video Disk bezeichnet. Anders als bei der CD kann die DVD eine größere Menge an Daten aufnehmen, wobei diese aber auch doppelschichtig und doppelseitig aufgebracht werden. Durch die enorme Speichergröße ist sie das ideale Speichermedium für größere Datenmengen wie z.B. für Videos. Dafür reicht die Speicherkapazität von 650 bis 700 MByte pro CD heute nicht mehr aus.

Abbildung 9.1 ▶ Ein DVD-Player

Bei einer DVD handelt es sich rein äußerlich um eine CD, die aber u.a. durch Veränderung der Wellenlänge des Laserstrahls eine sehr große Menge an Daten aufnehmen kann. Zwar haben sich einige Hersteller auf ein einziges Format (DVD) für die nächste Generation geeinigt, aber über die Art der Speicherung herrscht derzeit immer noch kein gemeinsamer Standard.

Abbildung 9.2 ▶ Ein externer DVD-Player für den PC

So lässt sich heute eine DVD nicht auf den CD-ROM-Geräten und auf den CD-Brennern abspielen, sondern es wird ein DVD-Player benötigt.

Diese DVD-Player gibt es wie bei den CD-ROM-Geräten und CD-Brennern auch in allen möglichen Bauweisen und Anschlussvarianten: extern, intern, EIDE und SCSI.

Trotz der vielen Veränderungen ist das DVD-System abwärts kompatibel zu existierenden CDs. Dies bedeutet aber auch, dass DVDs nicht mit herkömmlichen CD-Laufwerken lesbar sind. Herkömmliche CD-Rs und CD-RWs lassen sich bestenfalls mit den DVD-Laufwerken lesen, aber nicht herstellen.

Der Haupteinsatzgrund dürfte derzeit beim Ablegen von Filmen im MPEG-2-Format sein, aber MPEG-4 ist auf dem Vormarsch.

Die DVD, DVD-Recorder und die DVD-Player gibt es in unterschiedlichen Varianten:

- DVD-R
- DVD-ROM
- DVD-Video
- DVD-Audio
- DVD-RAM

Bei der Aufzählung der DVD-Formate handelt es sich hier um den derzeitigen Stand. Die Anzahl dürfte sich sicherlich in den nächsten Monaten und Jahren noch verändern. Leider sind diese Formate untereinander nicht immer kompatibel, sodass es häufig zu Problemen kommen kann. Auch der DVD-Standard, wenn man ihn denn so bezeichnen kann, wird noch nicht von allen beteiligten Firmen unterstützt, was sich sicherlich in der nächsten Zeit ändern dürfte.

DVD-Rs sind einmal beschreibbare DVDs mit Kapazitäten bis 3,9 GByte, wobei die Rohlinge mit DVD-Videos, DVD-Audios und DVD-ROM beschrieben werden können.

Abbildung 9.3 ▶ Das Speichermedium DVD-R

DVD-ROMs und DVD-Videos unterscheiden sich durch das unterschiedliche Fassungsvermögen:

- DVD-5: einseitig, 1 Schicht, Kapazität 4,7 GByte
- DVD-9: einseitig, 2 Schicht, Kapazität 8,5 GByte
- DVD-10: zweiseitig, 1 Schicht, Kapazität 9,4 GByte
- DVD-18: zweiseitig, 2 Schicht, Kapazität 17 GByte

Unter DVD-Video versteht man eine DVD mit bis zu acht Stunden hochqualitativen interaktiven Videofilm mit acht Soundspuren und 32 Untertiteln.

DVD-RAMs, also beschreibbare und löschbare DVDs werden wie folgt unterschieden:

- Einseitig, 1 Schicht, Kapazität 2,6 GByte
- Einseitig, 2 Schicht, Kapazität 5,2 GByte

Abbildung 9.4 ▶ Das Speichermedium DVD-RAM

Wie bei den bisherigen CD-Brennern auch, gibt es für das DVD-Format unterschiedliche Brenner für ein- oder mehrmaliges Beschreiben. Durch den hohen Anschaffungspreis sind solche Geräte aber noch nichts für den Massenmarkt.

DVD-Laufwerke tauchen verstärkt auf dem Markt auf, aber die älteren Geräte sind meist nicht in der Lage, alle Arten von CDs zu verarbeiten. Kaufen Sie auf keinen Fall preisgünstige Superangebote, denn hierbei handelt es sich sehr häufig um ältere Geräte, die zwar die CD-ROMs verarbeiten können, aber keine CD-Rs oder CD-RWs.

Das Fassungsvermögen einer DVD

Das Fassungsvermögen einer herkömmlichen CD liegt bei ungefähr 650 MByte. Dieser Wert wird von der DVD um einiges überboten. Die kleinste Ausführung kann bis zu 4,7 GByte Daten aufnehmen und das derzeit maximal Mögliche liegt bei 17 GByte. Diese enorme Erhöhung wird erreicht, weil die Entwickler der DVD die Daten in zwei Schichten auf der Scheibe ablegen. Bei der DVD, die nur 4,7 GByte an Daten aufnehmen kann, reicht noch eine Schicht, auch Single-Layer genannt. Um aber noch mehr Daten unterzubringen, musste eine zweite Schicht her, Dual-Layer genannt.

Um immer mehr Daten unterbringen zu können, haben sich die Entwickler für die beidseitige Nutzung der CD entschieden. Dadurch lassen sich Werte von bis zu 17 GByte pro DVD erreichen. Um nun aber diese Variante zu lesen, bedarf es besonderer Laufwerke, die auch über zwei Laser verfügen müssen, weil ein Drehen der CD natürlich weder möglich noch sinnvoll ist.

Wenn die Bilder in unkomprimierter Form auf die CD gebrannt werden, würde sich das Fassungsvermögen einer DVD schnell erschöpfen. Aus diesem Grunde werden die Daten mittels MPEG-Verfahren komprimiert. Bei diesem Verfahren werden nur die Bildpunkte abgespeichert, die sich zum vorherigen Bild verändert haben. Wie groß die Komprimierungsrate bei diesem Verfahren ist, hängt entscheidend vom Detailreichtum des Films ab.

Als Medium können DVD-Laufwerke die DVD-RAM- und PD-Medien verarbeiten. Dazu lassen sich meist auch andere Medien verwenden.

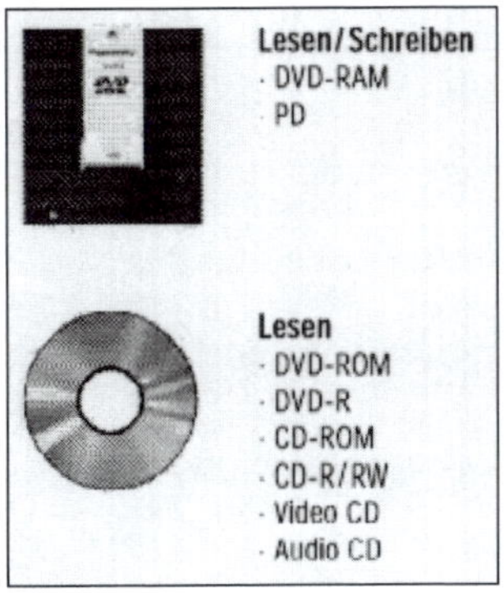

Abbildung 9.5 ▶ Die Medien für DVD-Laufwerke

Nicht jedes DVD-Laufwerk ist in der Lage, alle in der *Abbildung 9.5* gezeigten Medien zu verarbeiten. Anders als die normalen CDs befinden sich die Scheiben für das doppelseitige Beschreiben (DVD-RAM) in einer Hülle, auch PD-Cartridge genannt.

Die Geschwindigkeit einer DVD

Bei der Geschwindigkeit der DVD-Laufwerke verhält es sich wie bei den CD-Laufwerken: Der Markt bietet ständig steigende Geschwindigkeiten.

Die ersten Geräte erreichten mit einer einfachen Geschwindigkeit lediglich 1,3 MByte/s, wobei die aktuellen Geräte das zwei- oder dreifache der Werte erreichen. Damit ist sicherlich noch lange nicht das Optimum erreicht.

Je nach eingelegter Art der CD erreichen DVD-Laufwerke eine unterschiedliche Geschwindigkeit. Das Lesen einer CD-ROM geschieht heute schon mit bis zu 50-facher Lesegeschwindigkeit. Dagegen sinkt die Rate, wenn eine DVD eingelegt wird.

Weitere Besonderheiten einer DVD

Auf einer DVD-Video können bis zu acht digitale Audio-Spuren parallel zum Bild abgelegt werden. Die Tonqualität ist hervorragend und der vom Kino bekannte Surround-Sound ist möglich. Der so genannte Mehrkanalton kann im AC-3- bzw. Dolby Digital-, MPEG-2 oder anderen Formaten gespeichert werden. In diesen acht Audio-Spuren lassen sich auch verschiedene Sprachen ablegen.

Weitere Möglichkeiten der DVD sind u. a.:

- Verschiedene Kamerapositionen
- Programme mit wählbarem Handlungsverlauf
- Zusatzinformationen
- Wiedergabe von Spezialeffekten
- Nutzung von interaktiven Funktionen
- Wiedergabe verschiedener TV-Bildformate

DVD-Video auf dem PC

Der Schwerpunkt in Sachen DVD spielt sich im Moment im Bereich Video ab. Das Angebot an Filmen auf DVD-Video nimmt stark zu und auch die DVD-Player und DVD-Laufwerke werden vermehrt angeboten. Dabei sind die DVD-Laufwerke für den PC jedoch nur Lesegeräte, also DVD-ROMs.

Systemvoraussetzungen für DVD auf dem PC

Auf dem Rechner werden große Datenmengen zwischen DVD-Laufwerk, Prozessor, Grafikkarte und Bildschirm in kurzer Zeit bewegt und verarbeitet. Damit die Bild- und Tonwiedergabe flüssig abläuft, sollte der PC, der die Hauptaufgabe dabei übernehmen muss, gewisse Mindestanforderungen erfüllen:

- Ab Pentium III, 300 MHz oder vergleichbar
- 32 MByte Arbeits- oder Hauptspeicher oder mehr

- Windows 95/98/ME
- DirectX 5
- DVD-Laufwerk (2/4-fach)
- AGP-Grafikkarte (8 MByte)

Der Grafikchip sollte mit Motion Compensation und IDCT-Funktionalität ausgestattet sein.

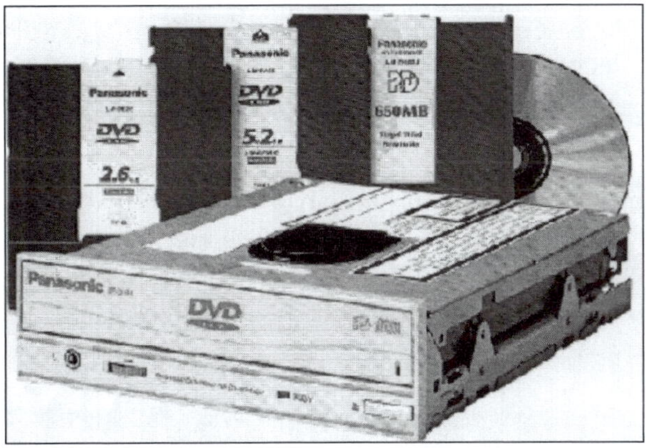

Abbildung 9.6 ▶ Ein internes Laufwerk mit einem PD-Medium

Controller und DVD-Laufwerk

Beim Abspielen von DVD-Videos ist es wichtig, dass die Daten von der DVD möglichst schnell auf den Bildschirm gelangen. Dazu ist laut Hersteller ein schneller Rechner notwendig. Sicherlich sollte der Rechner schon mindestens ein Pentium 300 sein, auf dem Windows 95/98 oder NT läuft. Als Controller ist ein EIDE-Controller völlig ausreichend. Diese Systeme steuern den Controller meist schon optimal an, aber der DMA (Direct Memory Access) sollte eingeschaltet sein. DMA erlaubt dem DVD-Laufwerk die Daten direkt in den Arbeitsspeicher zu schicken, ohne den Prozessor zu fragen. Damit hat dieser dann genügend Zeit, sich um den Softwaredekoder zu kümmern und die Daten aufzubereiten.

Betriebssystem Windows

Unter dem Windows 95/98/ME kann der direkte Speicherzugriff DMA leicht im Gerätemanager unter den Eigenschaften des DVD-Laufwerks aktiviert werden. Die dann erscheinende Warnung kann getrost ignoriert werden. Nach dem Neustart des Rechners arbeitet das Laufwerk im schnellen Modus.

Unter dem Betriebssystem Windows NT 4.0/2000 kann der DMA-Schalter nicht so einfach aktiviert werden. Aber Microsoft liefert im Service-Pack 3/4 ein Werkzeug (*DMAChecki.exe*) mit, mit dem der DMA-Zugriff aktiviert werden kann.

Grafikkarte

Nur mit der richtigen Grafikkarte macht das Anschauen von DVD-Videos auf dem PC Spaß. Mit der falschen Grafikkarte werden Sie nur ruckende Bilder auf dem Bildschirm sehen.

Abhilfe: Die Grafikkarte sollte über die Funktion *Motion Compensation* verfügen. Damit entlastet die Grafikkarte den Prozessor, weil sie einen Teil der Rechenleistung übernimmt.

Software-Decoder

Ohne den Decoder kann das Video nicht abgespielt werden. In der Vergangenheit musste es noch ein Hardware-Dekoder sein, heute reicht da schon ein Software-Dekoder. Viele Hersteller liefern einen Software-Dekoder gleich mit dem DVD-Gerät mit, bei anderen kann er aus dem Internet heruntergeladen werden. Achten Sie beim Kauf darauf und fragen Sie den Verkäufer danach.

Welches DVD-Laufwerk es sein soll

Für die Wiedergabe von Kinofilmen auf dem PC eignen sich die gängigen DVD-ROM-Laufwerke. Gängige Typen bieten schon ausreichende Geschwindigkeit bei der Übertragungsrate. Und auch die DVD-RAM-Laufwerke sind zum Abspielen der Kinofilme geeignet, in der Anschaffung aber noch sehr teuer.

Ein leidiges Thema bei den Laufwerken ist die Codefreischaltung. Bei der Hardware wird zwecks Codeüberprüfung zwischen RPC-1 und RPC-2 (Regional Playback Control) unterschieden. RPC-1-Laufwerke kümmern sich nicht um den Regionalcode, anders dagegen die RPC-2-Laufwerke. Sie speichern den Wechsel eines Regionalcodes in einem internen Zähler ab und nach wenigen Wechseln (meist 5) wird der Code fest eingetragen. Durch Firmware-Udpates kann dieser Zähler aber abgestellt werden.

Folgende 6 DVD-Regionen (RPC) existieren weltweit:

- 1 – Nordamerika
- 2 – Europa, Japan, Südafrika, Mittlerer Osten
- 3 – Südostasien
- 4 – Südamerika, Australien
- 5 – Russland, Afrika
- 6 – China

Auf dem Markt befinden sich auch Videos, die für alle Regionen freigegeben sind. Für diese Natur- und Dokumentarfilme gilt die so genannte Region 0.

Probleme der DVD

Trotz der enormen Speicherkapazität gibt es einige Nachteile beim DVD-System, die sicher in der Zukunft beseitigt werden.

Derzeit stört manchmal beim Abspielen von DVD-Videos ein Ländercode. Möchten Sie DVD-Videos abspielen, die für den amerikanischen Markt gedacht sind, so lässt dies der DVD-Player nicht zu. Jedes Video verfügt über diesen Ländercode, der vom DVD-Player abgefragt wird. Der Ländercode für Deutschland lautet 2, für Nordamerika 1. Neuere Abspielgeräte erlauben zumindest die Änderung des Ländercodes, jedoch nur in begrenztem Maße.

Neben dem Ländercode gibt es einen weiteren Punkt, der das Abspielen behindern kann: der Kopierschutz. Jedes DVD-Video verfügt standardmäßig über einen Kopierschutz. Dieser Schutz sorgt dafür, dass sich eine DVD nicht kopieren lässt. Das eigentliche Problem dieses Kopierschutzes liegt darin, dass dieser Schutz sehr rechenintensiv ist und damit den Rechner i.d.R. überfordert. Die Lösung ist der Einbau einer MPEG-Dekoderkarte in den Rechner, wobei diese Karte dem Rechner den Großteil der Rechenarbeit abnimmt.

Bei den DVD-Videos wird derzeitig der CSS-Kopierschutz der Firma Matsushita angewendet.

In der Vergangenheit trat häufig ein Problem beim Lesen und Verarbeiten von CD-Rs und CD-RWs in DVD-Laufwerken auf. Dieses Problem wurde bei den neueren DVD-Geräten behoben. Fragen Sie aber auf jeden Fall nach, ob CD-Rs/RWs gelesen werden können.

Durch die große Datenmenge einer DVD sind meist die Rechner überfordert. Außerdem verlangt das Abspielen von Videos sehr schnell eine große Menge an Daten, die der Rechner i.d.R. nicht von der DVD heranschaffen kann. Abhilfe schafft hier der Einbau einer Decoderkarte in ältere Rechner, auch MPEG-Dekoderkarte genannt. Diese Decoderkarte ist aber nicht notwendig, wenn das DVD-Gerät nur als CD-ROM-Ersatz verwendet werden soll.

Einzelne DVD-Formate

Derzeit existieren einige unterschiedliche Formate wie DVD-R, DVD-RAM und DVD+RW. Zu diesen Formaten finden Sie hier einige Informationen.

Einmal beschreibbar: DVD-R

Ein DVD-R-Laufwerk (recordable) kann eine CD mit bis zu 4,7 GByte Daten beschreiben. Dabei ist aber nur ein einmaliges Schreiben möglich.

Wiederbeschreibbar: DVD-RAM

Dieses Format erlaubt das Wiederbeschreiben von DVDs, wobei steht die Abkürzung RAM für Random Access Memory steht. Auch dieses Format erlaubt derzeit bis zu 4,7 GByte Daten auf die DVD zu schreiben. Leider hat dieses Format einen entscheidenden Nachteil: Es ist inkompatibel zu den anderen DVD-Laufwerken. Damit lassen sich diese wiederbeschreibbaren DVDs nur auf solchen Laufwerken verarbeiten.

Wiederbeschreibbar: DVD+RW

Dieses Format soll den Nachteil der DVD-RAM beheben und die Inkompatibilität aufheben. Dabei steht RW für rewritable und bedeutet wiederbeschreiben, so oft wie gewünscht. Dieses Format wird auch PC-RW genannt. Neben der Kompatibilität können Sie mit diesem Format eine größere Datenmenge auf die DVD brennen.

Voraussetzungen für den Brennvorgang

Nur wenige Hersteller bieten CD-Brenner/-Recorder an. Ähnlich wie beim CD-Brennen gibt es auch hier den Unterschied, dass die Rohlinge einmal oder mehrmals beschrieben werden können.

Mit DVD-Brenner lassen sich neben Kopien von DVDs auch CD-Rs und CD-RWs herstellen, die auf den normalen CD-ROM-Geräten abspielbar sind. Bei der Herstellung von CD-RWs jedoch ist Vorsicht geboten, hier kann es zu Inkompatibilitäten kommen.

Beim Brennen einer DVD müssen extrem große Datenmengen zwischen Brenner und PC bewegt werden. Hierzu ist i.d.R. nur der SCSI-Anschluss in der Lage. Daher gibt es auf dem Markt meist nur in- und externe SCSI-DVD-Brenner.

Wer DVDs brennen möchte, benötigt wie beim CD-Brennen auch Rohlinge, die jedoch um das Fünf- bis sSechsfache teurer sind als herkömmliche Rohlinge.

DVD-Brenner/-Recorder

Der Markt bietet eine Fülle an DVD-ROM-Laufwerken, deren Aufgabe das Abspielen von DVD-Medien ist. Solche DVD-ROM-Geräte können auch die CD-ROM-Medien lesen und verarbeiten.

Möchten Sie selbst DVDs brennen, benötigen Sie einen DVD-Brenner. Diese gibt es im Moment noch von nur wenigen Herstellern. Aber in Zukunft wird es auch von anderen Herstellern solche Geräte geben, was den Preis für ein Gerät erheblich unter 500 € sinken lassen wird.

Zu den beiden folgenden DVD-Brennern finden Sie hier einige Informationen, aber bedenken Sie, dass sich die Technik und der Preis auf diesem Gebiet schnell verändern werden:

- DVD-Writer Pioneer DVR-S201
- DVD-RAM Panasonic LF-D201

Pioneer DVR-S201

Der Pioneer DVD-Brenner kann DVS mit 3,95/4,7 GByte mit 1-facher Brenngeschwindigkeit erstellen.

Abbildung 9.7 ▶ Ein externer DVD-Brenner der zweiten Generation

Das Lesen geht ein wenig schneller als das Brennen. Mit 2-facher DVD-ROM-Geschwindigkeit werden DVDs abgespielt. Das Gerät wird als internes oder als externes Gerät geliefert. Der Anschluss erfolgt über eine SCSI-2-Schnittstelle.

DVDs und DVD-Rs werden von diesem Gerät mit bis zu 17 GByte Speicherkapazität gelesen. Außerdem verarbeitet das Gerät natürlich auch alle CD-ROM-Arten und CD-Audio und -Video-CDs.

Abbildung 9.8 ▶ Der Pioneer-DVD-Brenner

Das Pioneer-Gerät (Kosten Anfang 2001 ca. 9.000 DM) kann braucht z. B. für eine DVD mit 4 GByte Speicherplatz ca. 50 Minuten. Solche erstellten DVDs lassen sich natürlich mit dem Gerät anschließend auch verarbeiten, wobei das Lesen mit 2-fach-Speed erfolgt. Neben dem hohen Preis gibt es ein weiteres Manko: Normale CDs können nicht mit dem Laufwerk gelesen werden.

Panasonic LF-D201

Die Firma Panasonic bietet einige DVD-Brenner an, die DVD-RAMs mit 2,6/4,7 GByte Speicherkapazität verarbeiten können.

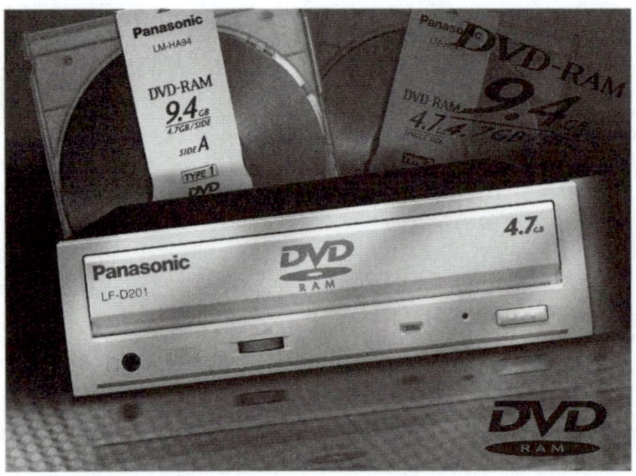

Abbildung 9.9 ▶ Ein Panasonic-DVD-Brenner

Als Schnittstelle verwenden alle Panasonic-DVD-Brenner die SCSI-2 bzw. Fast-SCSI-Schnittstelle und sind als interne und externe Geräte lieferbar.

Die Geräte unterstützen die Medien DVD-RAM, DVD-ROM, CD-ROM, Video-CD, Audio-CD und die CD-R/RW.

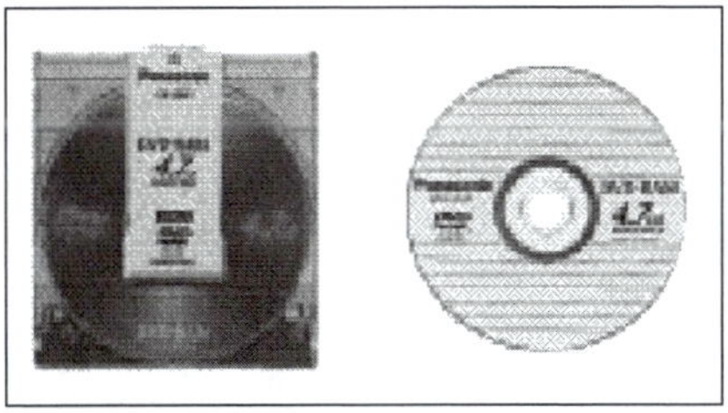

Abbildung 9.10 ▶ DVD-Datenträger

Die verwendeten DVD-Datenträger verfügen über ein Datenvolumen von 4,7 bis 9,4 GByte, wobei je nach Modell auch DVD-Datenträger ab 650 MByte verarbeitet werden können.

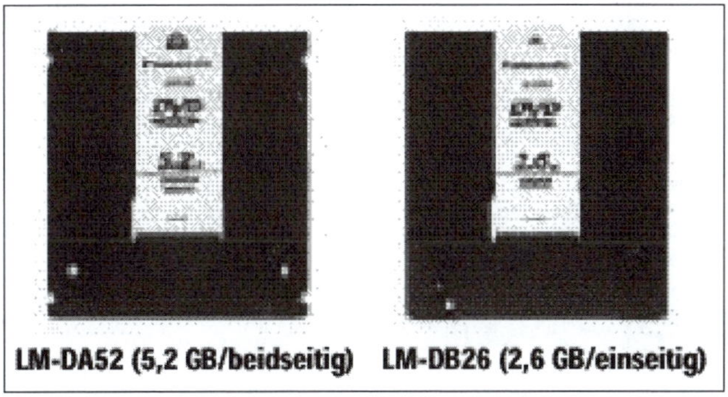

Abbildung 9.11 ▶ Ein- und doppelseitige DVD-Datenträger

Neben der Hardware erhält der Käufer bei diesen Herstellern folgende Software mitgeliefert:

- Treibersoftware für Windows und andere Systeme
- UDF-Format-Utilities
- Backupsoftware
- MPEG-Encoder/Dekoder

Die sich die Preise für DVD-Datenträger und DVD-Brenner in Zukunft stark verändern dürften, verzichten wir hier auf die Angabe. Sie finden auf jeden Fall Informationen dazu im Internet. Die notwendigen Adressen finden Sie auf der CD-ROM zum Buch.

Weitere Hardware-Hersteller finden Sie auf jeden Fall im Internet, indem Sie in den Suchmaschinen (z.B. *www.fireball.de*) nach CD-Writern suchen.

DVD-Brennersoftware

Da DVD-Brenner noch Mangelware auf dem Markt sind, gibt es kaum Software zum Erstellen von eigenen DVDs. Aber der Weg zeichnet sich schon ab: Brennsoftware, die sowohl für CD- als auch für DVD-Erstellung eingesetzt werden kann.

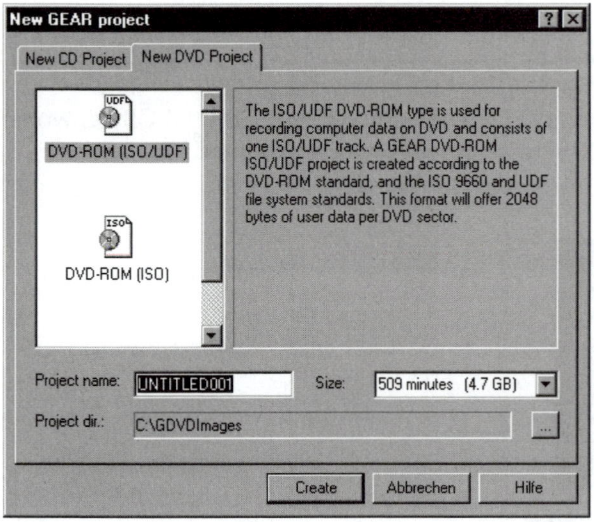

Abbildung 9.12 ▶ CDs und DVDs lassen sich mit Gear Pro erstellen

Die Installation verläuft ohne Eingriffe und erkennt selbst, welches Gerät eingebaut ist. Nach einem Rechnerneustart steht das Programm dann zur Verfügung und bietet neben Funktionsleisten und Onlinehilfe auch über ein ca. 160 Seiten großes digitales Handbuch im PDF-Format.

Mit dem Programm Gear Pro können Sie die normalen CDs erstellen und alle notwendigen Funktionen (Daten, Audio, Multisession, usw.) ausführen.

Von der Bedienung unterscheidet sich das Programm nicht wesentlich von der auf dem Markt befindlichen CD-Brennersoftware.

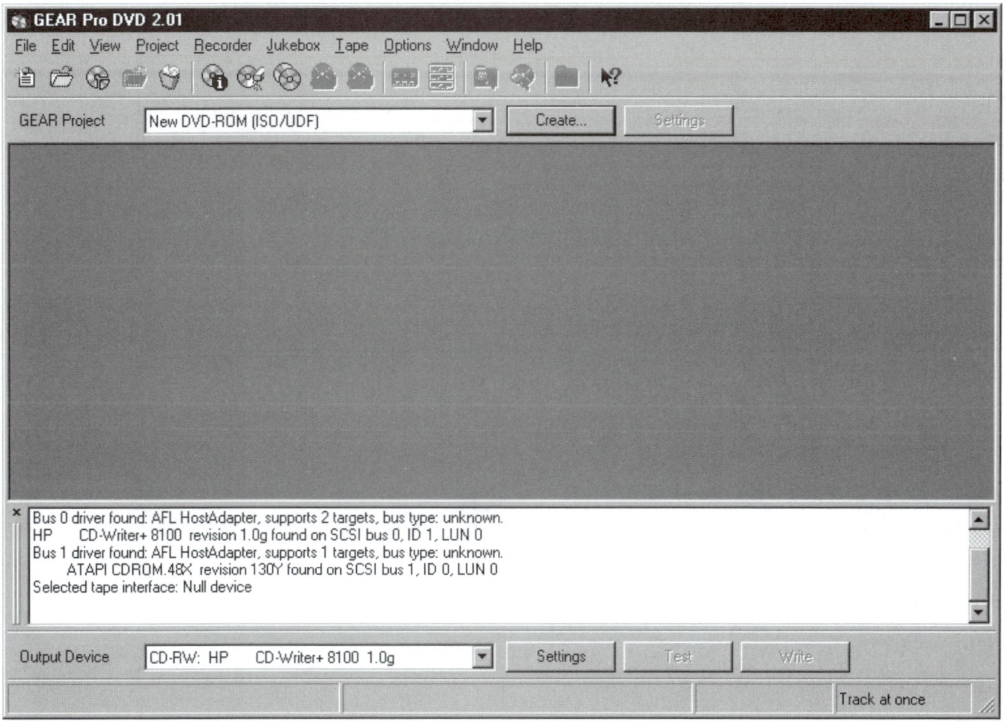

Abbildung 9.13 ▶ Gear Pro-DVD-Brennersoftware

Beim Kauf der Software ist darauf zu achten, dass die richtige Version erworben wird, denn es gibt sie in unterschiedlichen Ausführungen für diverse Betriebssysteme und Funktionen (CD, DVD).

Mit Gear Pro lassen sich DVDs von 4,6 bis 17 GByte erstellen, wobei DVD-R, DVD-RW und DVD-RAM erstellt werden können.

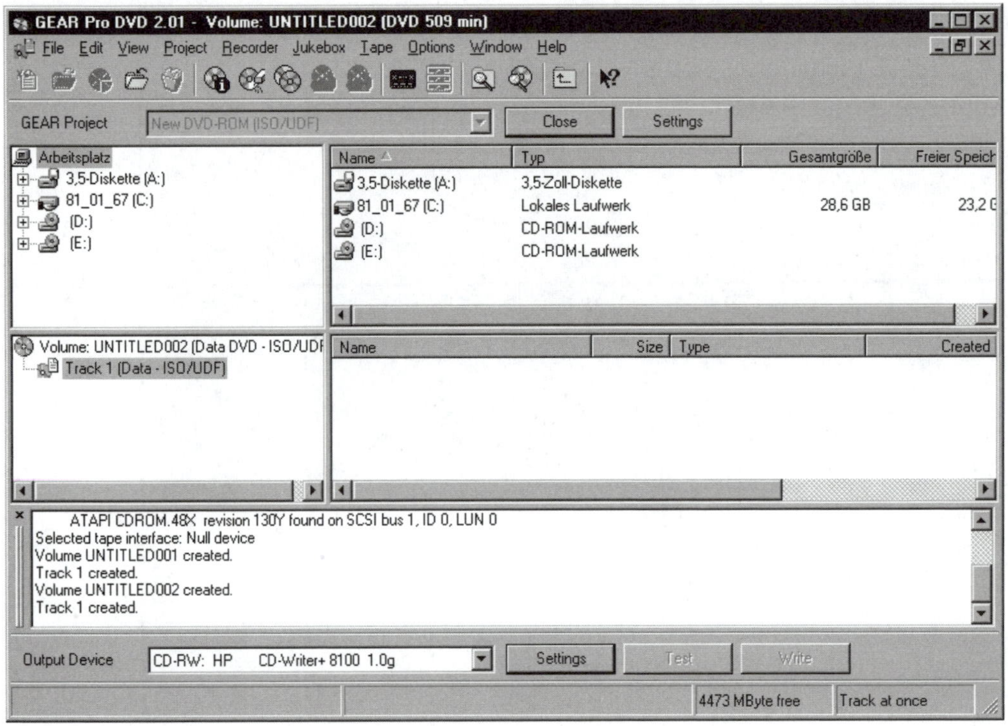

Abbildung 9.14 ▶ Auswahl der zu brennenden Daten in Gear Pro

DVD auf CD brennen

Auch heute kann schon eine DVD zu Archivierungszwecken mit einem DVD-Writer einfach kopiert werden. Aber dazu sind ein noch sehr teurer DVD-Brenner (ca. 4.500 €) und ein DVD-Rohling (ca. 30 €) notwendig. Anders geht es mit den richtigen Tipps und Tricks, wobei auch die Kopierschutzsysteme keinerlei Hindernisse darstellen.

> Das Knacken oder sonstige Verändern des Kopierschutzes ist unter Androhung von Strafe verboten.

Voraussetzungen für das Brennen einer DVD auf herkömmliche CD-Rs sind die Beachtung bestimmter Punkte, der Einsatz bestimmter Tools, ein wenig Wissen und ein leistungsstarker Rechner. Das Ganze ist aber nur möglich, wenn die große Datenmenge einer DVD so weit komprimiert wird, dass sie auf eine oder zwei normale CDs passen. Hierzu bedient man sich des Videokompressionsverfahrens MPEG-4. Der ganze Vorgang ist legal, weil der Kopierschutz dabei nicht verändert oder geknackt wird.

Um dann die stark komprimierten Videos von den CDs abspielen zu können, wird ein kleines Zusatzprogramm namens DivX benötigt, welches kostenlos im Internet zur Verfügung steht. Nach der Installation dieses Programmteiles kann der Windows Media Player die MPEG-4-Dateien erkennen und abspielen, wenn der Rechner ausreichend dimensioniert ist (ab Pentium 500 MHz und ab 128 MByte Arbeitsspeicher).

Das MPEG-4-Codec-Programm DivX finden Sie im Internet auf der Webseite *http://divxctw.cc.*

Bevor aber das Video von der kopierten CD abgespielt werden kann, sind noch einige Arbeitsschritte und Geduld (viele Stunden) notwendig.

Installieren Sie zuerst das MPEG-4-Programm (auch Codec genannt) auf Ihren Rechner. Nun starten Sie ein Programm zum Kopieren, zum Beispiel *VirtualDub.exe*. Öffnen Sie anschließend das Video auf der DVD, wobei sich mit dem Programm alle Formate von MPEG-1 bis AVI kopiert lassen.

Zuerst wird das Video auf die Festplatte kopiert, auch Rippen genannt. Dazu wird ein weiteres Tool namens Flask Mpeg DeCSS benötigt. Nach dem Kopieren auf die Festplatte folgt der Encodiervorgang, den ebenfalls dieses Programm durchführt. Nachdem einige Einstellungen (Video-/Audioformat, Bildwiederholrate, Auflösung, Datenrate, MPEG-4-Format) vorgenommen sind, kann der stundenlange Codierungsprozess beginnen.

Hier einige Tipps für den Kopiervorgang:

- Mit dem Filter *blur* wird der Film zwar etwas undeutlicher, dafür nimmt aber die Datenmenge deutlich ab.
- Durch die Verkleinerung der Auflösung (Filter *resize*) sparen Sie ebenfalls Speicherplatz.
- Über die Einstellung *Audio/Interleaving* können Sie den Ton den Bewegungen im Film anpassen, falls nötig.

Wenn der Umwandlungsvorgang beendet ist, muss nur noch die AVI-Datei auf die CD gebrannt werden.

Die hier aufgezeigte Methode soll nur dem privaten Gebrauch und der Herstellung von Sicherungskopien dienen. Sie soll nicht das Raubkopieren unterstützen, von dem sich der Verlag und der Autor ausdrücklich distanzieren.

Kapitel 10
CD-Labels erstellen

CD-Rohlinge können zur besseren Unterscheidung zwar beschriftet werden, aber dabei ist Vorsicht geboten. Besser ist die Benutzung eines runden CD-Aufklebers, der meist mit normalen handelsüblichen Druckern bedruckt und anschließend auf den Rohling geklebt werden kann.

Wenn Sie CDs brennen, entsteht meist recht schnell auch der Wunsch nach dem Erstellen von CD-Labeln. Neben einem guten Aussehen hat ein CD-Label den Vorteil, dass auf Anhieb klar ist, was sich in einer CD-Hülle befindet bzw. was auf der CD gespeichert ist. Neben dem eigentlichen Label können häufig noch Booklets (kleines Heft) und Inlays (Einlegeblatt) mit erstellt werden. Während die Inlays das Aussehen der CDs verbessern, helfen die Booklets den Überblick über den Inhalt der CD zu verbessern.

Für viele CDs ist es sicherlich nicht nötig, ein Label zu erstellen, da reicht es, wenn Sie mit einem säurefreien Filzstift (nicht mit Kugelschreiber) ein paar Informationen auf die Oberseite der CD schreiben.

Um Labels zu erstellen, können Sie sich eigenständige Programme wie z. B. CD Label Profi kaufen oder aber die eingebauten Funktionen der Brennsoftware verwenden. Beide Varianten werden hier vorgestellt.

Das folgende Kapitel soll Ihnen die notwendigen Informationen zum Erstellen von CD-Aufklebern oder Booklets geben.

Was benötigt wird

Neben dem eigentlichen Label, dem runden Aufkleber, gehören immer häufiger Vordrucke für das Inlay dazu. Diese Vordrucke können meist im Format DIN A4 im Handel erworben werden. Sie lassen sich mit jedem handelsüblichen Drucker bedrucken und werden dann an den vorgestanzten Stellen aus dem DIN A4-Bogen herausgetrennt. Auch sind Linien für das Knicken aufgedruckt, sodass sich das Layout kaum noch von einer professionellen CD unterscheidet.

Das runde Label wird dann vom Vordruck abgezogen und auf den Rohling geklebt. Meist trifft man aber nicht genau die Mitte des Rohlings, was nicht gerade optimal aussieht und auch beim Abspielen hinderlich sein kann. Damit das Aufkleben einfacher geht, bietet der Handel so genannte Zentrierhilfen an.

Eine Zentrierhilfe ist meist auch bei der Software wie Easy CD Creator enthalten.

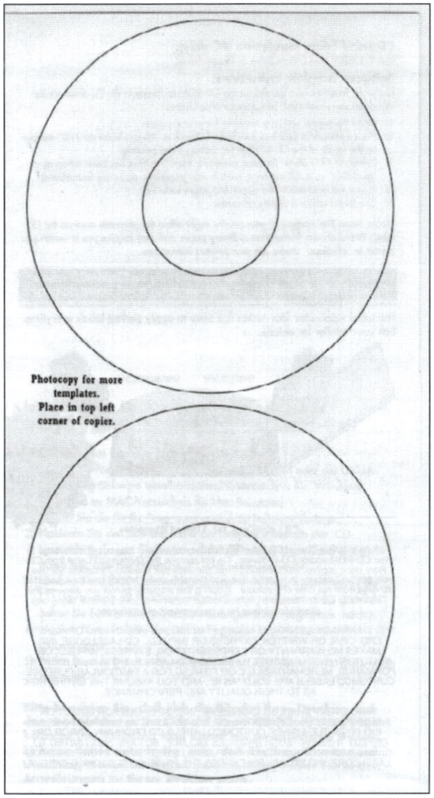

Abbildung 10.1 ▶ **Leere Labelvordrucke für die CD-Beschriftung**

Mit der Zentrierhilfe lässt sich das Label ohne Probleme richtig auf den CD-Rohling aufbringen. Sollte dies einmal misslingen, so haben Sie zwei Möglichkeiten, diesen Aufkleber wieder von dem Rohling zu entfernen:

- Sie kleben ein neues Label einfach darüber
- Sie lösen das Label in einem kurzen lauwarmen Wasserbad mit einem Schuss Spülmittel ab. Aber Vorsicht, denn hierbei kann sich die Schutzschicht ebenfalls auflösen.

Ein nicht richtig aufgeklebtes Label kann zu Problemen beim Abspielen und sogar zu Beschädigungen des CD-Laufwerks oder zu erheblichen Vibrationen beim Abspielen führen. Häufig finden Sie beim Kauf der Software in der Packung eine Zentrierhilfe. Wenn nicht, kaufen Sie Vordrucke, unter denen sich eine Zentrierhilfe befindet (siehe *Abbildung 10.2*).

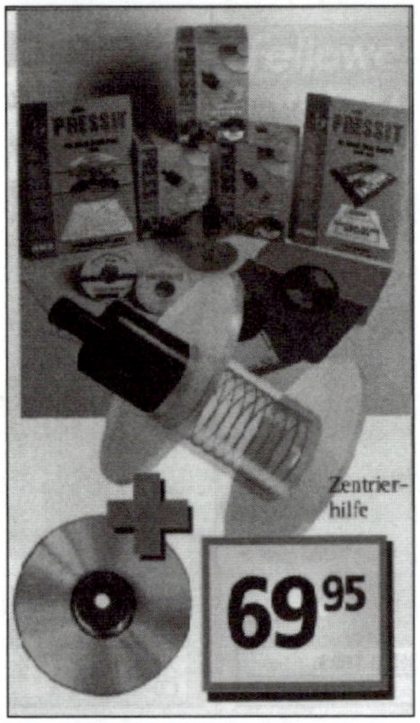

Abbildung 10.2 ▶ Labels und eine Zentrierhilfe

Fast jeder Farbtintendrucker kann diese CD-Labels bedrucken.

Erstellen von Labels mit Easy CD Creator

Im Programm Easy CD Creator finden Sie neben dem Erstellen von Daten- und Audio-CDs auch eine Funktion zum Erstellen von CD-Cover-Layouts.

Hinter diesem Layout verbergen sich die Möglichkeiten zur Erstellung von:

- Cover-Vorderseite
- Cover-Rückseite
- CD-Beschriftung (Label)

Alle drei Vordrucke sind direkt für die CD-Klappbox gedacht und lassen sich auf Normalpapier oder auf Vordrucke ausdrucken.

Im Menü *Seite* befinden sich die Aufrufe der einzelnen Funktionen. Außerdem finden Sie hier die Zoom-Möglichkeit zur Vergrößerung der Anzeige. Über die Funktionsleiste können Sie über Schaltflächen zwischen den drei Funktionen umschalten.

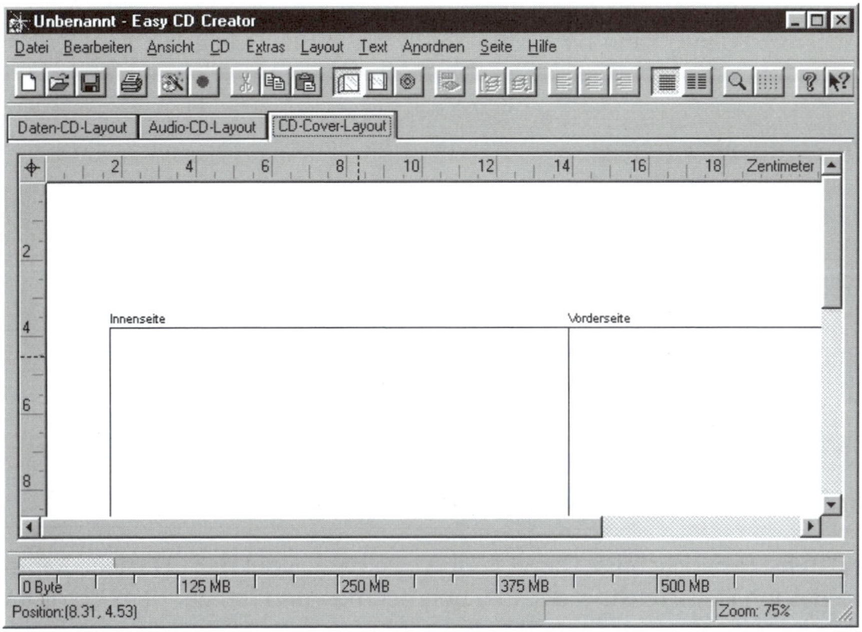

Abbildung 10.3 ▶ CD-Cover-Layout in Easy CD Creator

Erstellung der Vordrucke

Für alle drei Funktionen Vorder-, Rückseite und Label bietet das Programm den gleichen Funktionsumfang an, mit dem sich die folgenden Datengruppen bearbeiten lassen:

- Texte
- Objekte
- Daten-Schnappschuss

Bei der Eingabe von Texten sind Sie nicht völlig frei. Alle möglichen Funktionen werden in dem betreffenden Fenster zum Einfügen von Texten angezeigt. Dabei können Sie den Text drehen, eine Füllfarbe zuordnen, eine Schriftart und die Textfarbe festlegen. Den Schriftgrad, also die Größe der Schrift, legen Sie fest, wenn Sie den Text in das Bearbeitungsfenster eingefügt haben. Klicken Sie hierzu auf eine der Ecken das markierten Textes und ziehen Sie diesen dann mit der Maus in die entsprechende Größe.

Mit der Maus können Sie den Text frei auf der Arbeitsfläche bewegen und platzieren.

Neben Texten lassen sich auch fertige Grafiken von der Festplatte einfügen und ebenfalls frei auf dem Bearbeitungsfeld platzieren. Ebenso kann die Größe der Grafik mit der Maus leicht verändert werden.

Abbildung 10.4 ▶ Aufruf der möglichen Funktionen zur Labelerstellung

Eine Besonderheit ist der Daten-Schnappschuss. Damit können Sie das Layout der CD (siehe Register *Daten-CD-Layout*), also das Inhaltsverzeichnis der CD, übernehmen und frei auf dem Vordruck platzieren. Auch hier lässt sich die Größe frei mit der Maus verändern.

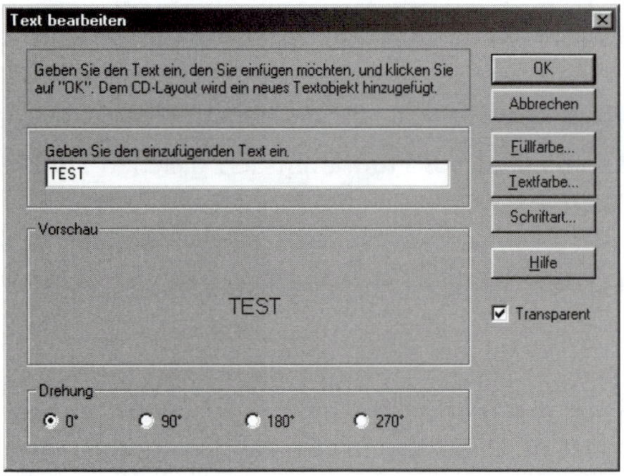

Abbildung 10.5 ▶ Möglichkeiten zur Textbearbeitung

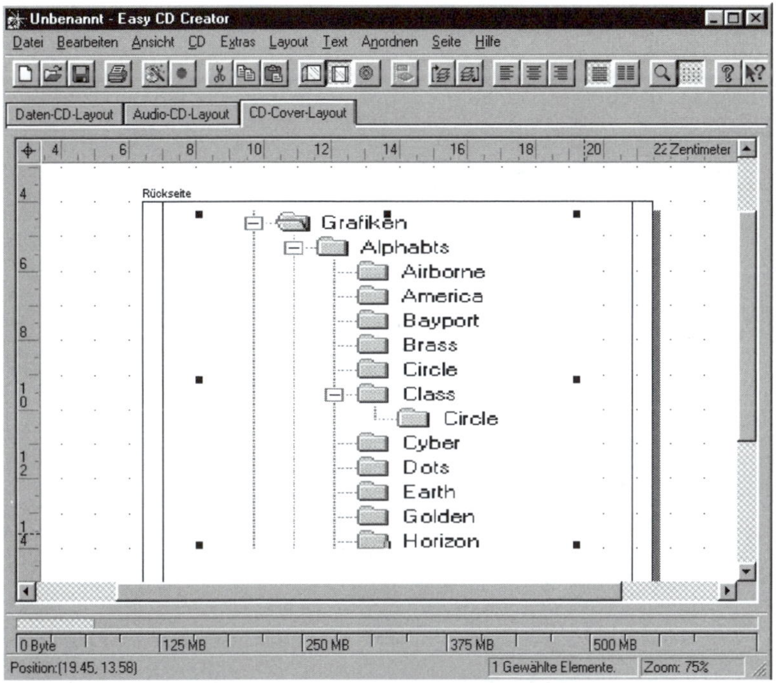

Abbildung 10.6 ▶ Einfügen des Datenlayouts, hier Daten-Schnappschuss genannt

Alle Datengruppen (Texte, Objekte und Daten-Schnappschuss) können in allen drei Layout-Ansichten Vorderseite, Rückseite und Label (CD-Beschriftung) verwendet werden. Wenn Sie in das Daten-CD-Layout wechseln möchten, können Sie das jederzeit tun. Die bereits eingegebenen Daten für die Cover- und Labelerstellung gehen dabei nicht verloren.

Neben den drei Datengruppen Texte, Objekte und Daten-Schnappschuss können Sie die Vordrucke auch mit Farben versehen:

- Füllfarbe
- Textfarbe

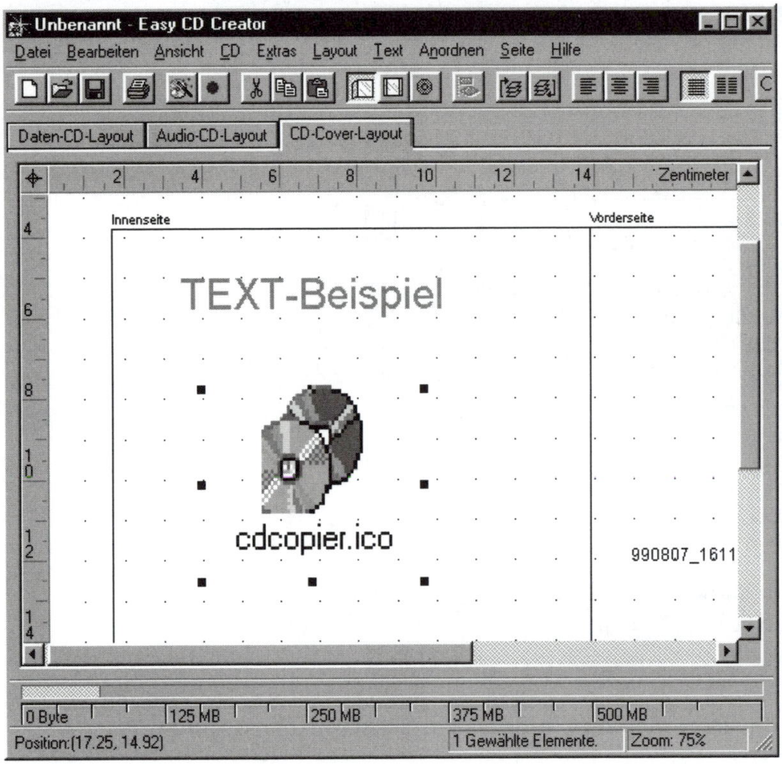

Abbildung 10.7 ▶ Text und Grafik auf der Cover-Vorderseite

Für die Texterstellung sind alle in Windows installierten Schriftarten, Schriftschnitte und Schriftgrößen benutzbar. Daneben sind die Texte drehbar und frei positionierbar.

Rasterpunkte, deren Abstände eingestellt werden können, helfen bei der Positionierung der Objekte und Texte.

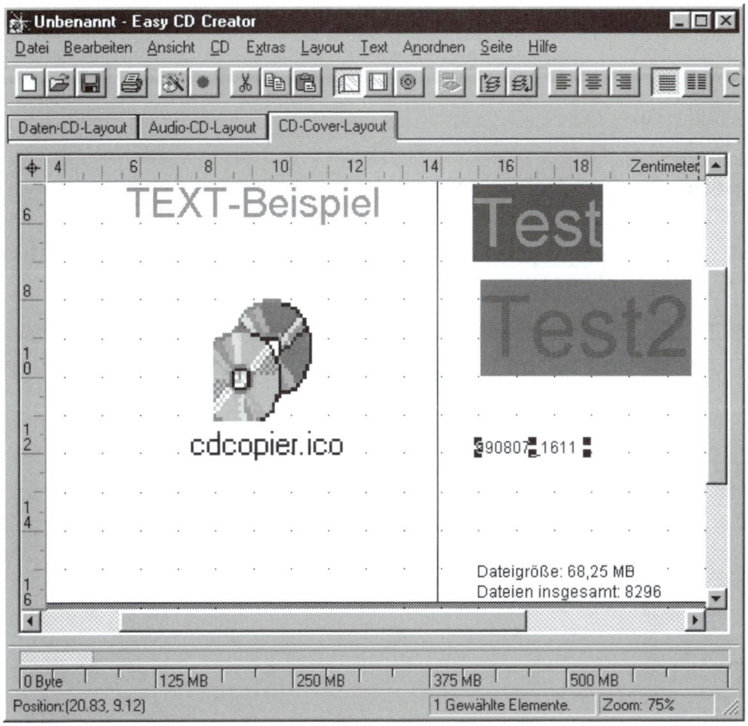

Abbildung 10.8 ▶ Farben im Vordruck verwenden

Einstellungen vornehmen

Die Label- und Cover-Erstellung verfügt in Easy CD Creator über einige Einstellmöglichkeiten. Sie finden diese Einstellungen im Kontextmenü, das Sie per Rechtsklick im Bearbeitungsfenster erhalten.

Über die Funktion *Optionen* rufen Sie das Einstellungsfenster auf. Diese Optionen erreichen Sie auch über das Menü *Layout*.

Das Fenster bietet Ihnen die folgenden Registerkarten:

- Ränder
- Einheiten
- Schrift

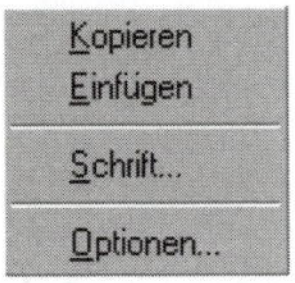

Abbildung 10.9 ▶ Das Kontextmenü des Bearbeitungsfensters

Im oberen Teil des Einstellungsfensters (*Abbildung 10.10*) haben Sie die Möglichkeit, zwischen den Layouts Vorderseite, Rückseite und CD-Beschriftung (Label) zu wechseln.

Neben den Einstellungen für Ränder haben Sie hier die Möglichkeit, die Hintergrundfarbe festzulegen. Bei Bedarf speichern Sie die aktuellen Einstellungen einfach als Standard und können sie dann später wieder verwenden.

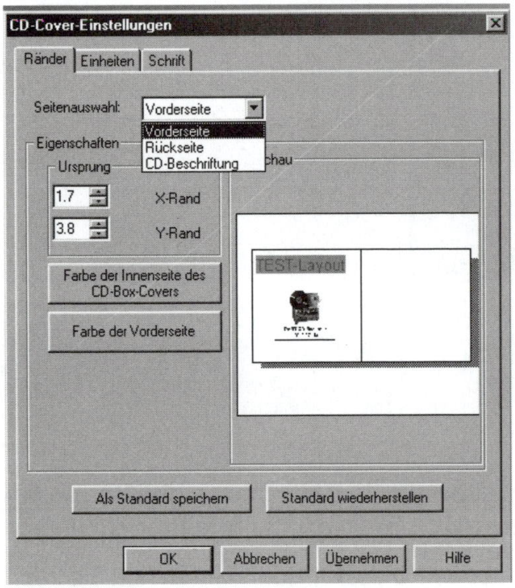

Abbildung 10.10 ▶ Die CD-Cover-Einstellungen

Auf der Registerkarte *Einheiten* geben Sie an, mit welchen Maßeinheiten Sie arbeiten möchten. Außerdem gibt es hier die Einstellung für das Raster im Bearbeitungsfenster, was die Arbeit beim Positionieren unterstützt.

Die Registerkarte *Schrift* erlaubt Ihnen die Festlegung von Schriftarten für die Gruppen Künstler, CD-Name, Track und CD-Box-Rücken.

Weitere Einstellungen für die Anordnung der Texte und Grafiken finden Sie im Menü *Anordnen*. Hier gibt es Funktionen wie z.B. links- oder rechtsbündig. Außerdem können Sie Objekte in den Vor- oder Hintergrund verschieben.

Drucken der Vordrucke

Das Drucken der Cover-Vorderseite, der Cover-Rückseite und der CD-Beschriftung erfolgt über die normale Windows-Druckfunktion, bei der die unter Windows eingerichteten Drucker verwendet werden.

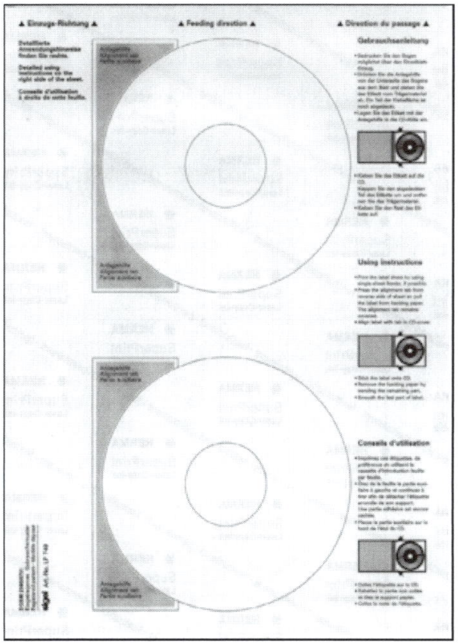

Abbildung 10.11 ▶ Vordrucke für die CD-Beschriftung im DIN A4-Format

Vor dem Druck wird der verwendete Drucker ausgewählt. Außerdem ist vorher das betreffende Papier bzw. die Vordrucke in den Papierschacht des Druckers einzulegen. Um die teueren Vordrucke nicht durch Fehldrucke zu verschwenden, sollte man vorher auf normalem Papier einen Probedruck anfertigen. Wenn das Layout in Ordnung ist, wiederholt man den Druck auf dem Vordruckpapier.

Bei den Vordrucken für die CD-Beschriftung handelt es sich um Abziehaufkleber, die vom Vordruck abgezogen und dann auf den Rohling geklebt werden. Die Vordrucke für die Cover-Vorder- und

-Rückseite besteht aus etwas dickerem Papier, wobei die Vordrucke aus dem vorgestanzten DIN A4-Bogen ausgerissen werden müssen.

Erstellen von Labels mit CD Label Profi

Mit dem Programm CD Label Profi können Sie Labels jeder Art erstellen. So gibt es auch für die CD-Label-Erstellung eine Funktionen, mit der Sie Aufkleber für die CD und die Cover-Vorder- und -Rückseite erstellen können.

Allgemeines

Das Programm CD Label Profi kann eine große Zahl von fertigen Vordrucken unterschiedlicher Hersteller verarbeiten.

Im Programm lassen sich Vordrucke einer großen Anzahl von Herstellern geordnet nach Rubriken finden. Die Suche kann nach Hersteller und Rubrik eingeschränkt werden.

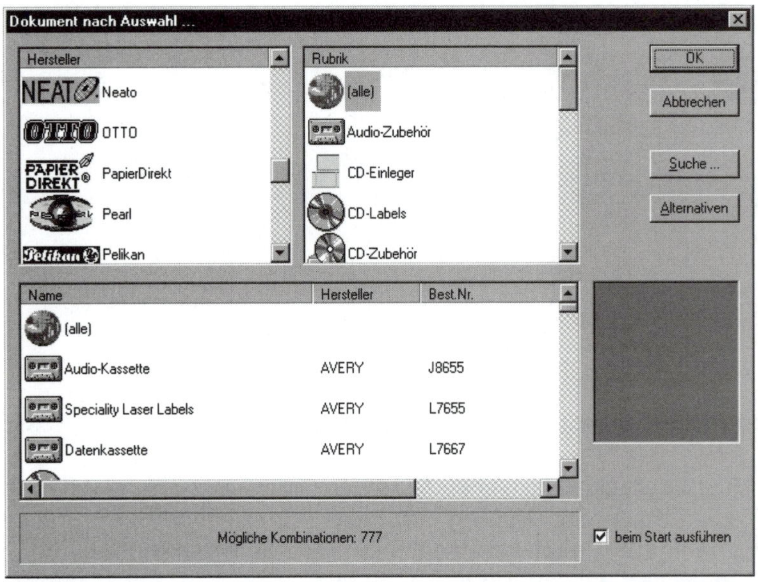

Abbildung 10.12 ▶ Viele unterschiedliche Vordrucke von einer großen Anzahl Hersteller

Bevor Sie also mit dem Herstellen und Drucken beginnen, sollten Sie die passenden Vordrucke kaufen. Schauen Sie aber vorher im Programm nach, welche Hersteller mit welchen Vordrucken unterstützt werden.

Wenn Sie eigene Formate erstellen möchten oder Ihren Hersteller nicht in der Liste finden, bietet das Programm Ihnen auch hierfür die notwendigen Funktionen.

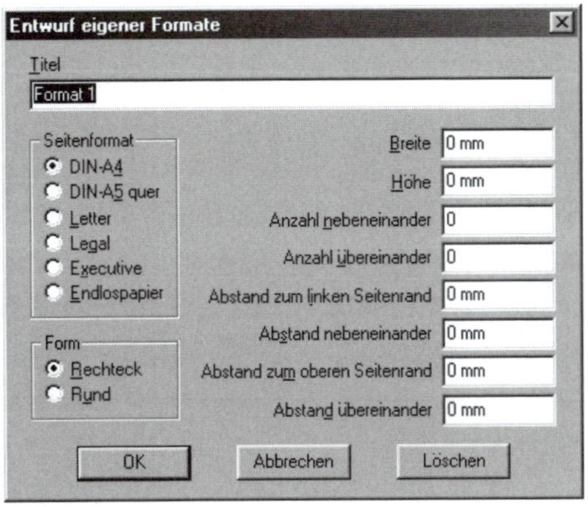

Abbildung 10.13 ▶ Erstellung eigener Formate

Neben einem Titel lassen sich das Seitenformat und die Formen festlegen. Dazu müssen Sie dann noch die Maße, die Abstände oder die Anzahl von Aufklebern pro DIN A4-Seite eingeben. Diese Arbeit ist sehr aufwendig und nur zu empfehlen, wenn die gekauften Vordrucke wirklich nicht in der Herstellerliste stehen.

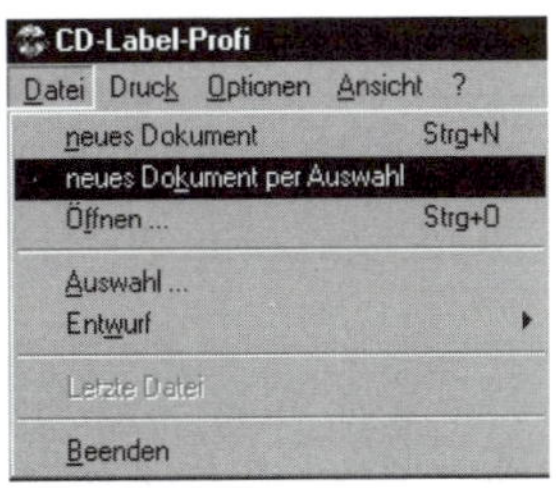

Abbildung 10.14 ▶ Der Assistent unterstützt die Erstellung von Vordrucken

Sollten Fragen beim Umgang mit dem Programm auftauchen, hilft Ihnen der Assistent. Seine Arbeit beschränkt sich aber lediglich auf die Arbeit mit vorgefertigten Labels und Vordrucken. Diese lassen sich aber im Editor dann noch verändern.

Der Assistent führt Sie Schritt für Schritt durch den Vorgang und erleichtert die Arbeit enorm.

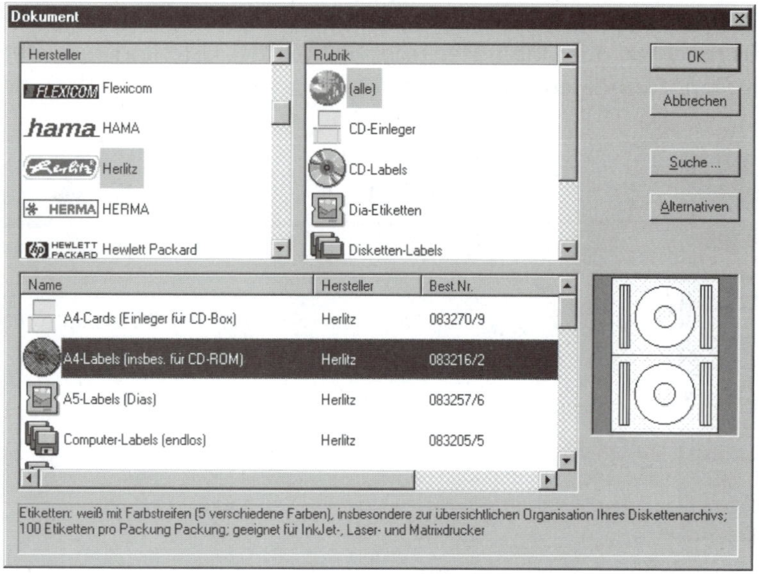

Abbildung 10.15 ▶ Start der Erstellung eines CD-Labels

Erstellen eines Labels

Zur Erstellung eines Labels oder eines Vordrucks starten Sie den Vorgang über den Befehl *Datei>neues Dokument per Auswahl* im Programm CD Label Profi. Zuerst wählen Sie den Hersteller der Vordrucke aus, die Sie gekauft haben. Falls der Hersteller eine größere Menge unterschiedlicher Vordrucke im Angebot hat, können Sie die Anzeige durch Auswahl einer Rubrik eingrenzen.

Wenn Sie das gewünschte Format (*Abbildung 10.15*) markieren, sehen Sie dazu rechts daneben den ausgewählten Vordruck im Kleinformat.

Da das Programm für eine große Menge an Vordrucken ausgelegt ist, finden Sie sehr viele Einträge in den Listen. Suchen Sie die Einträge heraus, die zur Erstellung von CD-Aufklebern und -Einlegern fähig sind.

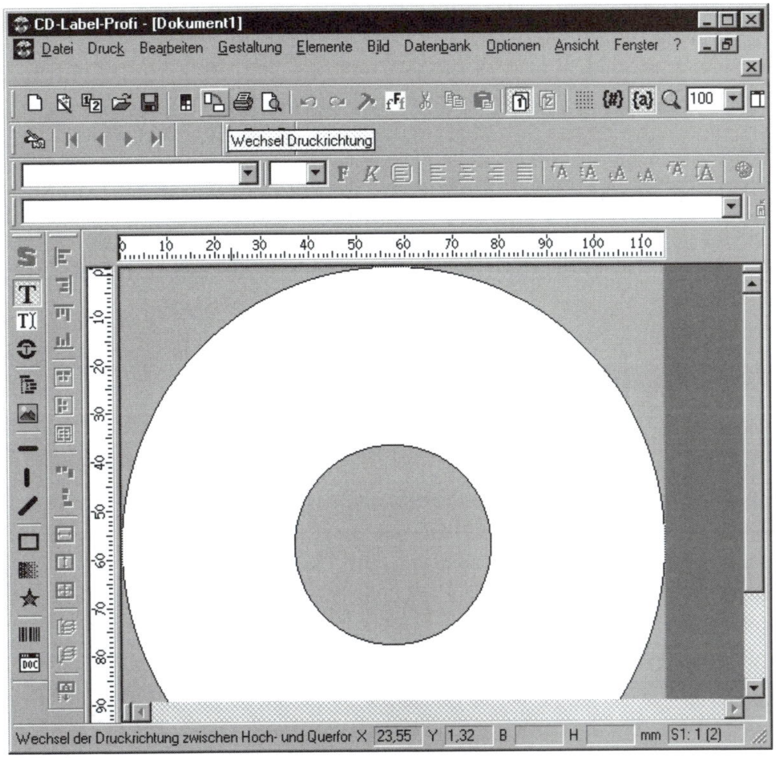

Abbildung 10.16 ▶ Im Bearbeitungsfenster sehen Sie den Vordruck

Damit ist die Auswahl abgeschlossen und Sie können nun das Label beschriften und gemäß Ihren Wünschen gestalten. Dabei sind Sie fast völlig frei. Denken Sie aber daran, dass die Texte und Objekte die Ränder des Labels und der Cover-Vordrucke nicht überschreiten. Sie werden zwar gedruckt, sind aber nach dem Heraustrennen aus dem Vordruck nicht vorhanden.

Neben frei positionierbaren Texten und Objekten bietet Ihnen das Programm CD Label Profi zur Gestaltung eine große Menge an Elementen wie z. B.:

- Schriften
- Schatten
- Farben
- Hintergründe
- Effekte

Damit lassen sich schon recht gut aussehende Labels und Cover erstellen.

Besondere Effekte finden Sie in einer großen Anzahl in dem Programm. So können Texte kreisförmig angeordnet oder aber mit einem Schatten versehen werden. Farbverläufe oder Barcode sind nur einige weitere Effekte. Natürlich lassen sich Schriften und Bilder einfügen. Alle TrueType-Schriften von Windows sind verwendbar, frei positionierbar und auch die Größe kann beliebig angepasst werden.

Das Implementieren eines Inhaltsverzeichnisses der zugehörigen CD gehört ebenso zum Funktionsumfang. Dabei werden die Daten des Daten-CD-Layouts verwendet.

Für die Erstellung von CD-Einlegern stehen Ihnen die gleichen Funktionen wie bei der Erstellung von CD-Labels zur Verfügung.

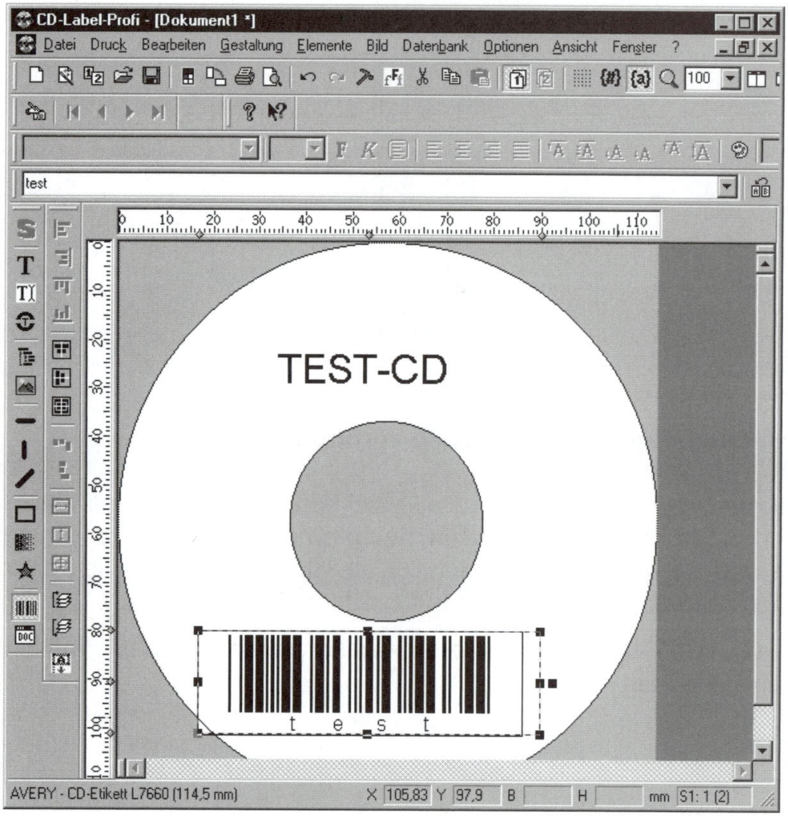

Abbildung 10.17 ▶ Das Label kann mit einer großen Anzahl Effekten versehen werden

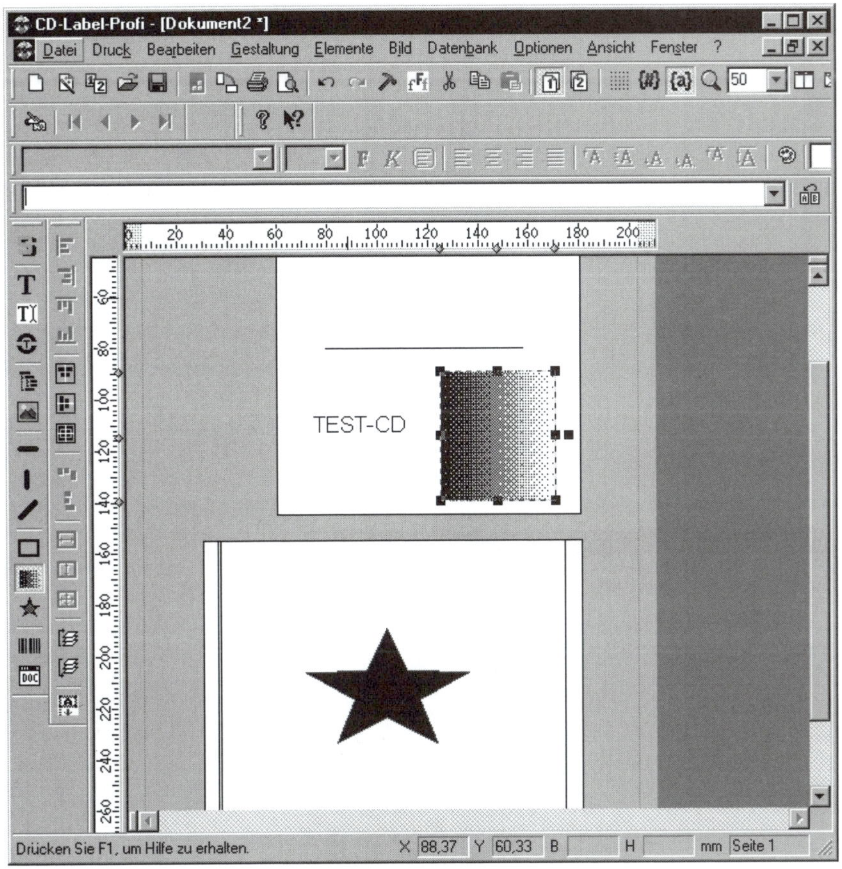

Abbildung 10.18 ▶ **Erstellung von CD-Einlegern**

Auch hier können Texte, Grafiken und das Inhaltsverzeichnis der betreffenden CD eingefügt werden. Außerdem stehen eine Menge an Effekten zur Verfügung.

Bearbeiten von vorgefertigten Labels

Wenn Sie den Assistenten von CD Label Profi verwenden, bietet Ihnen das Programm schon vorgefertigte Labels und Einleger an.

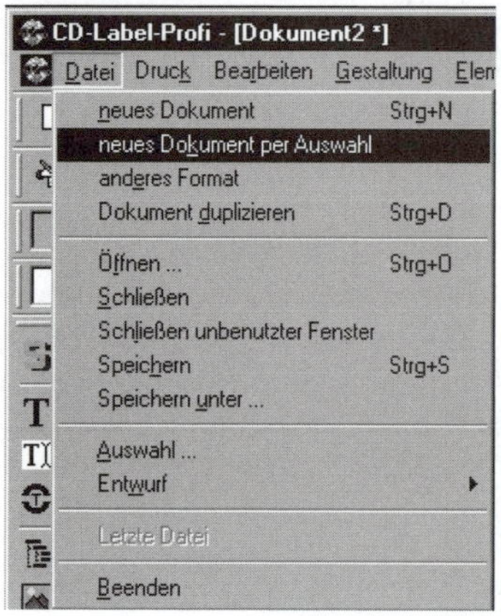

Abbildung 10.19 ▶ Aufruf des Assistenten

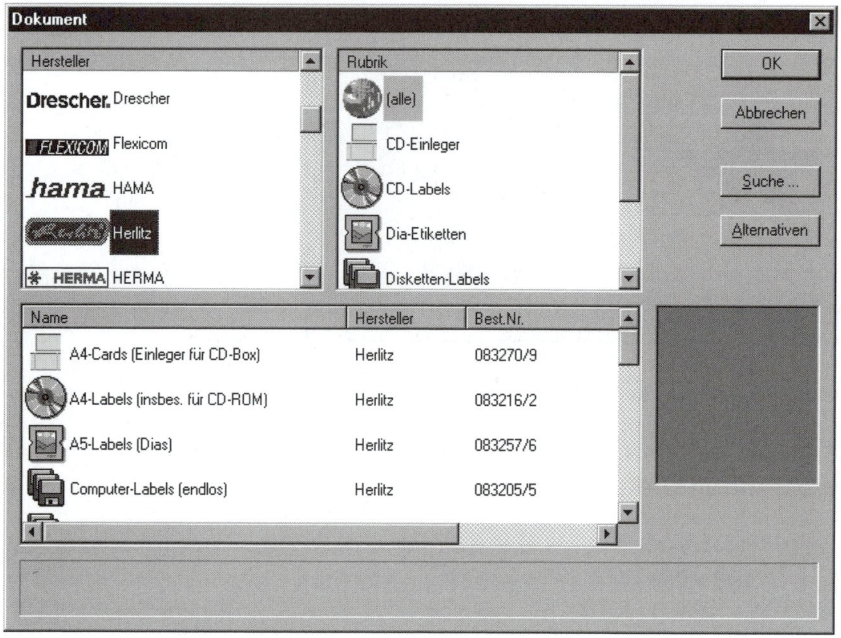

Abbildung 10.20 ▶ Alle ausgewählten Vordrucke des Herstellers

Der Assistent führt Sie Schritt für Schritt durch den Vorgang zur Erstellung von Labels und CD-Einlegern. Zuerst müssen Sie sich für den Hersteller der verwendeten Vordrucke entscheiden, dann wählen Sie eine Rubrik aus. Nun zeigt das Programm Ihnen alle ausgewählten Vordrucke.

Wenn Sie einen der Vordrucke markieren, wird dazu im rechten Fenster das fertige Layout angezeigt. Klicken Sie nun die Schaltfläche *Fertig* an und der ausgewählte Vordruck wird in den Editor übernommen und kann bearbeitet werden.

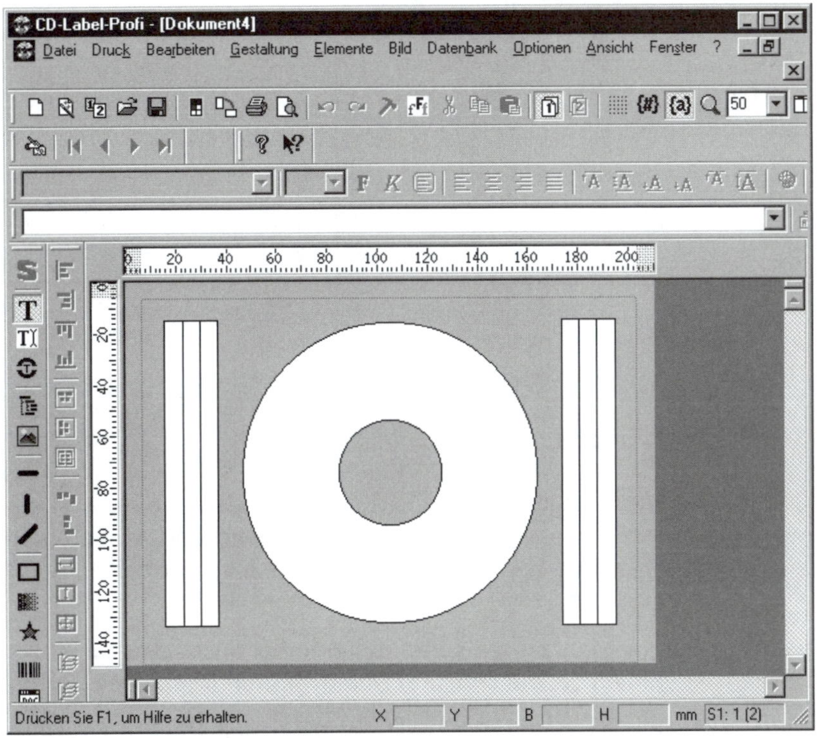

Abbildung 10.21 ▶ **Bearbeiten einer vorgefertigten Vorlage**

Erstellen von Labels mit WinOnCD

In WinOnCD finden Sie eine komfortable Funktion, um Label, Booklets und Einlegekarten zu erstellen. Das Modul nennt sich Artwork-Editor und Sie finden es im unteren Teil des Hauptprogramms über die Schaltfläche *Artwork*.

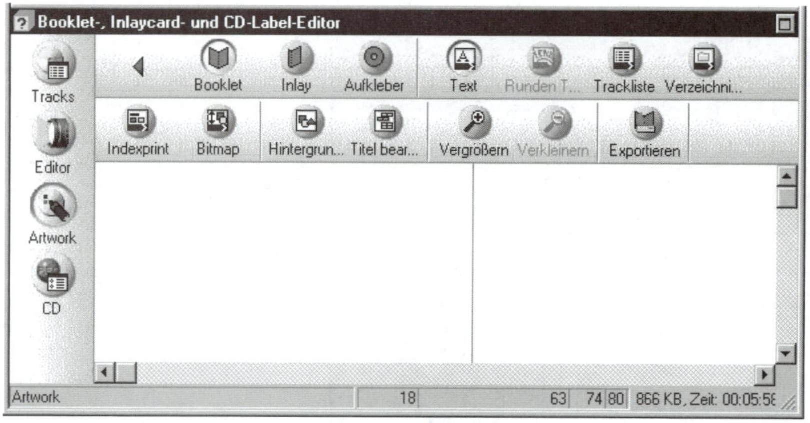

Abbildung 10.22 ▶ Aufruf des Artwork-Editors

Auch mit diesem Programm sind Sie bei der Gestaltung nicht völlig frei, sondern Sie müssen mit den gebotenen Funktionen und Möglichkeiten, die allerdings völlig ausreichend sind, vorlieb nehmen. Die Arbeit mit dem Programm bedarf keiner besonderen Hilfe, daher hilft hier der Assistent auch nicht.

Um ein Label für eine CD zu erstellen, legen Sie einfach die CD in den Brenner und starten anschließend WinOnCD. In dem Eingabefenster wählen Sie die Funktion *Daten>Session hinzufügen*.

WinOnCD wird nun die Daten der CD einlesen, damit diese u.U. für die Erstellung von Booklets, Einlegern oder Labels in Form von z.B. Inhaltsverzeichnissen verwendet werden kann.

Nach dem Start von WinOnCD sehen Sie z.B. die Tracks oder die auf der CD enthaltenen Dateien. Den Artwork-Editor finden Sie im unteren Teil des Hauptbildschirms, indem Sie auf die Schaltfläche Artwork klicken.

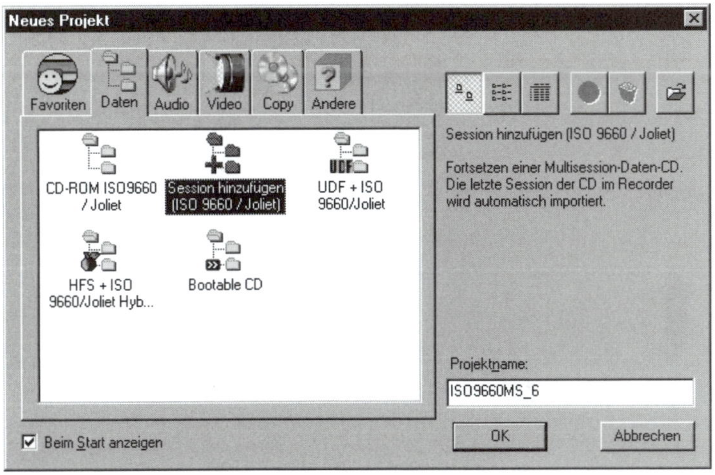

Abbildung 10.23 ▶ Aufruf von WinOnCD

Erstellung von unterschiedlichen Vordrucken

In der Buttonleiste des Artwork-Editors finden Sie die Schaltflächen für die Umschaltung zwischen den einzelnen Arten:

- Booklets
- Einlegekarten
- Labels

Das Booklet ist der Teil, den Sie in die Klappe der CD-Box einschieben, wobei es sich hierbei um eine Art Faltblatt handelt. Bei dem Inlay oder Einleger handelt es sich um eine Seite, die für die Rückseite der CD-Box gedacht ist. Ein Label sagt schon durch seine Form aus, dass es als Aufkleber für die Vorderseite der CD gedacht ist.

Sie können alle drei Vordrucke zur gleichen Zeit bearbeiten und beliebig zwischen den drei Editoren über die betreffenden Schaltflächen wechseln.

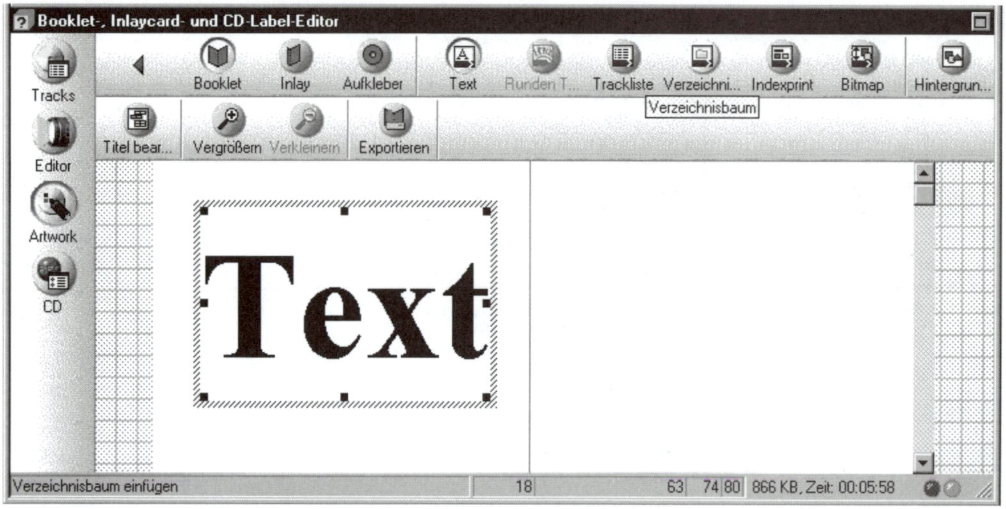

Abbildung 10.24 ▶ Der Artwork-Editor mit der Buttonleiste

Arbeit mit Grafikobjekten

Um Grafikobjekte einzufügen, klicken Sie einfach auf die gewünschte Schaltfläche in der Buttonleiste und ziehen dann mit der Maus einen Rahmen auf der leeren Arbeitsfläche. Anschließend öffnet sich ein Fenster mit den Eingabe- und Einstellungsmöglichkeiten. Das Programm verfügt über folgende Grafikobjekte:

- Texte
- Runden Text
- Track- oder Verzeichnislisten
- Grafikdateien
- Hintergrundbilder

Zum Einfügen von Texten klicken Sie auf die betreffende Schaltfläche in der Buttonleiste. Anschließend ziehen Sie mit der Maus in der Arbeitsfläche einen Rahmen (linke Maustaste festhalten). Wenn Sie die Maustaste loslassen, erhalten Sie ein Fenster mit Eingabe- und Einstellungsmöglichkeiten.

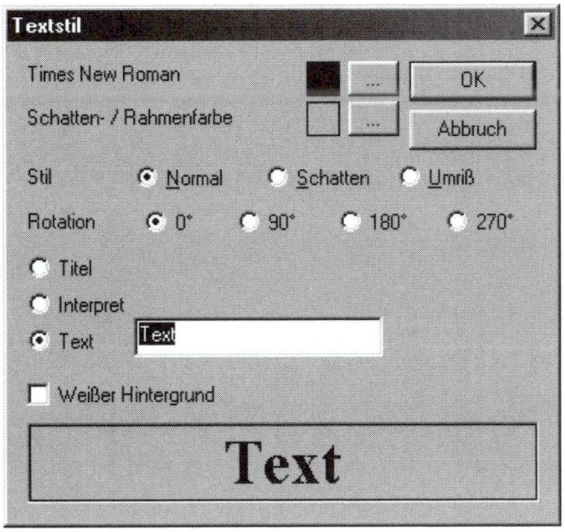

Abbildung 10.25 ▶ Eingabe- und Einstellungsmöglichkeiten für Texte

Wie Sie aus der *Abbildung 10.25* sehen, haben Sie folgende Gestaltungsmöglichkeiten bei der Texteingabe:

- Schriftart
- Rahmen und Schatten
- Stil
- Rotation

Im unteren Feld geben Sie den Text ein, der auf dem Vordruck erscheinen soll. Der anschließende Klick auf die Schaltfläche *OK* zeigt den Text auf der Arbeitsfläche. Hier kann die Position und Ausdehnung mit der Maus leicht verändert werden. Ein Doppelklick auf den Text zeigt dann wieder das Einstellungsfenster. Über die Schaltfläche *Runden* in der Buttonleiste können Sie bei der Labelerstellung den Text runden.

Mit den Grafikobjekten Track- und Verzeichnislisten lassen sich je nach CD-Typ (Daten oder Audio) die Listen aus den Ansichten *Tracks* und *Editor* einlesen. Dazu werden die Daten verwendet, die das Layout der CD bilden.

Nur wenn Sie die Layout-Daten eingelesen und in der Layoutansicht angezeigt werden (siehe *Abbildung 10.26*), können sie auch in Track- oder Verzeichnislisten übernommen werden. Über die Funktion *Datei>Neu>Session hinzufügen* werden die Daten der CD eingelesen, für die eine Track- oder Verzeichnisliste erzeugt werden soll.

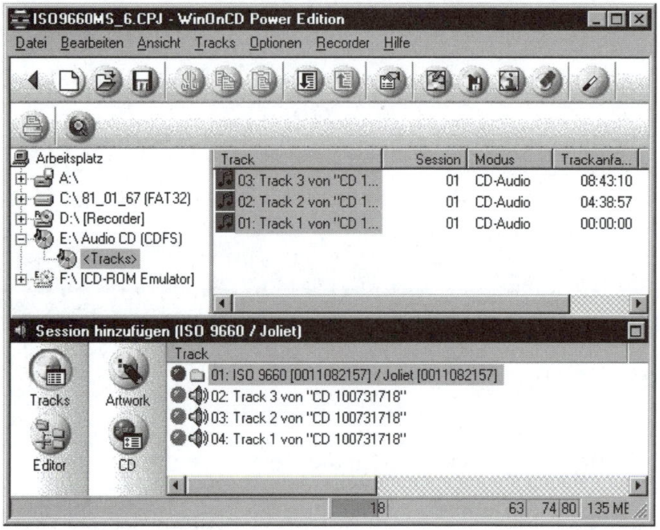

Abbildung 10.26 ▶ Track-Daten, die für die Trackliste verwendet werden

Für das Einbinden von Grafikdateien dient die Schaltfläche *Bitmap*. Hiermit kann jede beliebige Grafikdatei eingelesen und verwendet werden. Die so eingefügte Grafik lässt sich dann auch im Bearbeitungsfenster verschieben und in der Größe verändern.

Über das Grafikobjekt *Hintergrund* können Sie jede Grafik als Hintergrundbild einbinden. Das Programm liefert ein paar Beispiele mit.

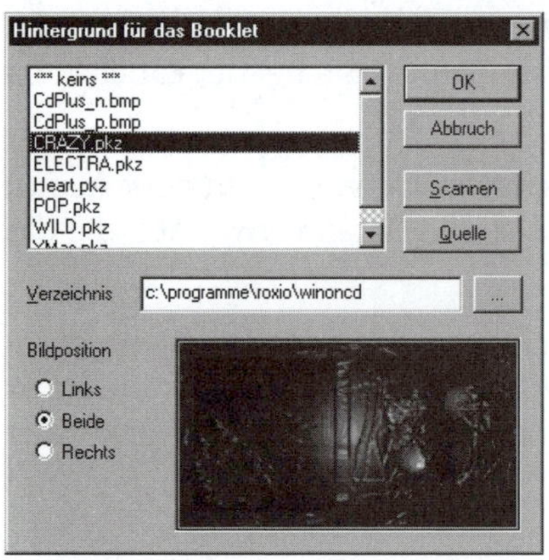

Abbildung 10.27 ▶ Bestimmung des Hintergrundbilds

Hintergrundbilder lassen sich für alle drei Arten Booklet, Einleger und Label verwenden. Dabei können vorhandene Hintergründe, beliebige Grafikdateien und eingescannte Bilder verwenden.

Drucken mit Artwork

Zum Drucken wählen Sie neben dem Layout-Typ (Booklet, Einleger, Label) den unter Windows installierten Drucker aus. Zusätzlich bietet Ihnen die Druckfunktion je nach Layout-Typ unterschiedliche Papierabmessungen an, wobei auch neue hinzugefügt werden können.

Die Druckfunktion erreichen Sie über den Befehl *Datei>Drucken*.

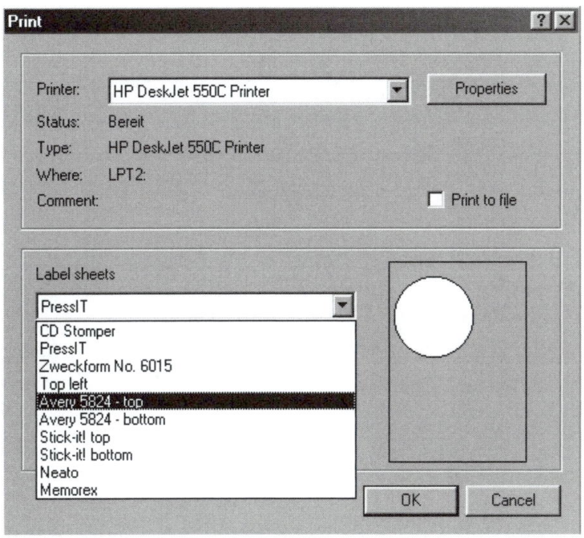

Abbildung 10.28 ▶ Drucken der erstellten Vorlagen

Anhang
Fehlerklärung/
Troubleshooting

Bei der Arbeit mit einem PC und mit diverser Software kann es häufig zu Problemen kommen, die man nicht allein lösen kann. Helfen können hier die mit der Hardware gelieferten Handbücher, die Hotline der Hersteller und andere Hilfen wie Internet oder Computerzeitschriften. Dazu finden Sie in diesem Kapitel Hilfe zu Problemen, die speziell bei der Arbeit mit CD-Brennern und Brennersoftware auftreten können.

Die Online-Hilfe

Neben den genannten Hilfen sollte immer der erste Schritt zur Suche nach Informationen die vorhandene Online-Hilfe genutzt werden. Diese Art der Hilfe hat immer mehr die gedruckten Handbücher abgelöst.

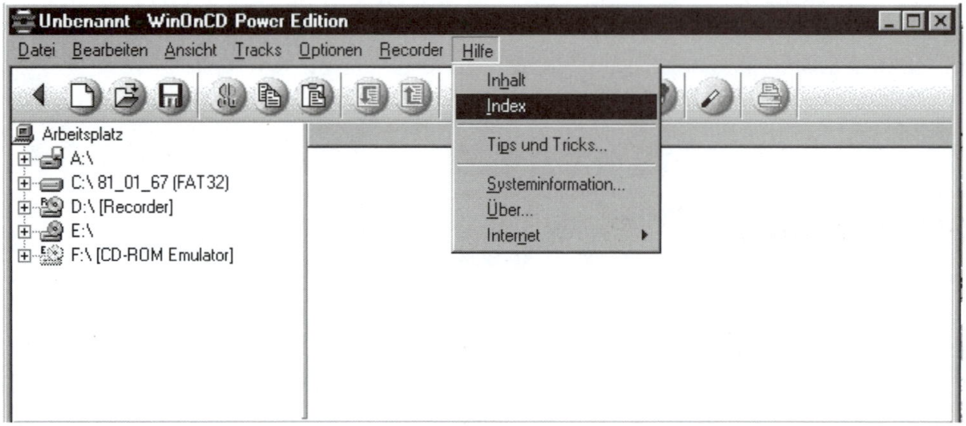

Abbildung A.1 ▶ Die Online-Hilfe wird in dem Programm WinOnCD über das *Hilfe*-Menü aufgerufen

Für die Fehlersuche finden Sie im *Hilfe*-Menü die Funktion *Index*. Diese Hilfe ist sehr umfangreich. Ohne eine Suchhilfe lässt sich hier nichts Sinnvolles finden. Daher gibt es zwei Möglichkeiten, nach bestimmten Daten zu suchen:

- Index
- Suchen

Um im Index zu suchen, geben Sie einfach Ihren Suchbegriff ein und anschließend erhalten Sie eine Ergebnisliste. Je mehr Suchbegriffe Sie eingeben, desto kürzer ist die Ergebnisliste.

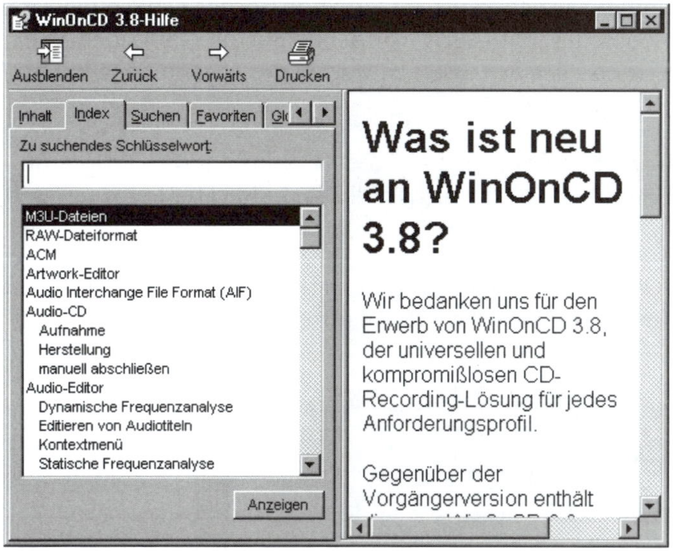

Abbildung A.2 ▶ Der Online-Hilfe-Index

Abbildung A.3 ▶ Suchen nach Informationen

Die zweite Art nach bestimmten Informationen zu suchen, ist die Funktion *Suchen* (*Abbildung A.3*). Hierbei wird Ihr Suchbegriff in einer Datenbank gesucht. Auch hier geben Sie Ihren Suchbegriff ein und erhalten sofort die Ergebnisse. Durch einen Klick auf einen Eintrag in der Ergebnisliste können Sie weitere Informationen erhalten.

Wer aber doch lieber ein Handbuch in gedruckter Form haben möchte, wird auf den Programm-CDs fündig. Hier verbergen sich meist die Handbücher, die nicht mehr in gedruckter Form geliefert werden.

So finden Sie z.B. beim Programm WinOnCD ein ca. 400 Seiten großes Handbuch in Dateiform auf der Programm-CD. Diese Daten sind im Textformat oder im Word-Format abgelegt.

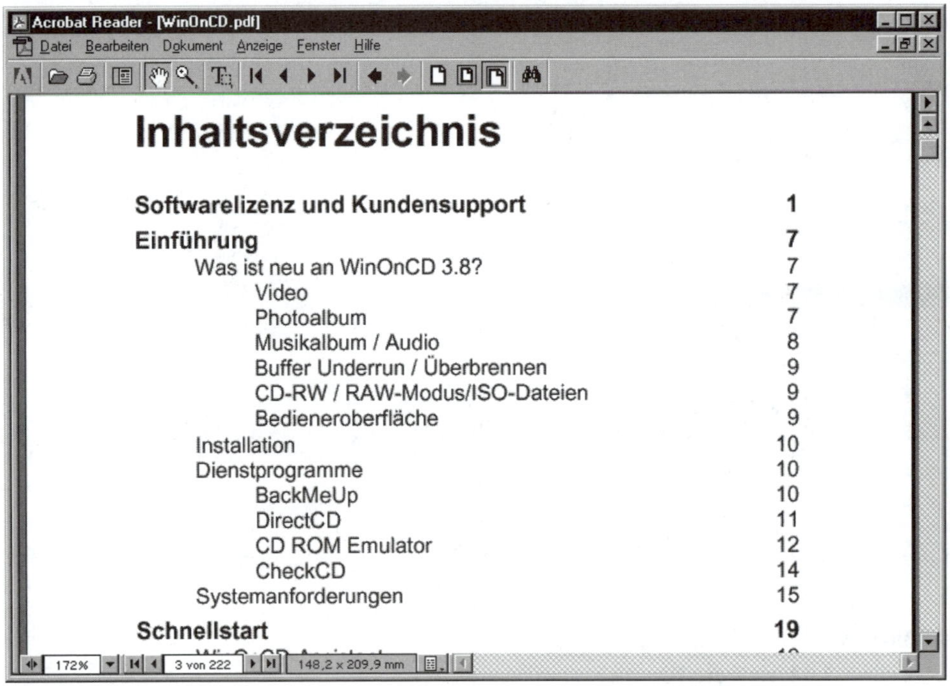

Abbildung A.4 ▶ Anzeigen des Handbuches von WinOnCD

Dieses Handbuch verfügt über ein Inhaltsverzeichnis, das Ihnen einen leichteren Überblick und eine einfache Suche erlaubt. Sie finden das Handbuch im Startmenü unter *Start>Programme>Roxio>WinOnCD>WinOnCD Handbuch.*

Fehlererklärungen im Internet

Eine weitere Quelle zur Klärung bzw. Vorbeugung von Fehlern ist das Internet. Hier gibt es diverse Foren, in denen Fragen zum CD-Brennen diskutiert werden.

Webseiten zum Thema CD-Brenner

Viele Computerzeitschriften haben eigene Webseiten und dort häufig auch Diskussionsbereiche.

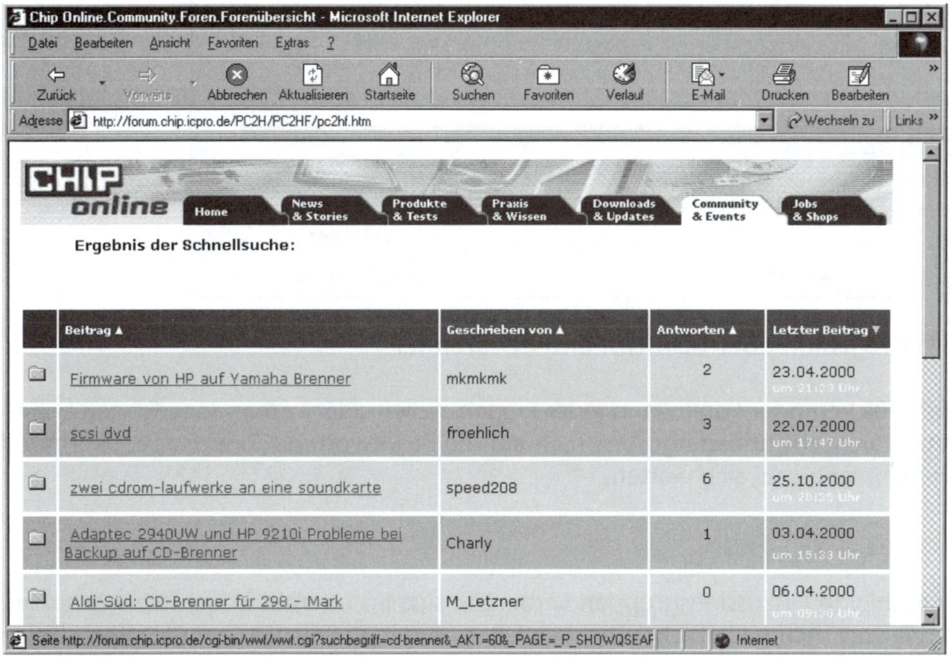

Abbildung A.5 ▶ Ein Forum bei einer großen Computerzeitschrift

In der *Abbildung A.5* sehen Sie das Ergebnis einer Suche nach dem Begriff *Brenner* auf der Webseite einer Computerzeitschrift. Hierbei handelt es sich um die Kopfzeilen der vorhandenen Einträge. Ein Klick auf die gewünschte Zeile gibt Ihnen weitere Informationen.

Sollte es Ihnen nicht ausreichen, wechseln Sie einfach in ein Forum, die es hier für eine große Anzahl Themen gibt, z.B. auch für CD-ROM.

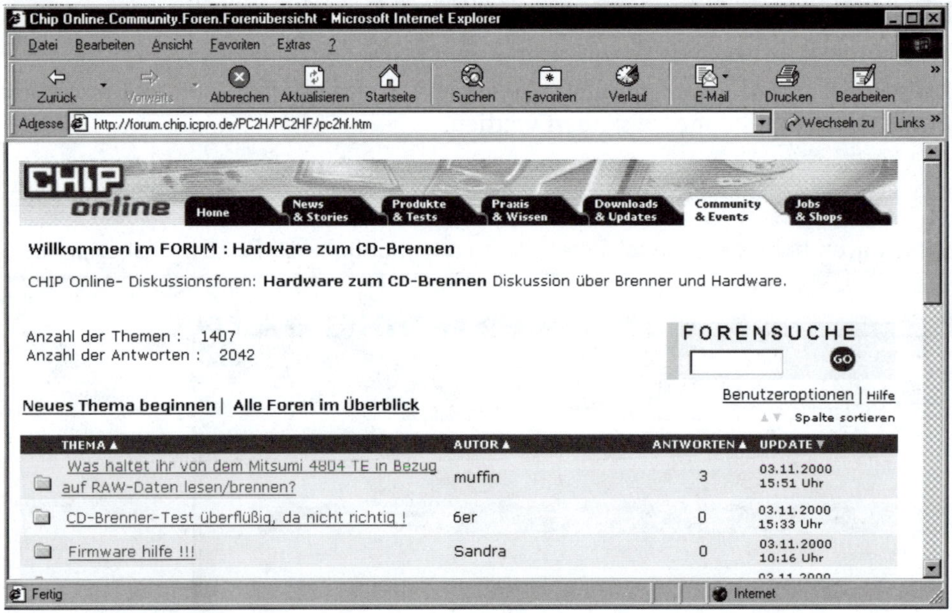

Abbildung A.6 ▶ Diskussion über CD-ROM und CD-Brenner

In den Diskussionsbereichen oder Foren kann jeder Fragen stellen oder vorhandene Fragen beantworten. Dabei haben Sie nicht unbedingt Anspruch auf die Beantwortung Ihrer Frage, aber meist lässt eine Antwort nicht lange auf sich warten.

Newsgruppen im Internet

Eine sehr große Anzahl von Diskussionsgruppen verbergen sich im Internet in den Newsgruppen. Hier gibt es Tausende von Themen in Diskussionsbereichen, in denen Privatleute und Unternehmen zu bestimmten Themen diskutieren.

Jeder kann in den Newsgruppen Fragen stellen oder beantworten. Auch hier gilt, dass Sie keinen Anspruch auf eine Antwort haben. Entweder geben Sie einfach Ihre Frage ein oder Sie suchen nach einem Suchbegriff in den vorhandenen Einträgen. Natürlich können Sie auch vorhandene Fragen beantworten. Dazu klicken Sie einfach auf den betreffenden Eintrag (*Abbildung A.7*) und schon sehen Sie, welches Problem der User hat.

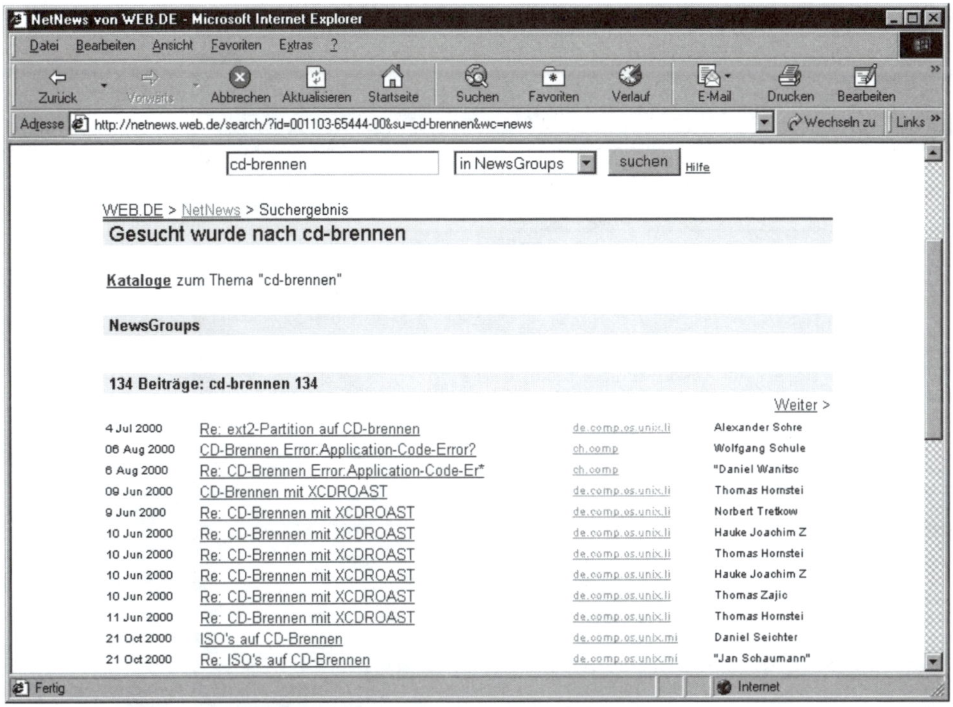

Abbildung A.7 ▶ Newsgruppen im Internet

Solche Newsgruppen können auf einfache Art benutzt werden, indem Sie einfach über Suchmaschinen die gewünschte Gruppe auswählen, z.B. *www.web.de*.

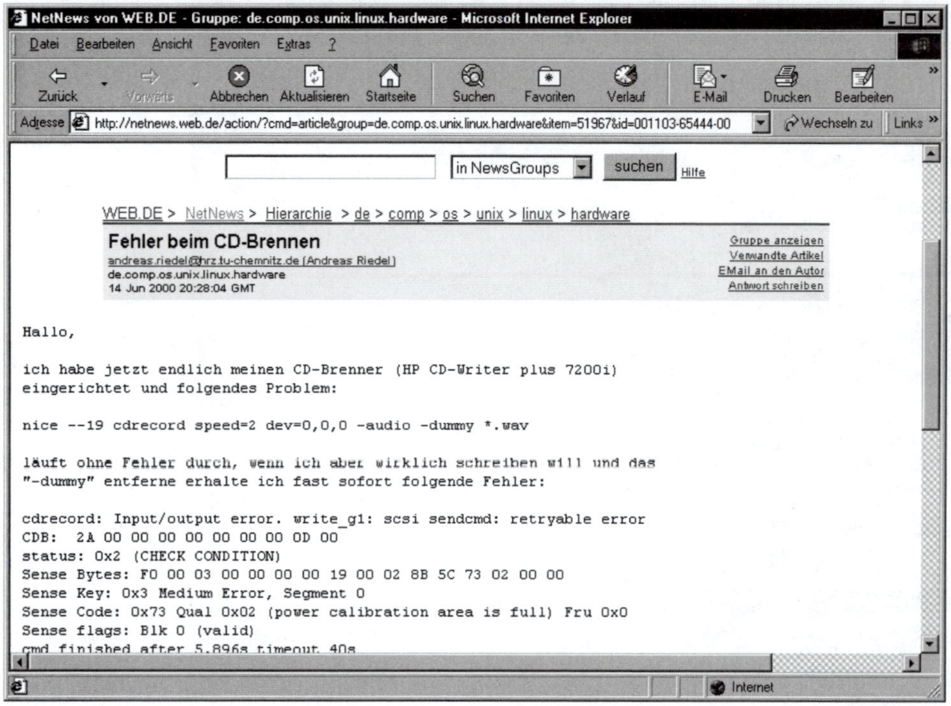

Abbildung A.8 ▶ Ein Problem eines Internet-Benutzers

Vorsichtsmaßnahmen

Um Fehler zu vermeiden, genügen meist schon einige Vorsichtsmaßnahmen. Viele Fehler lassen sich auf einfachste Art und Weise vermeiden, einige lassen sich sogar automatisch korrigieren.

Die automatische Fehlerkorrektur

Einige CD-Formate verfügen über eine automatische Fehlerkorrektur, die selbständig Fehler erkennt und beseitigen kann. Dabei können zwei mögliche Arten von Fehler auftreten:

- Herstellungsfehler
- Handhabungsfehler

Bei der Herstellung der CD können Luftbläschen oder kleine Staubteilchen ins Polycarbonat gelangen. Dadurch kann der Laserstrahl beim Lesen und Schreiben abgelenkt werden. Für die Fehlerkorrektur dürfen natürlich nicht unendlich viele Fehler auftreten.

Aber auch viele Handhabungsfehler können durch die Fehlerkorrektur behoben werden. Solche Fehler können Fingerabdrücke, Kratzer oder sonstige Verschmutzungen sein.

Da aber bei einer bestimmten Anzahl von Fehlern die Fehlerkorrektur versagt, sollten Sie die CDs mit Sorgfalt handhaben. Besonders Audio-CDs, die nicht über eine Fehlerkorrektur verfügen, sind anfällig für Fehler, die sich durch Knacken und Aussetzer bemerkbar machen.

Problem Festplattenplatz

Ein häufiges Problem beim Herstellen von CDs ist der mangelnde Festplattenplatz. Bei jedem Brennvorgang wird bei den Vorarbeiten die Festplatte benötigt, um Daten zwischenzuspeichern. Dies ist auch der Fall, wenn Sie ein CD-ROM-Laufwerk und einen Brenner im Rechner gemeinsam betreiben.

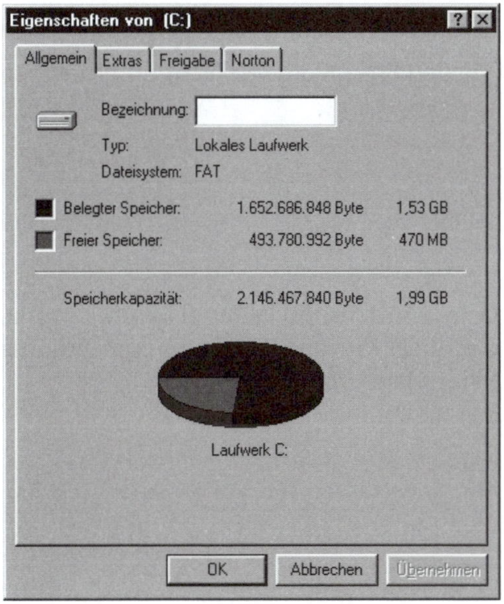

Abbildung A.9 ▶ Kontrolle des freien und belegten Festplattenplatzes

Zwar wird der Festplattenplatz meist nach Beendigung des Brennvorgangs wieder freigegeben, aber trotzdem muss dieser Platz auf der Festplatte frei und verfügbar sein. Und bei den CD-Größen von ca. 700 MByte muss diese Menge auch noch auf Ihre Festplatte passen, wenn Sie ein Image Ihrer Daten anlegen. Besser ist, wenn Sie noch ein wenig mehr Platz freihalten.

Kontrollieren können Sie den noch verfügbaren Platz über den Arbeitsplatz oder den Windows-Explorer.

Öffnen Sie den Arbeitsplatz auf und klicken Sie mit der rechten Maustaste auf die Festplatte, die Sie zum Zwischenspeichern verwenden möchten. Über die Funktion *Eigenschaften* können Sie auch grafisch schnell erkennen, wie das Verhältnis von freiem und belegtem Festplattenplatz ist. Diese Werte werden auch in Zahlen dargestellt.

Sonstige Vorsichtsmaßnahmen

Auch wenn Sie einen schnellen Rechners einsetzen, sollten Sie auf das Arbeiten mit anderen Programmen während des Brennvorgangs verzichten. Damit kann sich der Rechner und Prozessor ganz auf das Brennen konzentrieren und dem Brennprogramm genügend Daten zur Verfügung stellen.

Auch sind die folgenden Funktionen abzuschalten, damit sie den Brennvorgang nicht unterbrechen und stören können:

- Der Bildschirmschoner
- Die Energiesparfunktionen
- Die Benachrichtigung beim Wechseln der CD

Neben diesen Funktionen sollten auch alle Programme, die im Hintergrund laufen (Faxprogramme, Systemdienst, usw.), beendet werden. Damit die Daten schnell von der Festplatte zum Brenner gelangen können, sollten Sie die Festplatte regelmäßig defragmentieren.

Häufig gestellte Fragen

DirectCD nicht lesbar

Die CDs sind nur auf Multiread-CD-ROM-Laufwerken lesbar. Zusätzlich muss noch der Treiber bzw. das Adaptec-Hilfsprogramm installiert sein. Damit ist dann die im UDF-Format formatierte CD lesbar.

Audio-CD nicht, Daten-CD aber kopierbar

Wenn eine Daten-CD kopierbar ist, aber eine Audio-CD nicht, so liegt es daran, dass das Laufwerk zu langsam oder nicht dazu in der Lage ist. Lösung: Brenngeschwindigkeit herabsetzen.

Audio-CD läuft nicht auf CD-Player

Dies liegt daran, dass die Audio-CD nicht geschlossen ist.

Das Brennen der Audio-CD klappt nicht

Wenn während des Kopierens einer Audio-CD ein Fehler auftritt, bricht das Brennprogramm ab und der Rohling ist nicht mehr zu gebrauchen. Das liegt daran, dass die Brenngeschwindigkeit zu hoch ist. Audio-CDs sollten nur mit der einfachen Geschwindigkeit gebrannt werden.

CD nicht lesbar

Manchmal kommt es vor, dass Sie Daten auf die CD gebrannt haben und diese anschließend nicht wiederfinden. Die erste Maßnahme: Öffnen und erneutes Schließen des CD-Laufwerks. Es kann auch helfen, wenn Sie im Windows-Explorer die Ansicht aktualisieren ([F5]). Sollte es sich um eine mit DirectCD erstellte CD handeln, können Sie diese nicht auf einem DOS- oder einem Windows-Rechner lesen.

CD-R oder CD-RW auf DVD-Laufwerk nicht lesbar

Die ersten DVD-Laufwerke konnten CD-Rs nicht lesen. Dies liegt daran, dass diese CDs mit einer anderen Laserwellenlänge abgetastet werden. Neuere Geräte verfügen aus diesem Grunde über einen zweiten Lesesensor.

CDs lagern

CDs sollten kühl und vor direkter Sonneneinstrahlung geschützt gelagert werden.

CDs reinigen

Reinigen Sie die CD immer vom Mittelpunkt nach Außen, nicht in Kreisform. Dies ist sinnvoll, denn im Falle einer Beschädigung beim Reinigen hält sich die Anzahl der Lesefehler in Grenzen. Verwenden Sie keine säurehaltigen Reinigungsmittel, damit die Schutzschicht nicht beschädigt wird. Der Markt bietet zum Reinigen einige Artikel an.

Verkratzte Rohlinge reparieren

Zum Reparieren bietet der Handel Reparatursets an, wobei eine solche Reparatur meist wenig Aussicht auf Erfolg hat. Eher dürfte das Problem noch größer werden, weil die Reparatur mittels Schleifpaste erfolgt.

Hat die Lage der Daten Einfluss auf die Lesegeschwindigkeit?

Ja, CDs werden von innen nach außen beschrieben und auch gelesen. Die Daten, die also in der Mitte gespeichert sind, werden somit schneller gefunden und angezeigt oder ausgeführt. In WinOnCD können Sie die Lage der Daten beim Brennen durch Setzen von Prioritätsstufen beeinflussen.

Reicht zum Brennen Windows 95/98 aus?

Ja, das Problem liegt mehr bei der Geschwindigkeit des Rechners. Trotzdem ist Windows 95 oder 98 nicht das ideale Betriebssystem, besser ist da Windows NT. Dieses System verwaltet die Festplatten effektiver und läuft zudem stabiler. Allerdings läuft nicht jede Brennersoftware unter NT. *Anmerkung*: Der Brenner zum Beispiel, der zum Testen für dieses Buch verwendet wurde, läuft auf einem Pentium 100 unter Windows 98. Es gab ein paar Blue-Screens (Abbrüche), aber ansonsten läuft das System ohne Schwierigkeiten. Auf jeden Fall sollte während des Brennens nicht am Rechner gearbeitet werden.

Warum soll das Quell-Laufwerk defragmentiert werden?

Um Abbrüche beim Brennen vorzubeugen, sollten Sie sicherstellen, dass der Brenner immer genügend Daten von der Festplatte zur Verfügung gestellt bekommt. Dieser Datenfluss lässt sich verbessern, wenn die Daten zusammenhängend auf der Festplatte abgelegt sind. Durch zunehmende Fragmentierung (Zerstückelung) verlängert sich auch der Lesevorgang von der Festplatte. Dies liegt daran, dass die Schreib- und Leseköpfe der Festplatte mehr Bewegungen durchführen müssen, wenn die Dateien nicht komplett an einer Stelle abgelegt sind.

Der Rohling lässt sich nicht mehr lesen

Der erste Schritt, den Sie unternehmen sollten, ist der Versuch, die CD auf einem anderen Rechner zu lesen. Wenn auch dies nicht funktioniert, bleibt nur der Versuch, die Daten der CD von einer auf diese Fälle spezialisierten Firma retten zu lassen. Dies klappt jedoch nicht immer und ist auch nicht gerade billig.

Glossar

Wer sich mit dem Thema CD-Brennen beschäftigt, wird häufig auf Abkürzungen und Begriffe stoßen, die ihm unbekannt sind. Auch kann es passieren, dass mit unterschiedlichen Begriffen ein und derselbe Vorgang gemeint ist. In diesem Kapitel finden Sie Erklärungen zu den einzelnen Themen und Begriffen.

Benutzen Sie dieses Kapitel als Nachschlagewerk, bedenken Sie aber, dass die Aufzählung auf die im Buch vorkommenden Begriffe beschränkt sind.

CD-Techniken und Abkürzungen leicht erklärt

Hier finden Sie Beschreibungen zu Begriffen, die im Buch oder bei der Arbeit mit einem CD-Brenner häufig vorkommen können.

ADPCM

Adaptive Delta Pulse Code Modulation ist ein spezielles Kompressionsverfahren für Audiodaten.

AIFF

Audio Interchange File Format. Dieses Format dient dem Austausch von Audiodaten zwischen Computern. Das Brennerprogramm WinOnCD kann dieses gebräuchliche Audio-Format (Dateierweiterung **.aif*) lesen.

ASPI

Advanced SCSI Programmers Interface. Über den ASPI-Layer arbeiten z. B. Brennerprogramme mit dem an dem SCSI-Bus angeschlossenen Brenner.

ATAPI

Attachment Packet Interface. Über dieses Interface können Geräte (nicht nur Festplatten) über den EIDE-Port angesprochen werden.

BLER

Siehe *Block Error Rate.*

Block

Mit Block wird die kleinste Einheit einer Daten-CD bezeichnet. Dabei ist ein Block i.d.R. so groß wie ein Sektor, also 2.352 Byte.

Block Error Rate

Hiermit wird die Fehleranzahl gezählt, bevor die automatische Fehlerkorrektur Fehler beseitigt (Abkürzung BLER).

Blue Book

Diese Bezeichnung gibt Auskunft über die Spezifikation einer CD-Extra.

Booklet

Dies ist ein kleines Heft, das in die Klappe der CD-Box gesteckt werden kann. Es kann z.B. mit den Brennerprogrammen erstellt werden.

Boot-CD

Eine bootfähige CD soll im Notfall zum Start des Rechners dienen. Dazu bekommt die CD einen Systemordner, aus dem heraus das Betriebssystem gestartet werden kann. *Hinweis*: Zum Booten des Rechners mit der CD müssen Sie noch im BIOS einstellen, dass der Rechner auch vom CD-Laufwerk gestartet werden kann.

Bridge-CD

Spezielle Form der CD-ROM/XA, auf der auch Computerdaten mit dem Dateisystem ISO 9660 abgelegt sind. Diese Computerdaten können vom CD-I-Player mittels spezieller Programme gelesen und angezeigt werden. Ein Beispiel für eine Bridge-CD ist eine Video-CD oder die bekannte Photo-CD.

Buffer

Der Buffer ist ein interner Speicherbereich eines CD-Brenners, der Unterbrechungen beim Datenfluss vom Rechner zum Brenner auffängt.

Buffer Underrun

Buffer Underrun bedeutet, dass der interne Buffer während eines Brennvorgangs keine Daten mehr enthält und auch das Nachfüllen nicht schnell genug stattfindet. Der Brennvorgang bricht ab und der Rohling kann u.U. unbrauchbar werden. Im günstigsten Fall ist nur der angefangene Track nicht mehr zu verwenden.

> In WinOnCD 3.8 gibt es eine neuartige Technologie zur Vermeidung von Buffer Underrun u.a.

Burst Error

Ein anderer Name für das Resultat, welches Kratzer, Fingerabdrücke und Schmutz verursacht haben.

Burst Transfer Rate

Übertragungsgeschwindigkeit, mit der die Daten aus dem internen CD-ROM-Puffer gelesen werden.

Cache

Mit Cache wird ein Speicherbereich im Arbeitsspeicher des Computers bezeichnet, in dem das CD-Brennerprogramm die Daten zwischenspeichert, die auf die CD gebrannt werden sollen.

Caddy

Dies ist eine gesonderte Hülle einer CD oder eines Rohlings. In diesem Caddy wird die CD in den Brenner oder in das CD-Laufwerk geschoben.

Abbildung B.1 ▶ Zwei Caddys zur Aufnahme von CDs

CAV

Constant Angular Velocity. Hiermit wird das konstante Abtasten einer CD, unabhängig von der Lage der Daten bezeichnet.

CD

Compact Disc. Speichermedium aus Polykarbonat, einer Reflektorschicht und einer Schutzschicht. Ein Rohling verfügt zusätzlich über eine Schreibsubstanz zwischen dem Polykarbonat und dem Metallreflektor.

CD-DA

Compact Disc-Digital Audio. Hierbei handelt es sich um eine Musik-CD, auch Audio-CD genannt. Es ist der bekannte Standard, der im RedBook beschrieben ist.

CDDB

Hiermit wird eine Audio-CD-Datenbank im Internet bezeichnet, die Audio-CD-Informationen wie Titel oder Autor enthält. Diese Informationen können zum Anlegen von Playlisten verwendet werden.

CD-E

CD-Erasable. Dies ist die alte Bezeichnung für eine CD-RW.

CD-Enhanced

Dies ist eine ältere Bezeichnung für die CD-Extra.

CD-Extra

Dieses CD-Format speichert wie die Mixed Mode-CD Computer- und Audiodaten auf einer CD, wobei hier anders als bei der Mixed Mode-CD in der ersten Session die Audiodaten abgelegt sind. Außerdem beinhaltet die CD-Extra weitere Informationen wie Texte und Bilder, die von Multimedia-PCs und speziellen CD-Extra Abspielgeräten wiedergegeben werden können.

CD+G

Dieses Format gibt es schon sehr lange und wird auch CD Plus Graphics genannt. Hierbei werden zusätzlich Grafiken und Texte in die so genannten Subcodes der Sektoren einer Audio-CD aufgenommen. Heute dürfte dieses Format aber kaum noch Bedeutung haben und daher auch nicht von vielen Brennerprogrammen unterstützt werden.

CD-I

Compact Disc Interaktiv. CDs mit diesem besonderen Format lassen sich nur auf CD-I-Playern abspielen. In diesem Format werden Playstation-CDs hergestellt.

CD-MO

Compact Disc Magneto-Optical. Dies ist ein optisches Speichermedium auf magnetischer Basis, das aber nichts mit CDs zu tun hat.

CD-Plus

Vorgänger von CD-Extra.

CD-R

CD-Recordable. Ein Rohling, der mit einer organischen Schreibschicht versehen nur einmal beschrieben werden kann. Im Unterschied zur gepressten CD werden beim Brennen einer CD-R die Daten mit dem Laser in einer speziellen Schicht eingebrannt. Ältere CD-ROM-Laufwerke haben öfter Schwierigkeiten beim Lesen von CD-Rs, besonders wenn sie im Multisession-Betrieb erzeugt wurden.

CD-Rohling

Siehe *Rohling*.

CD-ROM

CD-Read Only Memory. Dies ist die herkömmliche nur lesbare CD, auch Mode 1-Disc genannt. Sie wurde von den Firmen Philips und Sony erfunden, um Computerdaten zu speichern. Der Standard einer CD-ROM ist im YellowBook festgelegt. Alle Daten der CD werden in einem Track mit einer Blockgröße von 2048 Byte abgespeichert. Die Differenz zur physikalischen Blockgröße (2352 Byte) wird für zusätzliche Informationen und für die Fehlererkennung und -korrektur verwendet.

CD-RW

CD-Rewritable. Dies ist ein Rohling, der bis zu 1.000 Mal wiederbeschrieben werden kann.

CD-Text

Mit CD-Text ist das Einfügen von Daten wie Songtitel, Name des Interpreten und CD-Titel auf einer Audio-CD gemeint. Diese Texte werden beim Abspielen der CD auf dem CD-Player angezeigt.

CD-WO

CD-Write Once. Hierbei handelt es sich um eine einmal beschreibbare CD.

CD-XA

CD Extended Architecture ist ein Standard für eine Multimedia-CD, die Audio, Video und Computerdaten auf einer CD vereint.

CIRC

Cross Interleaved Reed-Solomon Code. Hierbei handelt es sich um eine rudimentäre Fehlerkorrektur bei Audio-CDs.

Cooked

Hiermit wird ein Sektor beschrieben, der entgegen einem RAW-Sektor nur Nutzdaten enthält.

Cuesheet

So wird eine Textdatei bezeichnet, die den Brenner mit notwendigen Informationen für die zu schreibenden Tracks versorgt.

DAO

Siehe *Disc at Once.*

Digitalisieren

Analoge Signale werden für den Computer in ein lesbares Format umgewandelt (digitale Daten).

Disc at Once

Ein CD-Rohling wird in einem Vorgang komplett gebrannt. Wenn Audio-CDs nicht im DAO-Verfahren erstellt werden, entstehen zwischen den Aufnahmen Pausen. Da bei diesem Vorgang alle Daten auf einmal auf die CD kopiert werden müssen, muss der Rechner diese Daten ohne Unterbrechung liefern und zur Verfügung stellen können. Zu beachten ist, dass nicht alle CD-Brenner dieses Verfahren unterstützen.

Drag & Drop

Hierbei werden mittels der Maus eine oder mehrere Dateien von einer Stelle zu einer anderen bewegt bzw. gezogen. Dabei wird z.B. eine Datei mit dem linken Mausknopf markiert und bei gedrücktem Mausknopf zum Ziel bewegt. Hier wird der Mausknopf losgelassen und die Datei damit kopiert bzw. verschoben.

DVD

Digital Versatile (vielseitig) Disc. Hierbei handelt es sich um ein neues Verfahren, bei dem bis zu 17 GByte Daten auf einer CD gespeichert werden können.

DVD-Audio

Ähnlich wie die Audio-CD (16 Bit/44 kHz), jedoch mit höherer Auflösung und Sampling-Frequenz (bis zu 24 Bit/192 kHz).

DVD-R

Eine einmal beschreibbare DVD, 3,9 oder 7,8 GByte Speicherkapazität.

DVD-RAM

Eine wiederbeschreibbare DVD, 2,6 oder 5,2 GByte Speicherkapazität, nicht kompatibel zur DVD-ROM und DVD-Video.

DVD-ROM

Eine Read-Only-DVD, DVD-Video-kompatibel, 4-17 GByte Speicherkapazität.

DVD-RW

Eine wiederbeschreibbare DVD mit 3,95 oder 7,9 GByte Speicherkapazität.

DVD+RW

Eine wiederbeschreibbare DVD mit 3 oder 7 GByte Speicherkapazität.

DVD-Video

Eine Read-Only-DVD, ähnelt der DVD-ROM und ist die Videoversion dieser DVD-ROM.

ECMA

Die Abkürzung ECMA steht für European Computer Manufactures Association oder Vereinigung europäischer Computerhersteller. Diese Vereinigung hat viele Standards im Bereich der CDs und des CD-Recordings veröffentlicht.

EIDE

Siehe *IDE*.

EPP

Enhanced Parallel Port, auch Druckerport oder Druckeranschluss genannt.

Fehlererkennung

Alle CD-Formate (CD-DA, CD-ROM, CD-ROM/XA, CD-I) verwenden Verfahren zur Fehlererkennung und -korrektur. Dabei sind Fehler gemeint, die bei der Herstellung entstehen und beim Betrieb der CD auftreten. Bei der Herstellung können Bläschen oder Staub die CD verschmutzen. Beim Betrieb stören Fingerabdrücke, Kratzer oder Verschmutzungen das Abspielen. Die Fehlererkennung kann bis zu 250 Fehler pro Sekunde korrigieren. Die Fehlerbeseitigung beruht auf redundanten Daten in Verbindung mit mathematischen Algorithmen zur Erkennung der Fehler und zur Rekonstruktion der ursprünglichen Daten.

Finalisieren

Wenn das Lead-Out auf die CD geschrieben wird, ist die CD und die Session finalisiert oder geschlossen. Damit ist die CD für ein weiteres Beschreiben gesperrt.

Fixed Packet Writing

Hierbei handelt es sich um eine Unterscheidung des Incremental Packet Writing, wobei die Datenpakete eine feste Länge haben. Fixed Packet Writing findet bevorzugt bei dem Brennen von Rewritables Anwendung. Das Gegenstück ist das variable Packet Writing.

Fixieren

Wenn das Lead-Out auf die CD geschrieben wird, ist die Session fixiert oder geschlossen. Anschließend kann, wenn noch Platz vorhanden ist, eine weitere Session auf die CD geschrieben werden.

Freeware

Mit Freeware wird ein Vertriebsweg für Software bezeichnet, wobei die Software kostenlos verwendet werden darf.

Green Book

Festlegung der Spezifikation für eine CD-Interactive (CD-I).

HFS

Hierarchical File System. Das Dateisystem für Apple Macintosh-Rechner.

Hybrid-CD

Eine Hybrid-CD ist eine CD, die DOS/Windows und auch Macintosh-Partitionen enthalten kann. Die Daten werden hier im ISO 9660- und im HFS-Format abgelegt und sind damit von beiden Systemen lesbar. Auch eine CD, die mehrere Sessions enthält und noch nicht abgeschlossen ist, wird als Hybrid-CD bezeichnet.

ID

Dies ist die Adresse eines Geräts am SCSI-Bus.

IDE

Ein Bus-System für die Kommunikation zwischen Computer und Geräten wie z. B. einem CD-Brenner.

Image

Die Kopie eines Tracks beim Brennen einer CD. Dieses Image wird auf der Festplatte abgelegt, wobei diese Dateien die Dateierweiterung RAW tragen.

Incremental Multisession

Bei dieser Schreibtechnik werden unterschiedliche Sessions miteinander verknüpft, damit eine in mehreren Arbeitsschritten erstellte CD so aussieht, als ob sie in einem Vorgang erstellt wurde.

Incremental Packet Writing

Erstellung einer CD, bei der diese in kleinen Datenpaketen gebrannt wird. Nach jedem Schreibvorgang kann eine Pause eingelegt werden. Auch ist die Gefahr eines Buffer Underrun durch die kleinen Datenpakete sehr gering.

Inlay

Ein Inlay ist ein Einlegeblatt für die Rückseite und Frontpartie einer CD-Hülle.

ISBN

International Standard Book Number

ISO

ISO steht für International Standards Organisation oder Organisation für internationale Standards. Diese Vereinigung legt Standards für alle Bereiche der Technik und Wirtschaft fest.

ISO 9660

Hierbei handelt es sich um ein universelles und plattformübergreifendes Dateisystem für CDs. Es ist ein international standardisiertes Format, das von vielen Herstellern unterstützt wird. Dieser Standard ist auch als ECMA-119 bekannt. Da dieser Standard mit allen Systemen zusammenarbeiten soll, muss er alle Einschränkungen der einzelnen Systeme enthalten, ist somit der kleinste gemeinsame Nenner. ISO 9660 CDs sind normalerweise CD-ROMs. Für das Windows-Betriebssystem ist ISO 9660 das wichtigste CD-Format überhaupt geworden. Dateinamen müssen im Format 8.3 aufgebaut sein, sie dürfen zusätzlich nur aus Großbuchstaben (A bis Z) und den Ziffern 0 bis 9 bestehen und als einziges Sonderzeichen ist der Unterstrich (_) erlaubt. Folgt dem Dateinamen keine Dateierweiterung, muss auf jeden Fall ein Punkt folgen.

Verzeichnisnamen dürfen ebenfalls nur acht Zeichen lang sein und keine Erweiterung besitzen. Die Verschachtelung ist auf acht Ebenen begrenzt. Bei diesen Einschränkungen orientiert sich dieses Format an dem alten DOS-Betriebssystem, nicht aber an Windows. Hierfür wurde das Format Joliet geschaffen, das sich mehr an Windows orientiert. Wenn die CDs auf unterschiedlichen Plattformen benutzt werden sollen, ist auf jeden Fall das Format ISO 9660 anzuwenden.

Joliet

Hierbei handelt es sich um eine Erweiterung des ISO 9660-Standards für Windows 95/98/NT und für Macintosh OS. Da das ISO 9660-Format das Windows- und Apple-Betriebssystem stark einschränkt, haben beide Firmen eigene Erweiterungen für ihre Systeme entwickelt. Der Nachteil liegt darin, dass CDs mit diesem Format nur auf den beiden genannten Systemen lesbar sind.

Die Erweiterungen bei dem Format Joliet erlauben Dateinamen bis zu einer Länge von 64 Zeichen im Unicode. Jede CD im Joliet-Format enthält zwei Dateisysteme, um die Kompatibilität zu anderen Systemen zu gewährleisten.

Ländercode

Aufteilung der Welt in Regionen zur Sicherstellung der Filmverwertung.

Label

Der Aufkleber für die Oberseite der CD, also die nicht beschriebene Seite, kann als leerer Vordruck gekauft und dann bedruckt werden.

Lands

Siehe *Pits*.

Lead-In

Dies ist ein Vorspann, der vor jeder Session geschrieben wird und ein Inhaltsverzeichnis (TOC) und weitere Informationen über die geschriebenen Tracks enthält. Jedes Lead-In belegt auf der CD ca. 9 MByte an Speicherplatz.

Lead-Out

Dies ist der Nachspann, der das physikalische Ende einer Session kennzeichnet. Es enthält entgegen dem Lead-In keine Daten und wird immer zusammen mit dem Lead-In geschrieben. Das erste Lead-Out einer CD belegt ca. 13 MByte, alle folgenden etwa 4 MByte an Speicherplatz.

Master

Mit Slave wird das jeweils zweite Gerät an einem der ATAPI-Ports, und mit Master das erste Gerät bezeichnet.

Eine CD, die zum Pressen von weiteren CDs verwendet werden soll, wird ebenfalls Master genannt. Dabei ist zu beachten, dass solche Master-CDs mit dem Disc at Once-Verfahren erstellt werden.

Midi

Music Instruments Digital Interface. Dies ist eine Schnittstelle, die die Kommunikation und den Datenaustausch zwischen Musikinstrument und Soundkarte regelt.

Mini-Disc

Die Mini-Disc wird häufig fälschlicherweise als CD bezeichnet, ist aber in Wirklichkeit eine MO-Disc. Sie entspricht keinem CD-Standard, nicht einmal der MO-Spezifikation des OrangeBook. Die Mini-Disc wird für die Speicherung von Audio-Daten im Unterhaltungsbereich verwendet.

Mixed Mode-Disc

Dies ist eine CD, die sowohl Daten als auch Musik enthält.

Mode 1/2

Mit Mode 1-Disc sind CD-ROMs gemeint und mit Mode 2 werden CD-XAs bezeichnet.

Motion Compensation

Mittels Motion Compensation kann MPEG höhere Komprimierungsraten erreichen. Dabei werden einzelne Bildteile betrachtet, die unverändert geblieben sind, aber ihre Position gegenüber dem vorhergehenden Bild verändert haben. Damit müssen dann nur noch die Positionsdaten übermittelt werden, was zu einer enormen Verringerung der Datenmenge führt. Grafikkarten, die diese Funktion unterstützen, entlasten den Prozessor des Rechners erheblich.

MP3

Ein neues Format zur Ablage von Musikdateien. Dabei braucht dieses Format sehr wenig Festplattenplatz (ungefähr ein Zehntel von WAV), indem es ein geniales Kompressionsverfahren anwendet, was sich aber kaum auf den Klang und die Wiedergabe auswirkt. MP3 hat nichts mit MPEG-3 zu tun, sondern bedeutet MPEG-1, Layer 3.

MPEG

Motion Picture Export Group. MPEG-2 ist ein Kompressionsverfahren, mit dem ein hoher Komprimierungsgrad bei hervorragender Bildqualität erreicht wird. Vereinfacht ausgedrückt werden nur die Bildpunkte des folgenden Bilds abgespeichert, die sich gegenüber dem Vorgänger verändert haben. MPEG-2 erfasst aber auch Bildteile, die sich komplett verschoben haben und speichert so nur die Bewegungsdaten ab. Der Nachteil der Kompression besteht darin, dass für die Komprimierung extrem viel Rechenaufwand notwendig ist. Daher wird für die Anzeige von Videos ein schneller Rechner bzw. ein schneller Prozessor benötigt.

Für die Video-CD wird vorwiegend MPEG-1 angewandt, wobei es in Zukunft durch MPEG-4 ersetzt werden soll. MPEG-3 spielt keine Rolle mehr.

MPEG-1

Mit 352 mal 288 Pixel verfügt das MPEG-1-Format über die geringste Auflösung der digitalen Komprimierverfahren. Und bei einer Video-CD sind es sogar noch weniger. Durch die Grafik- und Decoderkarten werden die zusätzlichen Bildzeilen einfach wieder hinzugerechnet und fertig ist das Bild.

MPEG-2

Bei diesem Format werden 720 x 576 Pixel erreicht, wobei dies noch nicht für realistische Bilder reicht. Trotzdem gibt es DVD-Videos mit diesem Verfahren, wobei sich diese Filme auch mit etwas leistungsschwachen Rechnern abspielen lassen.

MPEG-4

Auch bei diesem Format werden 720 x 576 Pixel verwendet und bei voller Datenrate codiert. Das Ergebnis ist MPEG-2 identisch, belegt aber nur circa die Hälfte des Speicherplatzes.

MPEG-KARTE

Eine zusätzliche PC-Einsteckkarte, die die Daten einer Video-DVD in flüssiger Darstellung auf dem Bildschirm anzeigt bzw. unterstützt. Sie verfügt über einen Video-Ausgang, an dem ein Fernseher angeschlossen werden kann.

MPC3

Multimedia PC 3-Standard.

Multiread

CD-Laufwerke, die mit CD-RWs arbeiten können, werden als Multiread-Laufwerke bezeichnet. Sie verfügen über einen speziellen Verstärker, der das Verarbeiten von CD-RWs erlaubt.

Multisession

Bei diesem Schreibverfahren wird eine CD in mehreren abgeschlossenen Sessions (max. 99) erstellt. Dabei ist zu entscheiden, ob die auf der CD vorhandenen Daten erhalten bleiben sollen oder nicht. In diesem Fall werden die Verweise in das neue Inhaltsverzeichnis übernommen. Sollten Sie sich dafür entscheiden, dass die alten Daten nicht mehr sichtbar sein sollen, so handelt es sich um eine Multivolume-CD. Mit einem Sessionmanager kann jedoch noch auf die Daten der älteren Session zugegriffen werden.

Jeder der Session enthält ein eigenes Lead-In und Lead-Out. Das Inhaltsverzeichnis der folgenden Session wird jeweils im Lead-In beschrieben. Die Verwaltungsinformationen, die im Lead-In und Lead-Out enthalten sind, belegen bei der ersten Session 24 und bei den folgenden ca. 14 MByte.

Multivolume

Siehe *Multisession*.

OEM

Hierbei handelt es sich um Software, die zusammen mit Hardware wie z.B. einem CD-Brenner, verkauft wird. Dabei handelt es sich häufig um eingeschränkte Versionen, wobei die Vollversion käuflich erworben werden muss.

On-the-Fly

Bei dieser Schreibtechnik werden die Daten auf direktem Weg zum CD-Brenner geschickt, z.B. von einem CD-ROM-Laufwerk. Beim Schreiben einer CD ist eine konstante Datenrate einzuhalten, damit es nicht zu Brennabbrüchen kommt. Aus diesem Grunde ist es manchmal vorteilhaft, die gesamte CD als Image-Datei auf der Festplatte vor dem Brennen abzuspeichern. Damit ist dann ein gleichmäßiges Schreiben gewährleistet. Für diese Vorgehensweise wird allerdings viel freier Speicherplatz auf der Festplatte benötigt. Außerdem dauert dieser Vorgang länger, als wenn On-the-Fly kopiert wird. Wenn der Rechner leistungsstark genug ist, kann das Image beim Schreiben, also On-the-Fly, erzeugt werden, ohne dass eine Image-Datei auf der Festplatte angelegt wird.

Orange Book

Hinter dieser Bezeichnung verbirgt sich die Spezifikation für CD-Recordables (CD-R) und für die CD-MO (Magneto Optical). Auch die Multisession-CDs werden hier beschrieben.

Packet Writing

Siehe *Incremental Packet Writing*.

PD

Phase Change Dual Function oder auch Phasenwechselverfahren genannt. Die CD befindet sich in einer Cartridge, damit sie vor Beschädigungen und Verschmutzungen geschützt ist. Bei einigen PD-Cartridges kann die Scheibe herausgenommen werden.

Photo-CD

Dies ist ein Format für CDs zur Speicherung spezieller Grafiken. Hierbei handelt es sich um eine Multisession-CD, auf der jedes Bild in mehreren Auflösungen gespeichert ist. Die so anfallende große Datenmenge ist aus Platzgründen komprimiert abgelegt. Bei diesem Format handelt es sich um ein spezielles Kodak-Verfahren, für das Lizenzabgaben an die Firma zu zahlen sind. Daher kann dieses Format auch mit keinem der vorhandenen CD-Brenner erstellt werden.

Pits/Lands

Mit Pits sind die Vertiefungen, mit Lands die Erhöhungen bei einer gepressten CD gemeint. Bei beschreibbaren CDs erfolgt die Unterbringung der Daten durch geschmolzene bzw. durch unveränderte Flächen einer organischen Schicht.

PSX-CD

Dies ist das CD-Format der Sony-CDs, die nur auf der Playstation laufen.

Puffer

Siehe *Buffer*.

RAW

Hierbei handelt es sich um virtuelle CDs oder Image-Dateien, in denen das Layout der zu brennenden CD abgelegt wird, bevor der Brennvorgang durchgeführt wird.

RIFF

Resource Interchange File Format. Ein Format zum Austausch von Multimedia-Daten zwischen Computern.

Red Book

Hierbei handelt es sich um die Festlegung der Spezifikation von Audio-CDs. Dabei beinhaltet das Red Book nur die physikalischen Charakteristika einer CD und die Definition der normalen Audio-CD.

Rock-Ridge-Extension

Die Rock-Ridge-Extension erweitert das ISO 9660-Format um lange Dateinamen und Attribute.

Rohling

So wird eine unbespielte CD genannt. Rohlinge unterscheiden sich in der Anzahl der möglichen Brennvorgänge, z.B. CD-R oder CD-RW.

RPC

Regional Playback Control oder Regional Protection Code. Hierbei handelt es sich um einen DVD-Ländercode, der ein Abspielen außerhalb der eigenen Region verhindern soll.

Sampler

Hierbei versteht man das Digitalisieren von analogen Tonsignalen.

Sampling

Mit Sampling wird die Zuordnung von digitalen Werten zu analogen Toninformationen bezeichnet.

SCSI

Small Computer System Interface. Ein Bus-System für die Kommunikation zwischen Computern und Geräten wie z.B. einem CD-Brenner. Im Vergleich mit der IDE-Schnittstelle ermöglicht SCSI eine höhere Geschwindigkeit der Datenübertragung. Außerdem lassen sich mehr Geräte am Rechner betreiben.

Session

Dies ist der physikalisch genutzte Platz auf der CD. Diese werden in Tracks und Sessions unterteilt, wobei in jeder Session mehrere Tracks stehen können. Auf einer CD lassen sich wiederum mehrere Sessions unterbringen. Jede Session kann nur einen Daten-, aber mehrere Audio- oder Videotracks aufnehmen. Die Audiotracks müssen dabei immer in der ersten Session stehen.

Wenn Sie eine Daten-CD in mehreren Schritten erstellen, muss jedes Mal eine neue Session erstellt werden, wodurch eine Multisession-CD entsteht. Jede dieser Session besteht aus einem Lead-In, einem Datentrack und einem Lead-Out. Dabei benötigen Lead-In und Lead-Out zusammen ca. 15 MByte Speicherplatz, der natürlich dann für nutzbare Daten nicht mehr zur Verfügung steht.

Session at Once

Hierbei handelt es sich um eine Art des Brennens, die auch Disc at Once genannt wird. Dabei werden alle Titel einer Audio-CD in einem Vorgang auf den Rohling gebrannt.

Shareware

Mit Shareware wird ein Vertriebsweg für Software bezeichnet, die vom Benutzer erst ausprobiert werden darf, bevor er sich eventuell für den Kauf entscheidet (siehe auch Freeware). Der Kauf unterscheidet sich dabei von herkömmlicher Software, denn hier wird lediglich eine Registrierungsgebühr bezahlt.

Singlesession

Bei diesem Schreibverfahren werden alle Daten in einem Arbeitsgang auf die CD geschrieben. Erst am Schluss wird das Inhaltsverzeichnis (TOC) erstellt und auf die CD gebrannt. Eingerahmt werden die Daten von dem Lead-In und dem Lead-Out.

Slave

Mit Slave wird das jeweils zweite Gerät an einem der ATAPI-Ports bezeichnet. Das jeweils erste Gerät ist dann der Master.

Table of Content

Hiermit wird ein Inhaltsverzeichnis (TOC) bezeichnet, das sich im Lead-In befindet.

Terminierung

Dies ist der Abschluss eines SCSI-Bus-Systems.

TOC

Table of Content oder Inhaltsverzeichnis.

Track at Once

Bei dieser Schreibtechnik schaltet der Laser nach dem Schreiben eines Tracks kurz ab, um das Inhaltsverzeichnis zu aktualisieren. Anschließend wird der Brennvorgang fortgesetzt. Bei diesem Verfahren können einzelne Tracks, auch wenn Sie zu einer Session gehören, zeitlich getrennt auf die CD gebrannt werden. Dabei bleibt die Session so lange offen, bis alle Tracks auf die CD kopiert sind.

UDF

Universal Disc Format. Hierbei handelt es sich um ein plattformunabhängiges Dateisystem, das den Standard ISO 9660 ablösen soll. UDF ist ein logisches Format, das für fast alle optischen Speichermedien benutzbar ist. Es ist im Vergleich zum ISO 9660-Format erheblich flexibler und wird den neuen Anforderungen wie größere Kapazitäten oder langer Dateinamen eher gerecht. Beim Format UDF handelt es sich um einen Standard für die Dateistruktur von einmal- und wiederbeschreibbaren Medien. Im Gegensatz zum ISO 9660-Standard unterscheidet es sich in einigen Punkten: Gesteigerter Funktionsumfang samt erweitertem Zeichensatz und besseren Dateisystem-Eigenschaften. Besonders werden die Bootfähigkeit, die Volume- und Dateistruktur unterstützt. Derzeit gibt es zwei verschiedene Versionen von UDF-Standards für unterschiedliche Zwecke. Für die Massenproduktion von DVD-ROM und DVD-Videos wird die Version 1.02 verwendet. Die zweite Version 1.5 verfügt über weitere Spezifikationen wie das Incremental Packet Writing und das Defect Management auf CD-RW. Das Incremental Packet Writing beschreibt das Schreiben in kleinen Einheiten. Damit lassen sich die CDs fast so wie Festplatten behandeln.

Unicode

Bei dem Begriff Unicode handelt es sich um einen Standard für die Darstellung von Zeichen mit dem Computer. Im Gegensatz zum ASCII-Zeichensatz verwendet Unicode nicht 8 sondern 16 Bit zur Speicherung eines Zeichens. Damit lassen sich mehr Zeichen darstellen.

UPC

Universal Product Code

UrhG

Urheberrechtsgesetz

Überlänge

Überlange CDs sind zum Beispiel Audio-CDs mit 80 Minuten Abspieldauer. Normalerweise hat eine Audio-CD nur 74 Minuten Musik gespeichert.

Variable Packet Writing

Hierbei handelt es sich um eine Unterscheidung des Incremental Packet Writing, wobei die Datenpakete eine variable Länge haben. Das Gegenstück ist das Fixed Packet Writing.

Video-CD

Eine CD, die für die Speicherung von Filmen verwendet wird. Hierbei handelt es sich um eine spezielle Bridge-CD, auf der MPEG-1 komprimierte Videos gespeichert sind. Solche Video-CDs lassen sich mit entsprechend ausgestatteten PCs, mit CD-I-Playern oder speziellen Video-CD-Playern abspielen.

Volume

Unter einem Volume versteht man einen Satz aus einer oder mehreren zusammengehörigen CDs.

WAV

Ein RIFF-Audio-Format für die Ablage von Musikstücken, wobei diese sehr viel Festplattenplatz benötigen.

Wave

Siehe *WAV*.

White Book

Dieses Buch enthält die Vorgaben für eine Video-CD, wobei es die Versionen 1.1 und 2.0 gibt.

Yellow Book

Die Formatvorgaben für die normale CD werden in dem gelben Buch festgehalten. Es definiert zwei verschiedene Modi: Im Modus 1 enthält ein Block 2.048, im Modus 2 2.336 Byte Benutzerdaten. Der Rest eines physikalischen Blocks (2.352 Byte) wird zur Fehlererkennung und -korrektur und zur Synchronisation benutzt.

Index

P

R

S

T